女大学生就业中的
反隐性性别歧视问题研究

张琳 杨毅 著

知识产权出版社

图书在版编目（CIP）数据

女大学生就业中的反隐性性别歧视问题研究/张琳，杨毅著. —北京：知识产权出版社，2019.9
 ISBN 978 – 7 – 5130 – 6225 – 1

Ⅰ.①女… Ⅱ.①张…②杨… Ⅲ.①女大学生—就业—研究—中国 Ⅳ.①G647.38

中国版本图书馆 CIP 数据核字（2019）第 077764 号

内容提要

本书从社会性别的视角出发，综合运用深度访谈、田野调查、文献研究、比较研究、量化研究等分析方法，从人口学、管理学、政治学、社会学、经济学等学科角度，对我国女大学生就业中的隐性性别歧视现状、政府治理的路径变迁、女大学生平等就业的制约因素等问题进行了全面系统的探讨。从女大学生就业的公共支持体系的国际经验和国内范例两大维度来探讨在新型城镇化发展场域中我国女大学生就业公共支持体系的基本构架及运行机制，尝试构建公共政策支持子系统、社会组织支持子系统、市场及企业支持子系统的政策性建议。

责任编辑：石红华　栾晓航	责任校对：谷　洋
封面设计：臧　磊	责任印制：孙婷婷

女大学生就业中的反隐性性别歧视问题研究

张　琳　杨　毅　著

出版发行：知识产权出版社有限责任公司	网　　址：http://www.ipph.cn
社　　址：北京市海淀区气象路 50 号院	邮　　编：100081
责编电话：010 – 82000860 转 8130	责编邮箱：shihonghua@sina.com
发行电话：010 – 82000860 转 8101/8102	发行传真：010 – 82000893/82005070/82000270
印　　刷：北京中献拓方科技发展有限公司	经　　销：各大网上书店、新华书店及相关专业书店
开　　本：787mm×1092mm　1/16	印　　张：12
版　　次：2019 年 9 月第 1 版	印　　次：2019 年 9 月第 1 次印刷
字　　数：205 千字	定　　价：58.00 元
ISBN 978-7-5130-6225-1	

出版权专有　侵权必究
如有印装质量问题，本社负责调换。

前　言

　　党的十八大报告强调"就业是民生之本，要做好高校毕业生的就业工作"。"男女平等"作为我国一直以来的基本国策，几十年来已形成了一整套保护女性权益和促进男女平等的法律。然而，对女性抱有偏见，尤其是在就业方面歧视女性的情况在当下的中国社会仍旧十分普遍。与此同时，伴随法制体系的健全，女性尤其是接受了良好高等教育的女大学生在就业过程中所遭遇的歧视却正由显性向隐性化发展。这种情况下，很多女大学生就业的合法权利、权益皆因用工单位的"正当"理由而被剥夺，且该群体维权的不易也正在于各种难以确切取证的细小之处。反就业歧视，最困难之处实际上在于性别歧视的隐性化。

　　本书从社会性别的视角出发，综合运用深度访谈、田野调查、文献研究、比较研究、量化研究等分析方法，从人口学、管理学、政治学、社会学、经济学等学科角度，对我国女大学生就业中的隐性性别歧视现状、政府治理的路径变迁、女大学生平等就业的制约因素等问题进行了全面系统的探讨。从女大学生就业的公共支持体系的国际经验和国内范例两大维度探讨在新型城镇化发展场域中我国女大学生就业公共支持体系的基本构架及运行机制，尝试构建公共政策支持子系统、社会组织支持子系统、市场及企业支持子系统的政策性建议。

目 录

1 绪 论 ··· 1
1.1 研究缘起及研究意义 ·· 1
1.1.1 研究缘起 ·· 1
1.1.2 研究意义 ·· 3
1.2 国内外研究现状述评 ·· 5
1.2.1 国外研究现状 ·· 5
1.2.2 国内研究现状 ··· 13
1.3 核心概念的界定 ·· 18
1.3.1 性别与社会性别 ·· 18
1.3.2 歧视与性别歧视 ·· 20
1.3.3 就业歧视与就业中的性别歧视 ······························ 22
1.3.4 显性歧视与隐性歧视 ·· 22
1.4 研究的主要内容和技术路线 ···································· 26
1.4.1 研究的主要内容 ·· 26
1.4.2 研究的技术路线 ·· 28

2 历史进路：推动性别平等就业的治理政策与行动 ················ 29
2.1 反就业性别歧视从理念到践行的国际历程 ······················ 29
2.1.1 国际劳工组织（ILO） ······································ 29
2.1.2 联合国（UN） ·· 31
2.2 我国的性别平等就业制度变迁与治理实践 ······················ 34

2.2.1　国家层面的政策与治理实践 …………………………… 34
　　2.2.2　地方层面的政策与治理实践 …………………………… 46

3　实证解读：女大学生就业中的隐性性别歧视现状 ………… 54
3.1　调研数据与研究方法 …………………………………………… 54
　　3.1.1　调查数据与样本 ………………………………………… 54
　　3.1.2　深度访谈数据 …………………………………………… 55
　　3.1.3　测量与方法 ……………………………………………… 56
　　3.1.4　研究假设 ………………………………………………… 57
　　3.1.5　样本特征描述 …………………………………………… 57
3.2　女大学生就业中的隐性性别歧视现状分析 …………………… 58
　　3.2.1　先劳动市场中的隐性性别歧视 ………………………… 58
　　3.2.2　劳动力市场中的隐性性别歧视 ………………………… 68
　　3.2.3　后劳动市场中的隐性性别歧视 ………………………… 86
　　3.2.4　面对女大学生就业中隐性性别歧视问题的态度与维权 ………… 89
3.3　女大学生就业中的隐性性别歧视影响因素的 Logistic 模型分析 …… 93
　　3.3.1　研究假设 ………………………………………………… 93
　　3.3.2　模型阐释 ………………………………………………… 96

4　反思诠释：我国女大学生就业隐性性别歧视的归因审视 …… 101
4.1　法律和制度层面 ………………………………………………… 101
　　4.1.1　宏观、实体立法结构薄弱 ……………………………… 101
　　4.1.2　地方、程序立法内容瑕疵 ……………………………… 104
4.2　社会和文化层面 ………………………………………………… 106
　　4.2.1　高等学校定位模糊，女子大学困局难解 ……………… 106
　　4.2.2　社会排斥暗流涌动，价值归属鸿沟难越 ……………… 109
　　4.2.3　企业社会责任缺失，报告歧视指标笼统 ……………… 114
　　4.2.4　社会组织公益产权薄弱，资源整合乏力 ……………… 117
4.3　个体与家庭层面 ………………………………………………… 118
　　4.3.1　女大学生遭遇隐性性别歧视的行动选择 ……………… 118
　　4.3.2　家庭对女性的事业认同影响其职场发展 ……………… 120

5 他山之石：反女性就业中隐性性别歧视的国际经验缕析 …… 123

5.1 反就业性别歧视的全面保障体系构建——世界各国的实践启示 … 123
5.1.1 欧盟——积极引导与严格监督相结合的反隐性歧视典范 …… 123
5.1.2 美国——以宪法为基础、民权立法为框架的反性别歧视体系 … 125
5.1.3 韩国——非政府组织成为反就业性别歧视的积极推手 …… 126

5.2 消解先劳动市场歧视——世界女子大学的培养模式借鉴 …… 128
5.2.1 欧美模式——社会性别理念建构导向下的职业教育 …… 128
5.2.2 日韩模式——家庭服务理念演变中的教育模式变革 …… 130
5.2.3 印度模式——探索突破传统社会对女性的严苛束缚 …… 134

5.3 消除就业中的性别获得差异——家务劳动社会化、体面化的公共支持 …… 135
5.3.1 英国——关注女性及儿童群体的看护模式创新 …… 136
5.3.2 美国——女权运动洗礼后的家政支持政策发展 …… 138
5.3.3 日本——公共政策矩阵中的家政职业化培育 …… 139

6 应然选择：女大学生平等就业的公共支持体系构建 ………… 141

6.1 顶层设计和制度安排 ……………… 141
6.1.1 顶层设计的核心要旨 ……………… 142
6.1.2 平等就业的达鹄之径 ……………… 143

6.2 公共政策支持子系统 ……………… 148
6.2.1 公共政策供给 ……………… 148
6.2.2 公共政策运行 ……………… 162

6.3 社会组织支持子系统 ……………… 168
6.3.1 国际社会组织的合作支持平台 ……………… 168
6.3.2 国内社会组织的支持路径探索 ……………… 171

6.4 市场和企业支持子系统 ……………… 177
6.4.1 新常态下的企业社会责任承担 ……………… 177
6.4.2 共享经济中的女性多维度赋权 ……………… 179

7 结论与展望 ……………… 183

1 绪 论

1.1 研究缘起及研究意义

1.1.1 研究缘起

1.1.1.1 女大学生就业——重要而棘手的命题

党的十八大报告提出:"就业是民生之本。要贯彻劳动者自主就业、市场调节就业、政府促进就业和鼓励创业的方针,实施就业优先战略和更加积极的就业政策。引导劳动者转变就业观念,鼓励多渠道多形式就业,促进创业带动就业,做好以高校毕业生为重点的青年就业工作和农村转移劳动力、城镇困难人员、退役军人就业工作。"[1] 同时,报告中多次提到有关女性权益的保护问题,更首次将"坚持男女平等基本国策,保障妇女儿童合法权益"纳入党的报告中。从近年来实际情况结合统计数据来看,我国高校毕业生的就业压力日趋增大,而其中女大学生在就业求职中遭遇的排斥和阻力问题呈现出越来越严重的现实态势。根据《当前大学生就业歧视状况的调查报告》数据显示,虽然从2003年到2012年,我国普通高校中,在校的本科、专科女生总体数量增长了近3倍,占学生总数的比例从45%增加到51%,但在实际的就业情况调

---

[1] 十七届中央委员会:《坚定不移沿着中国特色社会主义道路前进为全面建成小康社会而奋斗》,http://www.xj.xinhuanet.com/2012-11/19/c_113722546.htm.

查中，近68.98%的用人单位对大学生求职者的性别有明确要求。❶而《中国女性生活状况报告》显示，近92%的被访女大学生感到用人单位存在性别偏见。女大学生的就业率比男大学生就业率大约低8%。❷2011年的《女大学生就业创业状况调查报告》指出，56.7%的被访女大学生在求职过程中感到"女生机会更少"。❸随着社会生存竞争要求的日益提升，就业压力必然保持上升趋势，相较于男大学生而言，女大学生在就业中遭遇到的诸多困境正在成为一个严重的社会问题，不平等的就业机会在女大学生中产生了强烈的不满、无奈甚至是自卑的情绪。就像环境污染一样，就业中的不平等和歧视是我们制度和文化思想领域中的严重污染。当今社会对待女性就业时所遭受的各类不公平现象和歧视现象若视而不见，定将对整个社会公平秩序的构建与稳定和谐生活环境的延续产生极为不利的影响，其后果将会与环境污染一般在憾悔中寻求补救措施。因此，应当尽早对女性受到歧视尤其是隐性歧视这一问题进行关注与重视。

1.1.1.2 反隐性性别歧视——任重而道远的挑战

回溯国际社会的反歧视发展历程，大规模社会性、制度性的反歧视运动发端于20世纪初，并且这一系列运动最初主要集中在政治权力领域，比如争取妇女的选举权、取消对选举权中财产和受教育的限制等。对劳动就业反歧视的相关制度性建设则陆续开始于20世纪50年代的中后期，主要体现在国际劳工组织基于联合国国际人权宪章的框架而制定的一系列公约、条约和宣言中。1958年，《关于就业和职业歧视公约》中将"就业中的性别歧视"界定为"基于性别的任何区别、排斥或特惠"，"其后果是取消或损害就业方面的机会平等或待遇平等"，但"基于特殊工作本身要求的任何区别、排斥或特惠，不应视为歧视"。❹ 1980年联合国通过了《消除对妇女一切形式歧视公约》，该

---

❶ 谭山山：《当代中国的18种性别偏见》，《新周刊》，2015年4月14日。
❷ 黄颖琳：《谁说女子就业不如男》，《中国青年报》，2015年3月30日。
❸ 女权之声微信公众号：《女大学生就业创业状况调查报告》，http://www.57kg.com/xuexi/show-13-83892-1.html。
❹ 国际劳工组织大会：《关于就业和职业歧视公约》，http://www.npc.gov.cn/wxzl/gongbao/2005-10/20/content_5343967.html。

公约是第一个把性别平等和非歧视要求法律化的联合国条约。这一公约对妇女权利实现了立法规范化的倡导,也为敦促各国就女性歧视这一问题加紧推进针对性立法进程并实施有效消除女性歧视手段奠定了基础。我国政府作为最早的国家之一于同年签署了《消除对妇女一切形式歧视公约》。尽管"男女平等"早就是我国一项重要的国策,且自新中国成立至今我国已形成了一整套保护女性权益和促进男女平等的法律,然而对女性抱有偏见,尤其是在就业领域内女性遭遇歧视的状况仍旧极为普遍。性别歧视虽然只是不同就业歧视类型中的一种,但表现尤为明显。各种法律、规范中女性有着看似与男性平等的就业权利,但在实际就业过程中,女性面临诸多不可改变的弱势情境。而且伴随法制体系的健全,女性以往受到的显性就业歧视呈现向隐性化转变的趋势。很多女性就业的合法权利、权益皆因用工单位的"正当"理由而被剥夺,且女性维权的困难也正在于各种无法确切取证的细小之处。反就业歧视,真正难在性别歧视的隐性化。

1.1.2 研究意义

首先,反就业性别歧视是推动两性平等,满足经济可持续发展的现实需求。随着改革步入深水区,我国经济社会的不均衡发展、利益格局的调整,尤其是在改革开放以后"男主外女主内"的传统性别分工文化的回潮,让中国的两性平等受到不小的质疑,面临严峻的挑战。女性就业率偏低,女性享有的社会保障总体水平不高,女性仍然是家务劳动的主要承担者,平衡工作和家庭依然是女性(而不是男性)需要面临的难题。而近些年这些挑战的矛盾则集中聚焦到适龄青年女性以及女大学生等群体。《中华人民共和国就业促进法》施行之后,劳动力市场内的显性性别歧视情况渐显好转,即用人单位较少以性别为理由直接拒绝面试、拒绝雇用女性求职者,但在实际的人才招聘、选拔、晋升过程中,不少企业、事业单位仍然通过设置各种隐蔽的、不成文的规则有针对性地筛选应聘人员,其在用工上的男性性别偏好并未改变。除第三产业外,女性就业普遍存在困难是不争的事实。世界上多数研究者均认为改善性别平等的经济条件,优化经济领域的性别比例,与实现经济的可持续发展是有显著的正相关关系的。而不重视性别关系、忽视性别差距、缺乏性别平等政策法规体系的社会,会对经济的可持续发展产生严重的消极影响。《2006年世界发展报告》更明确提出,"使得市场以更加趋向性别平等的方式运行,能够大幅度地提高妇女的生产率和收入水平,为经济增长做出贡献"❶。

其次,反就业性别歧视是强化公权干预,建设社会性别主流化政策支持体系的客观需求。在中国的社会现代化进程中,越来越多的女性受益于男女平权的制度化发展。但与此同时,我们也需要正视公共政策实施过程中的性别间利益差异格局带来的规则潜藏化、歧视隐性化问题。例如,近年来在高校招生过程中,一些原本并不属于性别受限的热门专业也纷纷建立了针对性别的投档分数限制,通常女生的投档线要比男生高出几十分才能被录取。2014年由公益组织"妇女传媒监测网络"发布的"中国名校招生性别歧视地图"显示,除港澳台之外的全国31个省、自治区和直辖市中,112所"211工程"学校的2014年招生简章和招生计划规定了性别比例,涉及性别歧视的学校高达66所。❷而且,甚至在一些女性占据主导地位的优势行业,提高女性职员的任职资格或限制新聘女性员工也成为常见的"潜规则"。这些对于女性就业隐性性别歧视的做法直接导致女性群体受到不公平的对待,而平等机会理念强调的是打破情境的不平衡,提供给每个人得到公平、公开的竞争机会。在女性整体地位还有待提高的现实境况下,促进女性就业是一个系统工程,而女大学生就业的公共支持体系的断裂,相关领域改革中性别视角的缺失,让女大学生面临着就业的困境和问题。所以,需要增加公共政策的性别敏感度,全面审视现有制度框架对不同阶层的女性造成的影响,打造助力女性工作者和女性高校毕业生就业的公共规制支持体系,持续而系统地应对反隐性性别歧视过程中的结构性困境,才能使政策和资源在性别间和性别内得到更加有效和公平的分配。

---

❶ The World Bank: "World Development Report Overview—Equity and Development", http://wenku.baidu.com/link?url=_7PFOzZUqBn-7AqGi2w3v1Ub0KyEHIzMZooENeLQzBuG9wgUhH4wVokm9C09MSgBy5ykiDStOEU2oDY5Xw4p_66Mu8gvEkacK44YnOdxWZ7.

❷ 网易:《中国名校招生性别歧视地图 211学校涉性别歧视》, http://lady.163.com/14/1013/09/A8E803D4002649P6.html.

1.2 国内外研究现状述评

1.2.1 国外研究现状

国际劳工组织于《工作中的平等时代》报告中言及对于歧视的形式而言，工作中的歧视可以是显性或隐性的，承认隐性歧视的存在并在法律上加以界定，是对那些看似中立而实际上会对不同群体造成差异结果的做法和规定重新进行的严格审查。伴随着各国法律的完善健全，执法力度加大，显性歧视已经部分消除，但隐性歧视却愈演愈烈。联合国及国际劳工组织相继在理论上提出并承认就业中隐性歧视的存在，世界各国的部分国内立法对隐性性别歧视做出了明确而详细的规定并积累了丰富的司法实践。

纵览有关国外的研究文献，可以发现以往关于就业中隐性性别歧视的研究主要聚焦在两个方面：一是研究的范畴上，主要从歧视涉及的领域、歧视存在的群体、歧视存在的具体形式进行切入；二是研究的视角上，主要以法学、经济学、社会学和公共行政学为主。

1.2.1.1 研究的范畴

首先是歧视涉及的领域。20世纪90年代以后，西方各国的反歧视立法不论是思想上还是立法制度上更加趋于成熟完善，不仅对原有反歧视单行法进行了修订并出台了大量新的反歧视单行法，而且也开始纷纷出台统一反歧视的基本法，尤其注重通过反歧视单行法统一规定歧视的概念、分类、种类和领域，反歧视的机构以及反歧视的救济途径等问题。总体来说，禁止歧视涉及的领域在不断地发展扩大。

以德国为例，其在2006年8月通过了反歧视基本法《一般平等待遇法》。该法规的第2条规定了禁止歧视的领域：就业、社会保障、医疗保险、社会福利、教育及面向公众提供的商品、服务和房产领域，其中第3条明确规定了"间接不利待遇"即隐性歧视的定义。该项立法的重要突破是扩大了反歧视的适用领域，尤其是立法禁止在招聘阶段的性别歧视，加大了对就业领域的保护范围，超过了欧盟的指令范围。再如，英国早在1975年的《性别歧视法》中就规定了视为隐性性别歧视的行为，在第三章分三个部分详细列举了在教育、商品、设施、服务领域以及出庭律师和事务律师中禁止的性别歧视，并于2010年4月整合了以往几十年的反歧视立法，通过了新的《平等法》，明确规定了禁止歧视的领域包括：服务和公共职能、保险、房产、工作、教育、团体活动。❶ 该立法弥补了英国反歧视立法过于分散的缺点，使得英国的反隐性性别歧视法律涵盖了从求职到雇佣关系结束后的整个过程，此外还将禁止歧视的领域扩展到商品和服务、教育等各方面，从而为今后歧视受害者获得法律救济提供了更加立体防范歧视的体系。

其次是歧视存在的群体。在各国的实践中，我们注意到个体是同时具有多种特征的，包括年龄、种族、性取向、宗教信仰等。而有时一个人可能正是因为多项特征（如年老的黑人女性）而被歧视，这也被称为"联合歧视"。而"联合歧视"的受害者以女性居多，尤其多以隐性性别歧视的形式存在。因此，对隐性性别歧视存在的群体研究一直是西方学者非常关注的一个问题。这方面的研究主要集中在对黑人女性群体、移民女性群体、孕妇群体和宗教群体的关注上。

有学者研究表明隐性性别歧视会直接影响黑人妇女的健康状况。有美国学者曾对2300名黑人妇女遭遇的隐性歧视情况进行调查，发现隐性的种族歧视所带来的不公平待遇和其他的压力因素一样长期困扰着黑人女性，使她们的身心健康和正常生活都受到极大的影响。很多黑人女性由于经常遭受种族歧视使其无法正常面对稍许的怀疑和不公正待遇，对自身的认知度和认可度极低并且更容易抑郁。❷ 波士顿大学的学者在1997~2001年对104574名黑人妇女进行了抽样调查，发现大部分的妇女都反映因为是黑人女性而曾受到过非显性的间接歧视，其中2316名妇女患有高血压。研究认为在特定群体中遭受隐性歧视

---

❶ 蔡定剑、刘小楠：《反就业歧视法专家建议稿及海外经验》，社会科学文献出版社2010年版，第154页。

❷ Keith et al: "Discriminatory Experiences and Depressive Symptoms among African American Women: Do Skin Tone and Mastery Matter?". http://www.springerlink.com/content/0360-0025/62/1-2/, 2009.

使黑人妇女血压更容易升高从而患上高血压。❶ 哈佛大学学者研究认为50岁以下的年轻黑人妇女中，由于长期遭受歧视而使她们患上肺癌的概率增高。❷

有不少学者关注到移民群体中的女性往往更容易受到隐性性别歧视的影响。欧盟在2006年采纳了希腊提交的关于旨在消除移民群体中女性遭遇的来自经济、政治、文化、社会、家庭以及人权等诸多方面歧视的报告。该报告指出妇女占到欧盟全体移民总数的54%，但是由于性别和种族引发的歧视，使她们在融入社会政治、经济、公共生活的过程中处处受限，徘徊在主流社会的边缘。该报告尤其呼吁欧盟各国致力于消除对于移民妇女的各种歧视，给予其在医疗、教育和工作机会等方面更加公平的待遇。❸

此外，美国、欧盟、加拿大、墨西哥和日本等国针对孕妇这一特殊群体均制定了有关反对孕妇歧视的法律。比如美国在1978年制定的《怀孕歧视法》对怀孕女性雇员的工作权利进行了保护，规定雇主应该视其为实施残疾福利计划的残疾员工。欧盟通过2001年的Tele Danmark案对孕妇在工作面试时的权利进行更多的保护，孕妇有权在面试时不告知雇主其已经怀孕，雇主不能因此而解雇准妈妈们。加拿大也对歧视孕妇案处以重罚。尽管从最早的《怀孕歧视法》实施至今已经35年了，但各项研究表明，对于孕妇的歧视不仅没有减少，反而呈现逐年增多并渐趋隐形的态势。很多雇主以保险、工作时间、岗位不合适为借口拒绝雇佣或者直接解聘已经怀孕的女性。研究表明，1996年至2006年，涉及女性家庭责任这一方面歧视的法律诉讼在美国增长了约400%，十年间诉讼总数从97起骤增到481起。且加利福尼亚大学哈斯汀法律学院的工作生活法律中心副主任辛西亚·卡尔维特在研究报告中说，上述的诉讼绝大部分都与孕妇相关。1992年至2007年，美国公平就业机会委员会接到的有关

---

❶ Yvette Cozier, Julie R. Palmer, Nicholas J. Horton, Lisa Fredman, Lauren A. Wise, Lynn Rosenberg: "Racial Discrimination and the Incidence of Hypertension in US Black Women". http://www.deepdyve.com/browse/journals/annals-of-epidemiology/2006/v16/i9, 2006.

❷ Teletia R. Taylor, Carla D. Williams1, Kepher H. Makambi1, Charles Mouton, Jules P. Harrell2, Yvette Cozier4, Julie R. Palmer4, Lynn Rosenberg, Lucile L. Adams-Campbell: "Racial Discrimination and Breast Cancer Incidence in US Black Women". http://aje.oxfordjournals.org/content/166/1/46.abstract, 2007.

❸ "Double Discrimination Faced by Immigrant Women". http://www.neurope.eu/articles/66421.php, 2006.

控诉就增长了65%，同时该委员会的受案率也增长了4倍之多。

最后是歧视的具体表现形式。虽然学界过去的研究中并没有关于隐性性别歧视具体表现形式的直接研究，但是可以从相关研究文献中缕析出一些结论。不少学者指出，职业的性别隔离已经被证明是劳动力市场性别不平等的最有意义也最持久的维度之一。目前绝大部分用人单位已经不在招聘过程中提出直接、明显的歧视性要求，但对于不同性别应聘者的兴趣有明显的差别，同时在录用阶段进行有针对性的筛选，导致大部分女性劳动力都集中在一些低收入、低声望的"女性化"职业里。❶除此之外，除了经济收入因素外，其他对个人或群体造成实质上不良影响的因素比如工作环境、消费方式等也是性别隔离、性别歧视所导致的结果。这也与部分学者研究得出的结论与观点相契合。❷

女性就业中隐性性别歧视的表现之二是晋升歧视。玻璃天花板是晋升歧视的形象表述，指女性在晋升高级工作职务的过程中遭遇到的基于性别的与工作条件无关的隐性障碍。❸具体表现为基于性别歧视的职内晋升障碍和跨职障碍。这个词已经使用了20年之久，为了更好地克服女性就业歧视这一问题，美国政府还设置了被称为玻璃天花板委员会（GCC）这样一个专门组织，这一组织调查发现占总劳动人数45.7%的女性美国公民，极少部分能成为高级管理人员，而且即使非常优秀的女性晋升到了管理层，这些女性高层的平均薪酬和同等级别的男性高层相比，只占到男性高管薪资的68%。2001年全美关注的沃尔玛性别歧视案件也反映了这一问题。女性管理者在沃尔玛企业中占33%，但是普通雇员中女性却占65%，女性的工资不仅不高于男性，工作时间还长于男性，她们合理竞争高管职位的权利被莫名其妙地剥夺，因此向美国最高法院对沃尔玛提起了诉讼，旨在获得合理的工资和晋升的机会。

1.2.1.2 研究的视角

从已有研究的文献来看，反隐性性别歧视作为歧视研究的一部分更多的是

---

❶ Barbara Reskin, Patricia Roos. Job Queues："Gender Queues". Philadelphia：Temple U. Press, 1990.

❷ Maria Charles, David B. Grusky. Occupational Ghettos："The Worldwide Segregation of Women and Men". Stanford, Calif.：Stanford University Press, 2004.

❸ Powell N. G, Butterfield A. D："Investigating the 'Glass Ceiling' Phenomenon：An Empirical Study of Actual Promotions to Top Management . Academy of Management Journal, 1994（37）.

法律学术话题。法学界在对隐性性别歧视的证明和认定中主要关注三个方面的问题：第一，隐性性别歧视需要证明受保护群体受到了或可能面临受到不利影响。即规定的条件和规则从表面上看所有人都能遵守，但实际上正好相反。比如要求家里有婴幼儿的女工必须担任全职工作否则就应辞职就是对女性劳动者的劳动条件加以限制而产生的不平等对待。时间维度比较早的有关"隐性性别歧视"案件的审议当中，法院强调通过数据证明受保护群体受到了不成比例的不利影响，然而由于数据获取的艰难性和可采信度难以评估等原因，有些国家正趋向于不完全依赖数据证据，也不再要求原告证明发生了实际的不利影响。第二，雇主采取歧视行为的理由是否合理。在欧盟的《男女平等待遇指令》中指出"……除非雇主的规定、标准或实践基于合法的目的，并有客观的法律理由，而且实现该目的的手段是必要和适当的"[1]。在判断时法院主要看性别因素是不是合理的而且对于某项特定工作的正常完成是否是必要的。第三，禁止歧视的范围。欧盟对于性别歧视问题的立法数量很多，在国际范围内也是在该方面法律体系建设比较完善的地区，单单是与性别歧视直接相关的指令就有13个之多，并在2002/73/EC号指令中明确规定了禁止显性和隐性性别歧视的使用范围和成员国的相应义务。特别是在就业、自营、职业方面的进入条件，包括选择标准和招聘条件，以及获得各种形式、层次的职业指导、职业培训的资格等。[2]

除法学外，经济学、社会学和公共行政学等都有一套对歧视的界定，并且都沿着各自的学科特点对隐性歧视进行理解和诠释，形成了反隐性性别歧视研究的多元化取向。

首先是经济学的视角。一般而言，若劳动者有同样的生产率特征，如果仅仅由于他归属其他群体而遭遇不一样的待遇，那么可以认为存在劳动力市场的歧视，而且这当中，关于性别的歧视是人们讨论最多的一种。针对隐性性别歧视产生的原因，经济学主要从成本收益理论、福利·效率理论和人力资本理论三个角度进行剖析。

---

[1] 李雄、刘俊：《我国就业歧视界定模式之选择》，《河南社会科学》，2010年5月版，第187页。
[2] 李薇薇，Lisa Stearns：《禁止就业歧视：国际标准和国内实践》，法律出版社2006年版，第111—130页。

成本收益理论认为，追求偏好效用的最大化是劳动力市场性别歧视的根源，而产生性别歧视偏见的个体包括雇主、顾客和雇员。由于个体雇主抱有歧视性偏好，使他们偏向于不愿同某个特定人口群体的成员打交道，对生产率无差异的男性和女性劳动力供给者进行了差别的甚至是不公正的对待。这种差别体现在雇主要么雇用更多的男员工或者更少地雇用女员工，要么给男员工更多的工资或给女员工更少的工资。❶顾客和雇员具有的性别歧视偏好在短期会出现工资和雇用量的差别，长期的结果将会导致互相隔离工作场所的产生。成本收益理论在模型分析的前提下阐释出有歧视行为的用人单位比没有歧视行为的用人单位往往更加不易提高利润，更不易获得额外的收益。性别歧视不仅降低了被歧视者的福利，同时也降低了歧视者的收益水平，甚至因为歧视的成本很高，歧视者要为此付出高额惩罚的代价。

福利·效率理论认为歧视会在整个社会范围内产生受益群体和利益受损群体，然而若受益者的所得与受损者的损失不能实现平衡和补足，那么歧视行为就会使帕累托效率难以实现。通过将歧视引入模型分析后可以看到，在劳动力市场中，被歧视的女性雇员由于资源禀赋不足而成为经济意义上的少数，不平等的差别对待使其遭受了包括物质和精神的多重损失。而歧视者作为经济意义上的多数（富有资源禀赋）而得到了极大的偏好满足，即使利润有不同程度的损失，与被歧视者相比其代价也微乎其微。福利损失是由于歧视偏好导致的，这种偏好存在于市场的各个主体中，比如企业雇主、雇员以及消费者。由于歧视偏好的影响，无法实现市场效率的最大化，主体难以避免福利损失。这种情况下，社会范围内必然存在两种群体，即强势群体和弱势群体，前者主导市场，后者福利流失，由于强势群体的福利流失只占其总消费支出很少的一部分，因此，由强势群体主导的市场形势与方向，自然使歧视行为难以避免。❷

在人力资本理论的视角下，投资的目的是获得最大的回报，因此，不论是个人还是组织投资者在对人力资源进行投资时都以回报最大化作为投资决策的依据。该理论认为，性别歧视的直接原因是对女性雇员投资的预期收益小于男

---

❶ Arrow K J: "Models of Job Discrimination. Pascal A. H: Racial Discrimination in Economic Life". Lexington, Mass: D. C. Health, 1972.

❷ 张抗私：《劳动力市场性别歧视与社会性别排斥》，社会科学出版社2010年版，第85页。

性雇员。被雇用的女性员工薪酬低于男性，这是因为"性别租金"存在的缘故。由于在劳动力市场中男性和女性的投资价值存在差距，人力资本环境也会由此产生一定的变化。Sunstein 等人就曾指出在人力资本市场上出现歧视现象，会进一步强化雇主对黑人和女性的后续投资意愿的削弱，与此同时，他们推论但凡遭受歧视的群体，大多会有降低投资意愿的趋势。但也有以 Richard K. Caputo 为代表的学者认为遭遇歧视的女性求职者更有可能增加他们的教育投入和参加工作培训，歧视反而提高了后续人力资本投资的可能性，因而从长远来看对个人和社会有益。但作者同时指出这并不意味着被歧视者没有要求平等和社会公正的诉求，他们虽然顽强但仍然是受害者。[1]

其次是社会学的视角。从社会学的角度出发，更偏重于从社会结构差异来论述歧视存在的社会因素。主要有社群理论、社会认知理论、社会资本论和社会网络论。社群主义认为人按照许多不同的基本向度，如文化的、种族的、性别的、地理的等那些具有共同的自我认知的特性构成不同类型的社群，任何人都属于一定的社群，个人权利的获得只有通过社群中成员权利的实现才能得到保障。[2] 而对某一类群体的歧视则会导致某种身份认同感在社群内扩大，使受到歧视的受害者范围从个人延展到更大的群体。例如，女大学生更关注和在意其他女大学生就业分配的情况。即使该弱势群体中有个别的人获得了社会中很受人尊重的职业，而且事业有成，但当其所属群体的其他女大学生因她们的共同性别特征而深受隐性歧视之害时，这种身份认同感，也会使自己产生切肤之痛，如同其所属的群体受害者那样受到心理伤害。[3]

社会认知理论强调，人们为了应对复杂和苛求的环境，往往通过分类、内群体偏好、刻板印象和归因偏见来节约认知上的资源。在今天男性统治着高社会地位、高收入职位的现实下，这一过程容易产生对女性的偏见和歧视；但是，此过程是无意识、自动的过程，不存在对女性群体的刻意伤害，尽管其在客观上对女性群体产生了非常不利的影响。社会资本理论认为社会资本是一种

---

[1] Richard K. Capputo.："Discrimination and Human Capital：A Challenge to Economic Theory & Social Justice". Journal of Sociology and Social Welfare，2002（29）.
[2] 俞可平：《社群主义》，社会科学出版社 2005 年版，第 67—75 页。
[3] 李薇薇：《反歧视法原理》，法律出版社 2012 年版，第 22—23 页。

通过体制化关系网络的占有而获取实际的或潜在的资源的集中。[1] 社会资本是一种资源,这种资源由社会网络编织而成,它帮助个体或某类群体实现目标。而两性因为诸多原因而使社会联系不同,形成的社会关系及获取的社会资本也大不相同,现实中,男性在实际上控制着经济与社会的大部分资源,而女性由于受到不同方面和程度的歧视对待,往往社会资源匮乏,进而无法掌握与男性相当的社会资本,从而影响女性劳动者的资本投资和收入水平。

最后是公共行政学的视角。公共行政学对于女性在行政国家中性别困境的关注可以追溯到20世纪80年代。登哈特和珀金斯开始提到性别对公共行政解释时所用的一些概念性术语的潜在影响,他们探讨了女性主义者的观念可能会对任务取向、理性、效率的"行政人"等概念的影响。[2] 普凌格、韦尔斯、坎特和鲍威尔等人的研究指出,虽然韦伯认为当代的官僚秩序替代了传统的父权制社会,但是官僚制实际上却是父权制一种新的形式:内部规则和目标明显的中立性掩盖了官僚制所服务的阶级和性别利益。同时,组织现实中隐藏的性别维度使得女性的存在实际上对男性而言是个双重约束,男性与女性同事工作时间越长,他们越难以就性别原型来解释他们的行为。卡米拉·斯蒂福斯则从专业知识的困境、领导的困境和美德的困境三个方面进行研究,对公共行政在专业人员的专业知识统治模型的四个方面:客观性、自主性、等级制和兄弟规范提出了质疑,认为专业知识形象和当前广泛认可的女性本质观念是不符合的,而且在对公共行政人员的领导才能的考虑方式上,其理想原型也是和对女性行为的期望相冲突,使女性一直遭受隐性的歧视。[3] 同时,她指出公共行政理论对影响行政实践的政治、经济和社会因素的性别维度很不敏感,对性别因素的不关心显示出,大部分研究者将其视为观察和研究领域里相对不重要的因素,而这本身就是性别的一种歧视。

---

[1] 皮埃尔·布尔迪厄著,刘晖译:《男性统治》,海天出版社2002年版,第34页。
[2] Denhardt, R. B. & Perkins, J: "The Coming Death of Administrative Man". Public Administration Review, 1976.
[3] 卡米拉·斯蒂福斯著,熊美娟译:《公共行政中的性别形象——合法性与行政国家》,中央编译出版社2010年版。

1.2.2 国内研究现状

根据 CNKI 学术趋势检索，近年来以"女大学生就业隐性歧视"为关键词的学术和用户关注度呈现以下趋势，如图 1-1、图 1-2 所示。

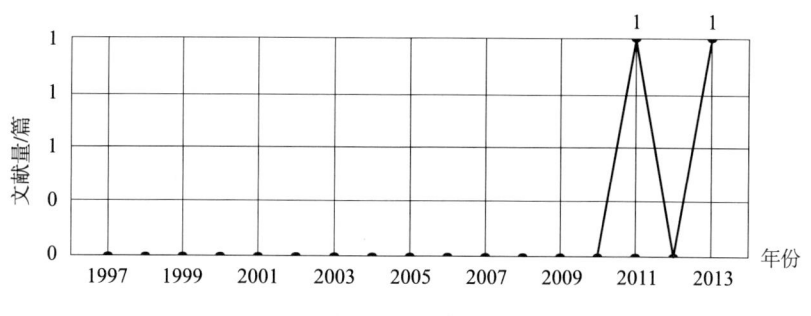

图 1-1 女大学生就业隐性歧视——学术关注度

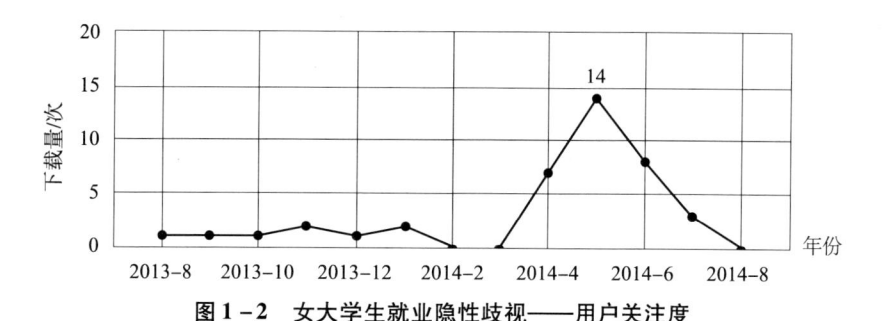

图 1-2 女大学生就业隐性歧视——用户关注度

数据来源：CNKI 中国知网。

图 1-1、图 1-2 数据显示，2003—2013 年十年间，CNKI 收录相关主题文献量明显不足，仅在 2011 年与 2013 年分别收录 1 篇；在 2013 年至 2014 年 8 月这段时期，用户下载量先是呈现波动平衡趋势，但平均下载量小于 5 次。2014 年 4 月起，用户下载量明显上升，达到高峰 14 次，随即又下降。以上数据可以表明，近年来女大学生就业隐性歧视在国内虽然已逐步得到应有的关注，但不论学术领域抑或整个社会，对基于女大学生这一群体所遭受到的就业隐性歧视均未给予完善的研究和充分的探讨。当前的相关研究大体主要有下列几个方面。

1.2.2.1 女大学生就业研究

首先是不同专业的女大学生就业研究。已有的文献对文科类、理工科类、经管类、艺术类和师范类专业的就业情况均有涉及。几乎所有的文献分析都显示当前我国女大学生就业过程中存在性别歧视的问题，具体表现在签约率、工资报酬和就业层次的显著差异上。例如，有学者分析了由麦可思研究院发布的2014年大学毕业生数据：2014年的应届大学生总人数为727万人，截至2014年2月，全国普通高校理工科院校毕业生的签约率男性是29.5%，而女性为21%。可以看出男性毕业生的就业率远远高于女性毕业生。除此之外，能在建筑业、制造业及电子服务业等行业工作的女性毕业生比例也显著低于男性。❶ 四成被访女大学生认为女生找工作比男生困难，理科类的硕士生最觉困难，即使是在理工科和经管类女性毕业生占优势的专业中，男性毕业生薪资全部高于女性，存在同工不同酬的薪资歧视。在2014届大学毕业生中，同层次、同专业男女生的平均月收入最大差距接近800元。❷ 有学者提出"在就业层次上，女大学生尤其是理工科女大学生更多集中于中小企业和低端行业，男大学生更多集中于国企等大型单位和高端行业"，❸ 即女性在信息技术行业的边际化。具体而言有三点：第一，信息技术领域中的权力分割。性别偏见限制了女性获得科技训练和从事科技工作的机会，女性雇员的数量少于男性雇员，即便被录用，也往往会被放置于不重要的岗位之上，但是男性雇员则拥有更权威的地位。这种情况使得在公司的权力分配中，女性处于绝对劣势；第二，作为性别偏见载体的信息技术市场。在这里，市场摆脱了商品买卖的属性成为一种社会建构，性别等级制度在起作用，信息技术市场成为传递性别偏见的载体；第三，信息技术领域的人才需求。女性结构上或法律上的障碍进而影响其获取新的知识和技能，从而只能留在原来的边际群体中。❶

---

❶ 翟东波：《理工科女大学生的就业"突围"》，《中国就业》，2015年第3期，第8页。
❷ 翟东波：《理工科女大学生的就业"突围"》，《中国就业》，2015年第3期，第8页。
❸ 陈秀丽、梁瑶：《理工科女大学生就业的自身瓶颈及应对策略》，《中国石油大学学报》，2013年11期，第96页。
❶ 黄育馥、刘霓：《E时代的女性——中外比较研究》，社会科学文献出版社2002年10月版，第19页。

不同专业就业中普遍存在的性别歧视问题已经对女大学生造成了从生存到生活、从生理到心理的各项压力。有学者分析表明对个人前途与就业前景的担忧已成为大学毕业生心理压力中最大的因素，不用质疑的是女性学生的心理压力比男性要大得多。例如，有65%的信息专业的女大学生认为就业与男生相比较更困难。在就业心理期望与失落感形成鲜明对比的情况下，会直接导致女大学生对就业的心理期望降低，以及就业价值观改变明显的问题。❶

其次是不同学历层次的女大学生就业研究。有实证调查分析发现学习成绩和学历对降低歧视没有帮助，实际上，学习成绩越好、学历水平越高的女性大学生在求职过程中遭受的性别歧视更严重。❷即女性并不会由于其获得的学历层次越高而越容易获得面试、录用的机会。相关学者的调研也表明女本科生受到就业歧视的可能性是小于本科学历以上女生的，诸如来自农村、毕业于普通院校的女硕士毕业生遭遇就业歧视的概率为73.24%，居最高位。全国重点院校、省会及以上大城市的非硕士男生，在工作搜寻过程中遭遇就业歧视的概率最低，为26.11%。❸基于学历基础上的学校知名度在女大学生就业中起着重要作用，在边际影响上，当院校知名度从弱到强时，大学生面试次数为15~20次的概率减少，其他面试次数的概率增加。❹社会上常见的一些观点可能会将女性最重要的"就业"与"结婚生子"联系在一起，这也反映了刻板印象和传统观念仍旧存在于很大范围的社会之中。例如，学者于建嵘就表示，一般只招男博士，如果是女生应试的，希望是已婚女性，因为会担心女博士嫁不出去；政协委员罗必良的观点则更倾向于物化女性："女博士在上大学时不找对象，是很大一件事——女孩子是一个产品，卖了二十几年，还没把自己卖出去。"❺不少学者同时关注到了不仅是高学历的女大学生面临就业歧视的困境，

---

❶ 王城颖：《信息类女大学生就业心理压力与求职选择》，《劳动保障世界》，2013年第9期，36页。
❷ 女权之声：《同一份简历，只要性别"女"换成"男"，面试机会立马高出42%》，http://mp.weixin.qq.com/s?__biz=MjM5MzY0NjcOMQ==&mid=203954816&idx=1&sn=ba0e021b5685364a6d1d476eabc54b32&scene=1#rd.
❸ 张抗私、班晓娜、贾帅帅：《女大学生就业为什么难？——基于全国63所大学的问卷调查》，《财经问题研究》，2015年第3期，第115页。
❹ 张抗私、盈帅：《性别如何影响就业质量？——基于女大学生就业评价指标体系的经验研究》，《财经问题研究》，2012年第3期，第89页。
❺ 谭山山：《当代中国的18种性别偏见》，《新周刊》，2015年4月14日。

高职院校的女大学生在就业过程中，由于遭遇性别和学历的联合歧视后更容易出现诸如焦虑、恐惧、承受能力差、意志力薄弱、情绪不稳定、意气用事、感情脆弱等心理障碍❶，而自卑、迷茫和从众是其主要表现。❷

最后是不同民族女大学生的就业情况研究。已有的文献主要集中于新疆、海南、广西、宁夏等地少数民族女大学生的就业问题。由于上述区域在经济上都属于欠发达地区，因此有学者认为来自这些地区的少数民族女大学生不论是在家庭背景、外貌、观念亦或是获取信息的能力方面较之城镇学生都偏弱，而且由于成长环境的限制，她们自身往往存在自卑感，经济压力也比较大，因此面临的就业压力也就更大。❸ 有学者提出来自少数民族贫困地区的女大学生进入高校，尤其是知名度高的大学后，很可能比一般的大学生面临更加不利的处境。❹ 有学者通过统计表明民族师专的少数民族女大学生要考虑自身、家庭和就业等多重方面的问题，面临着极大的压力，因此在强迫、抑郁、敌意、精神病性因子分方面该群体的心理健康水平都比汉族女大学生低。❺

1.2.2.2 促进女性就业的性别平等立法及实践研究

首先是我国性别平等立法的相关情况。不少学者认为，当下国内现行的"宣言式"的政策规制，虽然提出了促进男女平等的宏观导向，却因为其没有有力的执行机构与详尽的监管、惩罚措施而使其显得缺少可诉性和可操作性。而不具有可诉性的法律规定，则往往会停留在字面意义上而缺少实质可能性。❻ 制定统一、可操作的性别平等法或反歧视法是法学界的共识。在反歧视

---

❶ 李绍明：《影响高职院校女大学生就业成功的心理素质分析》，《经济师》，2013年第2期，第146页。

❷ 顾育：《高职院校女大学生就业心理的误区及引导》，《产业与科技论坛》，2014年第13卷第22期，第83页。

❸ 许明、阳旭：《广西农村少数民族贫困女大学生就业存在的问题及相应对策》，《柳州职业技术学院学报》，2009年第1期，第7页。

❹ 马迪：《我的学生考上清华了：高兴还是忧心?》，http://mp.weixin.qq.com/s?__biz=MzA4MzQxMTAwNA==&mid=207815138&idx=1&sn=40f90d1cd11d6d96348bf57908c262d3&scene=1#rd.

❺ 余少华：《民族地区师专少数民族女大学生心理健康调查》，《中国科教创新导刊》，2008年第9期，第240页。

❻ 蔡定剑：《中国就业歧视现状及反歧视对策》，中国社会科学出版社2007年6月版，第70—75页。

法的研究领域，以蔡定剑为代表的专家认为完善立法和消除我国现行法律中的歧视是需要并行的进路，尤其是通过界定具体歧视，规定法院受理诉讼的程序、举证责任和救济补偿办法才能使受害当事人的权利得到切实的救济。而如何针对现行法律性条款的不足，尤其是制度中的性别歧视则成为国内性别平等立法的要务。❶ 在具体经验的借鉴方面，学者刘小楠对于我国台湾地区、香港地区的反歧视制度和实践经验进行了系统而深入的考察，认为相比和我国文化差异较大、发展差距较远的欧美国家，我国台湾和香港作为与大陆一样受过儒家思想影响的地区，从性别平等制度的产生、内容、运作到救济的各个方面，对于大陆都有值得借鉴的经验。同时可借鉴我国香港地区在立法中明确规定"真正职业资格"的标准，以避免实践中"不适合女性"成为用人单位拒绝招用女大学生的借口，否定女性对职业的自主判断和选择权的情况。❷

其次是关于促进女大学生就业的反隐性歧视公共政策支持。有学者认为，在劳动权益的性别差异上存在"过滤效应"，劳动力市场上制度、文化中的性别歧视就是一个标准因性别而异的过滤器，突破性别刻板印象和性别隔离壁垒后的女性和男性在劳动权益上差异不大是很正常的，而大部分在初始阶段就因为性别原因无法通过壁垒或者说在某个环节就直接被过滤掉、排斥了的女性常常被我们忽略。因此，在某种层面或视角上的劳动权益性别差别不大并不意味着不存在女性就业的性别歧视和性别差异。有制度和形式上的平等，也有实质结果和待遇上的不平等；直接的性别歧视越来越少，但间接、隐性的性别歧视大量存在，而隐性的和实质的性别不平等在法律尚未健全的阶段尤其需要公共政策干预。❸ 还有学者认为现行的保护性措施单纯强调或过分强调了女性的生理特征，其结果并无益于促进两性平等，有些保护性措施事实上排斥了女性的地位、限制了女性的选择、加重了女性的依赖性、拉开了男女两性之间的差距、巩固了原有的性别偏见。❶ 20 世纪 90 年代开始，我国香港特别行政区政府开展了积极的工作来反对包括性别歧视在内的各种形式的歧视，出台了

---

❶ 蔡定剑：《中国就业歧视现状及反歧视对策》，中国社会科学出版社 2007 年 6 月版，第 77 页。
❷ 刘小楠：《港台地区性别平等立法及案例研究》，法律出版社 2013 年 9 月版，第 145、277 页。
❸ 徐道稳：《劳动权益的性别平等决定现代社会性别平等的实现程度》，深圳市妇女联合会，深圳市妇女发展研究会：《性别平等立法的深圳实践》，社会科学文献出版社 2013 年 3 月版，第 9—10 页。
❶ 刘小楠：《港台地区性别平等立法及案例研究》，法律出版社 2013 年 9 月版，第 265—267 页。

《性别歧视条例》来克服性别歧视，并配合以《家庭岗位歧视条例》对有家庭照顾责任的人施加保护。有学者认为尤其值得关注的是，在这两个条例中都对性别歧视、婚姻歧视、怀孕歧视和家庭岗位歧视中的直接歧视和间接歧视形式进行了规定。❶ 2012 年的《深圳经济特区性别平等促进条例》创设了一系列落实男女平等基本国策的重要制度，也为其他省份出台类似的条例做出了示范，这一条例切实将社会性别纳入决策主流，为从源头上解决女性就业、生存、发展中的重大问题提供了强大的法律武器，属于新时期地方社会制度的顶层设计和重大探索，也将为实现事实上的性别平等发挥重大的作用。❷

1.3 核心概念的界定

1.3.1 性别与社会性别

在英文中，性别既可以用"sex"也可以用"gender"表示，但社会学者们认为这是两个不同的概念。"sex"是生物学意义上的性别，即按照基因和性器官的不同将有机体分为雄性和雌性，属于自然属性。"gender"本来是一个语法概念，表示词的阴阳性。❸ 20 世纪 60 年代后期，"gender"这一概念开始进入英美女权主义理论和政治理论中，"gender"这一概念的提出也是社会性别理论建立的基础，围绕"gender"意义的探讨和争论反映出过去几十年中西方对于"性别"理解的发展脉络，大致可以分为以下几个阶段。

女权主义思想发端于 18 世纪，伴随着西方国家资本主义革命产生的民主思潮衍生而来。此后，女权主义相关民主运动也愈演愈烈，第一次女权主义运动浪潮就此产生。这一阶段的民主运动的主要内容为争取与男子等同的参政权与社会地位，除此之外，还包括其他关系到经济和法律等其他方面的具体要求。

---

❶ 李傲：《性别平等的法律保障》，中国社会科学出版社 2009 年 1 月版，第 141 页。
❷ 深圳市妇女联合会、深圳市妇女发展研究会：《性别平等立法的深圳实践》，社会科学文献出版社 2013 年 3 月版，第 1 页。
❸ 李薇薇：《反歧视法原理》，法律出版社 2012 年版，第 251 页。

20世纪60年代后期对"生物决定论"的批判：女权主义第二次运动发端于美国，其特点是对女性的压迫和解放进行深入的分析。20世纪60年代后期，"gender"这一概念开始出现并作为女性主义的基本分析工具。在这一时期西蒙·德·波伏娃的《第二性》被看作是激发了新女性运动的开山之作。她有两个基本论点：第一，女人不是天生的，而是逐渐造就的；第二，女人在整个历史上扮演"他者"的角色，通过与男人的关系而被界定。❶ 在理论上，西方女权主义第二次浪潮受到了她在《第二性》中提出的观点的巨大影响，开始探讨女性被压迫的社会根源。她们普遍认为男女之间在身体方面的差异是不变的，但是在行为上的差异则是变化多样的，并强调男女种种行为的区别不是生物学上的后果，而是社会结构、习俗和文化符号使然。

20世纪90年代对"他者性"的认同和赞美：在女权运动的第三次浪潮中，后现代主义极大地影响了女权主义的理论发展，比以往更关注男女两性的差异，更强调女性经验的复杂性和建立女性话语的重要性。20世纪90年代女性主义者们逐渐发现人们长期运用的理论框架越来越难以与其理论协调一致，在进入第三波女性主义的过程中，她们并不必然把性别概念放在比其他认同概念优先的位置，在沟通各种不同认同的界线时，她们更关注接受其内在的矛盾，包容女性的差异，即女性作为"他者"的特征。第三波女性主义不是以心灵、理性和文化来贬低或支配身体、生育和性别特征，而是从女性的视角出发，开始把身体和化身作为政治理论发展的核心，希望能发展出一些能够容纳与多样的、相互渗透的认同维度相关的政治联盟。❷ 对"他者性"认同的第二个层面还包括了对众多个体和众多群体之间存在的多种多样的差异性本身的复杂性的承认和接纳（比如女同性恋者、有色人种的女性）。女权主义已经不再只关心法律上的性别平等，开始更加关注实际中的平等。❸

20世纪80年代，"gender"概念就已经见诸我国国内的个别刊物文字，但是其被翻译为"社会性别"概念被大规模地使用，并成为性别问题研究中的重要概念与范畴始于20世纪90年代。1993年在"中国妇女与发展"国际研

---

❶ [加] 巴巴拉·阿内尔：《政治学与女性主义》，东方出版社2005年版，第240页。
❷ [加] 巴巴拉·阿内尔：《政治学与女性主义》，东方出版社2005年版，第325页。
❸ 何勤华主编：《西方法学流派》，中国政法大学出版社2003年版，第1092页。

讨会首次介绍了"gender"这一概念,并称之为"社会性别"。❶ 社会性别意识和社会性别主流化的观点开始被广泛使用并表现出三大特征:其一,"gender"概念通过全球化的过程促使"社会性别"进入中国,使社会性别意识及其相关议题开始得到关注和进一步的探讨;其二,在社会性别理论本土化的过程中,各类国际政治经济组织、基金会(如福特基金会、乐施会、联合国开发署)起到了重要的作用,既包括资金物资上的支持,也包括理念和人力资源上的支持,使我国的妇女研究及实践能迅速与国际接轨;其三,大量与妇女、性别和发展有关的项目进入中国内地,在这些项目中大部分要求具有社会性别的观点,因此,能掌握并使用社会性别的分析方法及相关理论,便成为争取项目的准入证之一。❷ 美国学者琼·W. 斯科特关于"社会性别"(gender)基本内涵的论述,为大多数中国学者推崇。第四届联合国世界妇女大会之前出版的《英汉妇女与法律词汇释义》中对"社会性别"(gender)的解释,引用的就是斯科特的定义:"社会性别是基于可见的性别差异之上的社会关系构成要素,是表示权力关系的一种基本方式。"❸

1.3.2 歧视与性别歧视

按照《汉语大辞典》的解释,歧视是指"不平等地看待"❹。早在联合国大会于1948年通过的《世界人权宣言》第7条中就指出:"法律之前人人平等,并有权享受法律的平等保护,不受任何歧视。"1958年国际劳工大会通过的《消除就业和职业歧视公约》对"歧视"一词进行了缕析,第一是基于种族、肤色、性别、宗教、政治见解、民族血统或社会出身等原因,具有取消或损害就业或职业机会均等或待遇平等作用的任何区别、排斥或优惠;第二是有关会员国经与有代表性的雇主组织和工人组织(如存在此种组织)以及其他适当机构协商后可能确定的、具有取消或损害就业或职业机会均等或待遇平等

---

❶ 薛宁兰:《社会性别与妇女权利》,社会科学文献出版社2008年版,第6页。
❷ 闵冬潮:《全球化与理论旅行——跨国女性主义的知识生产》,天津人民出版社2009年版,第158—160页。
❸ 谭兢嫦、信春鹰编:《英汉妇女与法律词汇释义》,中国对外翻译出版公司1995年版,第145页。
❹ http://www.hydcd.com/cd/htm_a/25442.htm.

作用的其他此种区别、排斥或优惠。❶ 欧盟将其定义为："如果是某人或团体因为具有性别、种族和民族、遗传特征、宗教、残疾、年龄、性取向等七种特征之一，而受到相对不利的对待，或者一项貌似中立的条款很可能对该人或团体产生不利影响，则视为歧视。"❷

与性别相关的歧视，称为"性别歧视"，是由于个体的生理性别或社会性别的缘故，而对其抱有偏见和歧视。国际人权法中的不歧视规定是基于个人受到歧视性待遇不符合平等原则这样一个理念而产生的。第二次世界大战以后，一种基于性别的，尤其是针对女性的歧视问题开始引起世界各国的关注。妇女在"二战"期间大量进入劳动力市场以弥补男性在前线作战所造成的劳动力供给不足，但当"二战"结束后，女性在就业市场上高比例的增长被视为对男性就业的一种威胁，即认为女性的廉价劳动力会限制男性选择工作岗位的数量和范围。实际上，1945年以前，涉及禁止歧视的相关规定还很少，只在有关保护少数权利的条约中出现。后来随着《联合国宪章》的制定，不歧视原则才作为一种保护个人权益的国际法被普遍承认。在联合国1979年通过的《消除对妇女一切形式歧视公约》中第一条将"对妇女的歧视"定义为："基于性别而作的任何区别、排除和限制其作用或目的是要妨碍或破坏对在政治、经济、社会、文化、公民或任何其他方面的人权和基本自由的承认以及妇女不论已婚未婚在男女平等的基础上享有或行使这些人权和基本自由。"❸《消除对妇女一切形式歧视公约》的第7～16条同时具体规定了妇女享有的不受歧视的权利。与此同时，诸多国家和地区皆出台了针对性的性别歧视法，也有一些国家的综合性反歧视法中包含了关于性别歧视的规定，虽然各个国家的法定内容略有不同，但一般均规定性骚扰、怀孕的歧视属于性别歧视，也有的国家将婚姻状况及家庭责任、性身份列入了性别歧视的范畴。❹

---

❶ 国际劳工大会：《消除就业和职业歧视公约》（第111号公约），http：//wenku.baidu.com/link？url＝jNObadMUa7NtMFW9xM4pxDjI3PEfGwaAQ3yczthWyLTQnQJsHgS6tNwXnS7psGNZ7w8gh3FTV4960r8qG_o8nZBij2sucq0CKkMlqOin5Nq。

❷ 蔡定剑主编：《中国就业歧视现状及反歧视对策》，中国社会科学出版社2007年6月版，第8页。

❸ http：//www.law-lib.com/law/law_view.asp？id＝95072。

❹ 李薇薇：《反歧视法原理》，法律出版社2012年版，第254页。

1.3.3 就业歧视与就业中的性别歧视

按照歧视发生的领域进行划分，经济领域主要发生在劳动市场，即劳动就业歧视；文化领域主要是教育机会和资源的歧视；社会方面主要是提供公共物品和服务领域（包括住房、社会保障、教育等方面）的歧视。具体到劳动就业过程中，歧视又主要包括刊登招聘广告、工作安置、终止雇佣关系、公务员的任命和解聘、雇用期限和雇用条件，雇用期间接受教育或培训，升迁以及工作条件等环节的歧视。❶ 因此女性在就业中遭受的性别歧视也就是指在女性出入劳动市场的过程中，即使女性工作者不会对正常的工作和生产产生不利影响，却依旧因为性别而被排斥，最终未能获得和男性就业者同等就业机会的情况。

按照劳动者在出入劳动市场的流程，就业中的性别歧视大致可分为四种类型，见表1-1。

表1-1 就业中性别歧视的分类

类　型	含　义
先劳动市场歧视（Pres - market Discrimination）	未就业前社会中或就业群体因为性别原因而受到的歧视，例如，招生考试、教育培训政策对于女性的差别对待
雇用歧视（Employment Discrimination）	进入劳动市场所遭遇的歧视，通常包括在招募、升职和解雇过程中对女性的歧视
薪资歧视（Wage Discrimination）	女性通常遭遇的同工不同酬，福利待遇的差别对待等
后劳动市场歧视（Post - market Discrimination）	离开就业市场过程及离职后，在税赋和社会安全保障等方面女性所受到的不利待遇

1.3.4 显性歧视与隐性歧视

根据歧视行为的表现形式，通常分为显性歧视和隐性歧视。这种分类方法是依据歧视主体所采取的政策或措施是否是同等地适用于不同的群体进行划分的。显性歧视与隐性歧视的分类，在欧盟国家的学术研究和法律中最为流行，对我国歧视理论和法规的影响也很大。我国香港地区的《种族歧视条例》将

---

❶ 蔡定剑主编：《中国就业歧视现状及反歧视对策》，中国社会科学出版社2007年版，第13页。

就业歧视分为显性歧视、隐性歧视和使人受害的歧视（discrimination by way of victimization）。蔡定剑和周伟所分别主持起草的《反就业歧视法（专家建议稿）》中也有关于显性歧视和隐性歧视的分类。❶ 显性歧视即直接歧视（direct discrimination），是指其他条件水平相当的前提下，个体或是群体的待遇与其他个体或群体所遭遇的待遇差距较大，且这种差别待遇是可以直观地观察到、感受到的不平等对待。伴随着各国法律的完善健全，执法力度加大，显性歧视已经消除很多。但实际上，另一种歧视被忽略了，即隐性歧视（indirect discrimination），隐性歧视是相对于显性歧视而言的。对于我国法律上的歧视概念是否要包含显性歧视和隐性歧视这两种形式，学者中有不同的认识。反对者认为我国当下的就业歧视尤为突出且亟待解决的就是显性歧视这一问题，隐性歧视还不足以为国内所熟悉，何况认定程序烦琐。故中国尚不急于对歧视做显性歧视和隐性歧视的划分。❷ 而支持者认为，歧视概念在国际人权法和其他国家反歧视法中已经比较成熟，将之细分为显性和隐性两种形式，有利于从法律角度识别实际存在的各种歧视行为，从观念、行动和司法实践多维度地反歧视。❸ 平等的唯一要求是它必须有所作为，因此，平等创造了一个先决条件，即有义务为试图歧视的人的行为辩护。也就是说，"举证责任在于那些想要得到不同待遇的人，而不是相反，由那些需要平等待遇的人来承担"❶。

国际劳工组织在第 91 届大会《工作中的平等时代》的报告中指出，就歧视的形式而言，工作中的歧视可以是显性或隐性的，而法律也应该对隐性歧视的现实存在加以承认，并对长久以来容易对不同群体造成不同影响的惯性行为及相关的规章制度进行审查和修改。虽然联合国及国际劳工组织文件在理论上提出并承认了隐性歧视，但都缺乏具体的司法概念界定。相反，综观世界各国的部分国内立法，对隐性性别歧视做出了明确而详细的规定并积累了丰富的司法实践，弥补了国际相关立法的不足。

---

❶ 冯祥武：《反就业歧视法基础理论问题研究》，中国法制出版社 2012 年版，第 76 页。
❷ 何琼、裴廖：《论就业歧视的界定——欧盟"正当理由"理论对中国的启示》，《法学》，2006 年第 4 期，第 116 页。
❸ 薛宁兰：《社会性别与妇女权利》，社会科学文献出版社 2008 年版，第 139 页。
❶ ［美］J. 范伯格著，王守昌、戴栩译：《自由、权利和社会正义——现代社会哲学》，贵州人民出版社 1998 年版，第 145 页。

美国反隐性歧视的立法缘起于1971年的格里格斯案❶。格里格斯案件的最重要成果是，美国最高法院在这个国家的历史上第一次同时认可了两种民权法上的歧视：差别对待，即显性歧视，要求证明歧视的故意；差别结果，即隐性歧视，不需要证明该故意。从此，按照美国法律规定，行为、程序或测试即使表面中立，甚至在动机中也中立，只要其实施导致"固化"先前歧视性行为的现状，就无法获得支持。该案件的判决为以后隐性性别歧视案件的认定提供了先例和标准。

在加拿大的 O'Malley 案例中，法院认为隐性歧视是指："雇主出于真正的商业理由而采取的从表面上看是中性的，适用所有雇员的规则和标准，但它却基于法律所禁止的某一理由对雇员产生了歧视性的后果……"❷英国在1975年出台的《反性别歧视法》中关于隐性性别歧视的界定非常复杂："但凡符合下列情况的均构成对于女性的歧视——他对男性和女性提出了同样的条件或者要求，但是①能够符合该条件的女性人数明显地少于男性；②他不能说明该项条件导致男女比例明显失调是合法的；③女性不能胜任因为该要求对于女性是有害的。"❸也就是说，表面上看雇主并没有对性别加以规定，产生了一种性别中立的假象，但雇主的实际行为却使某一个性别的人利益受损，而这种行为也没有正当理由加以支持。在20世纪60年代后期，欧洲诸国的相关法律中就首次出现了隐性歧视的相关概念，但该概念一直未被普遍接受和理解，并在反歧视法律的制定中由于该概念的应用导致的种种难题，国家层面迟迟未对其进行相关的立法规定。直到欧盟在2002年的《平等待遇指令》❶中对于隐性性

---

❶ Griggs v. Duke Power Co., 401 U.S. 424. http://caselaw.lp.findlaw.com/cgi-bin/getcase.pl?court=US&vol=401&invol=424, 1971. riggs v. Duke Power Co., 401 U.S. 424. http://caselaw.lp.findlaw.com/cgi-bin/getcase.pl?court=US&vol=401&invol=424, 1971. 在该案件中，杜克电力公司在内部的调岗和晋升时要求人员具有高中学历并且达到一定的智商测试水准。在当时的美国社会，由于大部分黑人不具有高中学历并且在智商考试中均分普遍较低，因此相对于白人而言，黑人很难得到高薪和高级别的职位任命。法院审理后认为，依据民权法案，当某项用于决定是否录用、晋升的企业测试是针对部分少数民族、种族群体时，如果企业不能明确说明该测试的合理、必要性，即使没有直接的明显的歧视行为，也被认定为隐性的歧视，是违法的。

❷ Ontario Human Rights Commission and O'Malley v. Simpsons-Sears Ltd. http://en.wikipedia.org/wiki/Ontario_Human_Rights_Commission_and_O'Malley_v._Simpsons-Sears_Ltd., 1985.

❸ UK Sex Discrimination Act. http://en.wikipedia.org/wiki/Sex_Discrimination_Act_1975, 1975.

❶ 欧盟的法律分为：规章、指令、决议和建议。其中，指令是一种独特的形式，其特点是欧盟只设定立法目标，而不约束各成员国为达到该目标所采取的途径和手段。指令的条款比较宏观和简单，发布之后，还必须经过成员国在规定期限内转化成更为细致具体的国内立法。

别歧视的界定是"一个看来中立的规定、标准或做法将一种性别的人和其他人或者其他性别的人相比较时置于不利的境地,除非该规定、标准或做法有一个合法的解释并且实现该目标的方法是必须且适合的,否则就是隐性的性别歧视"。[1]

把女性看作比男性位阶低的第二性,或认为女性是作为男性"正面"的另一面——"负面",这是一般情况下显性的性别歧视两种具体的表现形式。总而言之即是将女性视为劣于男性的、"不祥"的、坏的。显性歧视因为其能被直观地识别,因而受到重视、批判和纠正。而隐性的性别歧视是表面上把两性群体都给予同一的规范和准则,但是实际上这个准则依旧从根源上认可男性的性别优势,认为男性才是客观的、标准的。产生的结果是男性不仅比女性有优势,还成了人的一般性,当男性成为衡量人的标准,女性在这种所谓"标准"下而受到的不公平对待、不利结果和利益损害都因为其不符合"标准"的理由被忽视和掩盖了。[2]

综观西方各国关于就业隐性歧视概念的界定,法院在审理有关隐性性别歧视的案件中主要关注三个方面的问题:(1)隐性性别歧视需要证明受保护群体受到了或可能面临受到不利影响。比如要求家里有婴幼儿的女工必须担任全职工作否则就应辞职,就是对女性劳动者的劳动条件加以限制而产生的不平等对待。再如,某一工作要求以1.7米的身高为条件,它可能构成的显性歧视是身高歧视,而实际上这一要求构成了对于女性隐性性别歧视,因为女性能达到这一身高的比例大大低于男性。特别是在隐性歧视中,不像直接歧视对合理的职业要求有严格的限制,合理或"正当的职业要求"成为是否构成隐性歧视的关键。[3] 在早期的案件中,有关是否构成隐性性别歧视的判定方面,法院强调通过数据证明受保护群体受到了不成比例的不利影响,然而由于数据或者艰难性和可采信度难以评估等原因,有些国家正趋向于不完全依赖数据证据,也

---

[1] EU Directive 2002/73/EC. http://eur-lex.europa.eu/LexUriServ/LexUriServ.do?uri=CELEX:32002L0073:EN:PDF, 2002.
[2] 沈奕斐:《被建构的女性——当代社会性别理论》,上海人民出版社2005年4月版,第48—51页。
[3] 蔡定剑主编:《中国就业歧视现状及反歧视对策》,中国社会科学出版社2007年版,第10—11页。

不再要求原告证明发生了实际的不利影响。(2) 雇主采取歧视行为的理由是否合理。该条款与欧盟的《男女平等待遇指令》中对于性别歧视的判定要求相契合，在考虑时法院大多注意性别因素是否合理并且对某项工作的顺利完成而言是否必要。(3) 禁止歧视的范围。欧盟的反歧视法律框架构建的比较早也比较健全，对于性别歧视问题的立法数量很多，单单是与性别歧视直接相关的指令就有13个之多，并在2002/73/EC号指令中明确规定了禁止显性和隐性性别歧视的使用范围和成员国的相应义务。特别是在就业、自营、职业方面的进入条件，包括选择标准和招聘条件，以及获得各种形式、层次的职业指导、职业培训的资格等。❶ 本书中的隐性性别歧视采用的是欧盟的界定，即一个看来中立的规定、标准或做法将一种性别的人和其他人或者其他性别的人相比较时置于不利的境地，除非该规定、标准或做法有一个合法的解释并且实现该目标的方法是必须且适合的，否则就是隐性的性别歧视。

1.4　研究的主要内容和技术路线

1.4.1　研究的主要内容

具体而言，本书涵括绪论、正文五章及结论一共七个部分的内容。

1. 绪论部分。提出研究的论题，明确研究的现实意义和理论意义，梳理国内外的研究现状，对报告中涉及的核心概念进行厘定和缕析，确定研究的主要内容和技术路线。通过文献和资料的梳理，我们发现，近年来女大学生就业隐性歧视在国内虽然已逐步得到相应的关注，但不论学术领域抑或整个社会，对女大学生这一群体所遭受的就业隐性歧视均未给予充分的研究和探讨。

2. 历史进路。从历史变迁的角度对国际上和我国推进性别平等就业的治理政策与行动进行回溯和梳理。在反性别歧视从理念到践行的国际背景下，我国从中央到地方制定了大量的性别平等政策，进行了多年的治理实践。

3. 实证解读。通过走访交流、新媒体平台、熟人传递等方式对我国华北、

---

❶ 李薇，Lisa Stearns:《禁止就业歧视：国际标准和国内实践》，法律出版社2006年版，第203页。

华东、华南、华西等多个区域不同层次、类型的院校，多种专业的男、女大学生进行问卷调查和深度访谈。全面整理获取的第一手资料，运用数据统计分析明确我国女大学就业遭遇隐性性别歧视的现实境况，并对影响隐性性别歧视的因素进行 Logistic 模型分析，从而为剖析女大学生平等就业的制约因素奠定基础。

4. 归因审视。分别从法律和制度层面、社会和文化层面、个体和家庭层面对制约我国女大学生公平就业，影响隐性性别歧视的因素进行缕析，并在此基础上进一步阐明公共支持体系的构建对于消解女大学生就业中的隐性性别歧视问题的必要性，继而给出相应的策略建议。

5. 他山之石。缕析国外对反就业隐性性别歧视这一问题的实践经验。具体包括反就业性别歧视保障体系的构建，世界女子大学的培养模式借鉴和家务劳动社会化、体面化的公共支持几个方面，旨在结合国际经验为消解我国女大学生的就业隐性性别歧视问题提供成功的支持范本和策略。

6. 应然选择。探讨如何构建公共支持体系实现我国女大学生公平就业的蓝图。这一章主要包括四部分内容：第一部分是公共支持体系的顶层设计和制度安排。尤其强调公共支持体系的社会性别逻辑，即女大学生就业的公共支持体系构建的逻辑出发点不仅应该保障该群体的基本生存权，而且要在国家各级各类公共政策的规划、制定和执行过程中融入社会性别意识，通过去性别中立化的政策关照，使社会公共利益与公共资源做出有益于女性和男性平等受益的权威性分配。第二部分是公共政策支持子系统，涵盖了公共政策供给和公共政策运行两个部分。我们认为公共政策支持的子系统需要从高等教育政策、就业性别平等政策、社会福利政策、文化产业政策、家政工作体面劳动政策这五大方面进行构建和完善，通过政府"有形之手"和市场"无形之手"以及社会"刚柔并蓄"之手共同推进反就业中的性别歧视进程，促进制度红利的效用最大化。同时，通过整体性政府打造——消除碎片化内耗，去中心化的多维沟通——立体监督体面劳动实现国家权力的社会性别差异再配置。第三部分是社会组织支持子系统。首先是国际社会组织的支持平台搭建，其次是国内社会组织的支持路径探索。第四部分是市场和企业支持子系统，旨在通过新常态下的企业社会责任承担和共享经济中的女性多维度赋权推动隐性性别歧视的消解。

7. 结论与展望。要把公共支持体系的构建作为消解女大学生就业隐性歧视问题的一种理念、一种行动导向。在相关法律框架尚未搭建之前，只有当从中央到地方的掌舵者、决策者、管理者和参与者真正把消解女大学生就业隐性歧视的问题置于公共支持的高度，才能触及整个就业市场、社会内部和外部资源、利益的分配结构，从而施行有针对性的政策、行动。

1.4.2 研究的技术路线

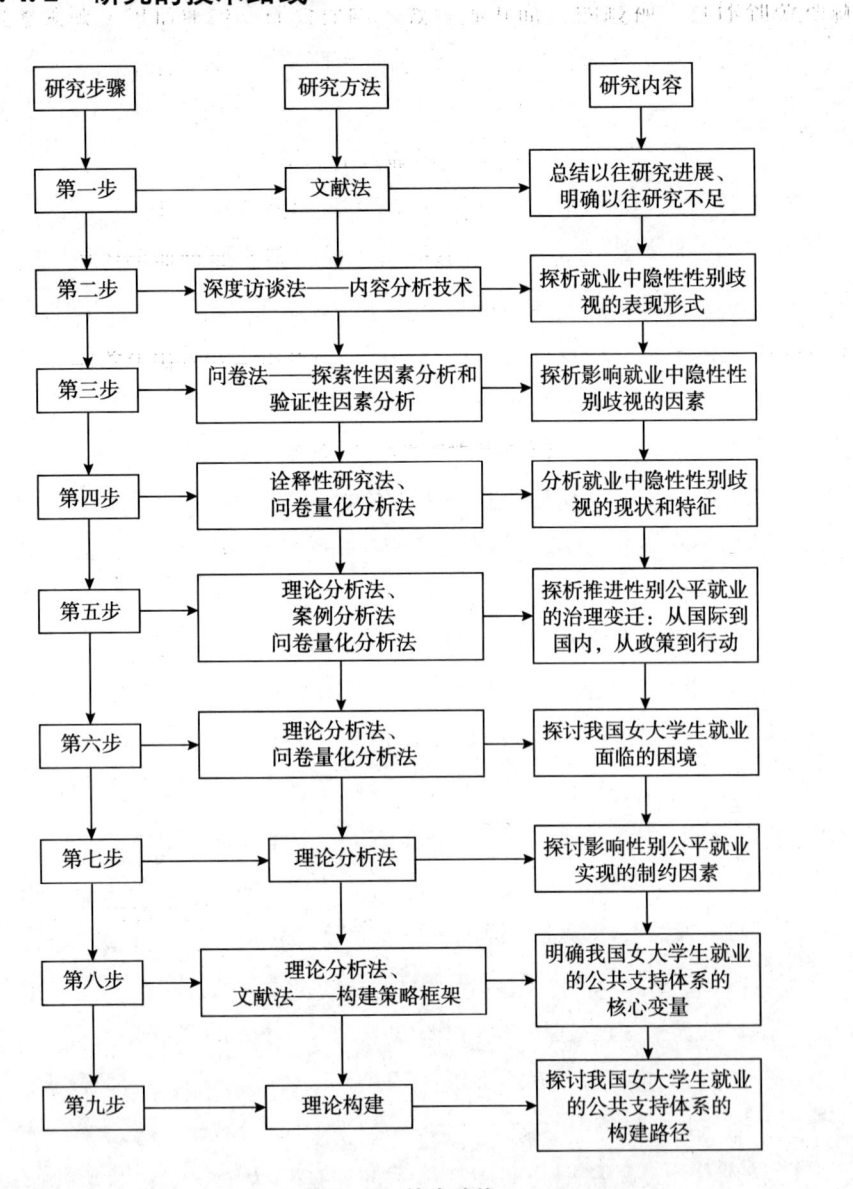

研究步骤	研究方法	研究内容
第一步	文献法	总结以往研究进展、明确以往研究不足
第二步	深度访谈法——内容分析技术	探析就业中隐性性别歧视的表现形式
第三步	问卷法——探索性因素分析和验证性因素分析	探析影响就业中隐性性别歧视的因素
第四步	诠释性研究法、问卷量化分析法	分析就业中隐性性别歧视的现状和特征
第五步	理论分析法、案例分析法、问卷量化分析法	探析推进性别公平就业的治理变迁：从国际到国内，从政策到行动
第六步	理论分析法、问卷量化分析法	探讨我国女大学生就业面临的困境
第七步	理论分析法	探讨影响性别公平就业实现的制约因素
第八步	理论分析法、文献法——构建策略框架	明确我国女大学生就业的公共支持体系的核心变量
第九步	理论构建	探讨我国女大学生就业的公共支持体系的构建路径

图 1-3 技术路线

2 历史进路：推动性别平等就业的治理政策与行动

2.1 反就业性别歧视从理念到践行的国际历程

从国际视角观察，反歧视，尤其是反性别歧视从理念到践行的路程走得并不顺利。20世纪初期，国际社会才开始进行较大规模的制度性的反歧视社会运动，但这一阶段还是主要集中在政治领域的权利平等，如选举权。第二次世界大战之后，随着经济的慢慢转好，越来越多的女性劳动者投入就业市场。当妇女群体和组织的平权运动越来越多，国际社会诸多致力于促进人权保障策略的规制构建才得以逐步改善与完备起来。

2.1.1 国际劳工组织（ILO）

国际劳工组织（ILO）制定了一系列的国际劳工标准致力于全球劳工劳动权利的保护，其中消除就业和职业歧视是核心劳工标准的重要方面，主要体现在国际劳工组织制定的一系列公约、条约和宣言中。

（1）1951年《男女同工同酬公约》（第100号公约）。该公约规定，每一会员国应规定和实施现有薪酬政策能够适应的方法，保障并基本保证与上述手段协同的状况下，能够在全数员工之间施行两性员工相同价值的劳动支付同等薪酬。

（2）1958年《消除就业和职业歧视公约》（第111号公约）。该公约由国际劳工大会通过，主要包含四个方面的内容：第一是界定了就业与就业歧视的实质含义；第二是阐明了歧视与非歧视二者的区别与边界；第三是提出了有助于消除歧视的具体举措的导向；第四是说明了如何构建有效的机构设置来促进消除歧视的措施及推动其他相关领域内消除歧视的策略。

（3）1964年《就业政策公约》，由国际劳工大会发布。强调："每个工人不论其种族、肤色、性别、宗教信仰、政治见解、民族血统或社会出身如何，都有选择职业的自由，并有获得必要技能和使用其技能与天赋的最大可能的机会，取得一项对其很合适的工作。"[1]

（4）1981年的《有家庭责任工人公约》（第156号公约）和同名建议书（第165号建议书）。这一公约旨在对性别歧视提出反对意见，以保证在就业过程中的男性和女性雇员，尤其是在有家庭责任的男工与女工之间以及这些工人和其他工人之间，消解实质上性别歧视造成的差异化结果，促进的机会及工作待遇的平等性、均等化。

（5）1994年的《非全日工作公约》（第175号公约）和同名建议书（第182号建议书）。这两个文件的主要目的在于对从事兼职的劳动人员权益进行保护，对非全日制（兼职）人员的就业、劳动报酬、职业安全卫生及社会保障问题做了原则规定。

（6）1996年的《家庭工作公约》（第177号公约）和同名建议书（第184号建议书）这两个文件规定各个国家在制定有关家庭工作的公共政策时，应充分考虑家政工作的特殊性和重要性，尤其是在能够适用公司或企业中相同或类似类型工作条件的情况下，尽可能给予家政工人相对平等、安全的工作条件和待遇保障。

目前中国批准的24个国际劳工组织的国际公约中与性别平等就业相关的包括三项核心公约，即1951年《男女同工同酬公约》（第100号公约）、1958年国际劳工大会通过的《消除就业和职业歧视公约》（第111号公约）和1999年《禁止和立即行动消除最恶劣形式的童工劳动公约》（第182号公约）。国际劳工组织于2008年到2010年在中国地区推广实施《消除就业和职业歧视公约》（第111号公约），将其作为重点建设项目，并且于2010年到2011年与中

---

[1] 国际劳工局理事会：《就业政策公约》，http://www.chinalawedu.com/news/1200/23155/23156/23164/2006/4/li61243155611246002421 2-0.htm.

国人力资源和社会保障部、中国企业家协会等组织共同合作，主要致力于劳动关系中的社会性别平等，也由妇女问题的角度转移到了性别平等化和性别主流化。这两个项目的建立与实施都旨在推动中国女性就业的反就业歧视和就业性别平等，其方式也着重在于加强宣传引导、开展培训和提供技术援助，最终成果在于相关领导部门对于第111号公约和反就业歧视等概念和内容有了更深层次的认知，以及相关法律规章制度的改进和完善。

2.1.2 联合国（UN）

联合国自1945年成立至今，本着在《世界人权宣言》中倡导的"对基本人权、人格尊严和价值及男女平等权利的信念，支持、促进和保护每个人的人权，人皆生而具有平等的、不可剥夺的权利和基本自由"❶的信念，始终竭尽全力于推进两性平等、提升女性地位、进一步促使女性更好地成为人类可持续发展的助力的极具意义的工作中，并且为了实现这一系列的目标颁布了诸多法律、公约与宣言，实施了一整套的全球化性别平等活动计划，取得了不菲的成效和影响，主要体现在如下几个方面。

首先是一般性、原则性的法律、公约和宣言的制定与达成。联合国在推进性别平等方面的主要文书及其内容有：

（1）联合国教科文组织于1960年12月14日颁布的《取缔教育歧视公约》。该公约于1962年5月22日开始实施，旨在消除教育歧视，维护公民受教育权利。该公约明确规定："'歧视'一语指基于种族、肤色、性别、语言、宗教、政治或其他见解、国籍或社会出身、经济条件或出生的任何区别、排斥、限制或特惠。其目的主要是取消或损害在接受教育过程中待遇平等的机会，特别是：（甲）禁止任何人或任何一群人接受任何种类或任何级别的教育；（乙）限制任何人或任何一群人只能接受低标准的教育。"❷女性地位不高或是女性受到歧视，其中一个重要的原因是各个社会层级的教育不平等现象。然而，受教育程度关系着经济发展的水平，也是两性平权的一个重要的体现。

---

❶ 联合国：《世界人权宣言》，http://www.un.org/zh/universal-declaration-human-rights/.
❷ 谭琳、孟宪范主编：《他们眼中的性别问题——妇女/性别研究的多学科视野》，社会科学文献出版社2009年版，第180页。

受到良好教育的女性能够掌握更多的社会知识与专业技能,也就更能够走向社会更高阶层的地位。具备高素质的女性工作者投入劳动力市场,能够进一步完善劳动力市场的结构,提高劳动力市场的质量,最终成为延伸两性平权、促进女性可持续发展的关键推动力。

(2) 联合国于1979年12月18日的大会上通过了《消除对妇女一切形式歧视公约》。这一公约的意义在于首次从法律的层面上提出了对两性平等和非歧视的要求,一方面其从国际公约的层面出发为女性性别歧视下了定义;另一方面又对各个缔约国加以约束,要求它们必须履行保障妇女权利的责任,并且应该从法律层面、政策层面等推行合理有效的举措,以此有针对性地消除国际范围内对于女性施加的歧视。关于消除女性就业中歧视的相关规定体现在"消歧公约"的第11条,第11条将促进就业的性别平等权划分为两个层面:一是工作平等权。也就是说不管是男性或是女性雇员都享有同等的就业权利,能够不受任何偏见和歧视地获得技能培训与升职等机会,所付出的劳动能够按照同工同酬、一视同仁的原则被加以合理的评价。二是特殊劳动保护权。即为使女性不致因为结婚或生育等特有生理性特征而遭受歧视。包括禁止以女性员工的婚姻状况、怀孕或产假为理由解雇女性,强调母性保护,提供孕产期服务及免费医疗等相关内容。

(3) 1995年在联合国第四次世界妇女大会上制定并通过的《行动纲领》。《行动纲领》呼请各国政府、国际社会和民间社会在12个或重大关键领域为推进性别平等,为妇女赋权采取行动。第二条关于妇女的教育和培训中明确了"改善妇女接受职业培训、科技教育和进修教育的机会;……发展非歧视性教育和培训"的战略目标,在第六条中明确了"促进妇女的经济权利和经济独立,包括就业和获得适当工作条件并控制经济资源;……消除职业隔离和一切形式的职业歧视[1]"的战略目标。

(4) 2000年在联合国妇女问题的特别联大上通过了《千年宣言》和《千年发展目标》。其中在目标"促进两性平等并赋予妇女权力"中对女性的教育和就业平等提出了具体的发展目标:"至迟于2015年在各年级教育中消除两性

---

[1] 联合国:《联合国第四次世界妇女大会行动纲领》,http://www.wsic.ac.cn/internationalwomen-movementliterature/66149.htm.

差距",与此相关的指标包括"初等、中等和高等教育中女童和男童的比例;妇女在非农业部门挣工资者中所占份额"。

其次是联合国在世界范围内推进了各项促进就业性别平等的计划与行动。具体包括如下几个方面:

(1) 推行社会性别主流化战略(Gender Mainstreaming)。1995年的《北京宣言》和《行动纲领》对社会性别主流化战略进行了全面和成熟的表述,要求各国政府"在处理提高妇女地位的机制问题时,各国政府和其他行动者应提倡一项积极鲜明的政策,将性别观点纳入所有政策和方案的主流,以便在做出决定以前分析对妇女和男子各有什么影响","确保在我们所有的政策和方案之中体现性别观点"❶。这些被联合国确定为促进性别平等的全球战略。1997年,联合国经济及社会理事会通过了对社会性别主流化的一致定义:"把性别问题纳入主流是一个过程,它对任何领域各个层面上的任何一个计划行动,包括立法、政策或项目计划对女性和男性产生的影响进行分析。它是一个战略,使女性能够和男性享有平等的机会和权益,逐渐消解、消除各个领域的性别不平等,实现社会性别平等。"❷通过这个定义可以看出,一方面应该强化法律政策对性别平等的推进作用,另一方面还应该加强外围助力对于两性平权作用的绩效水平与效果评估。此外,基于上述措施之外还要形成推动社会结构变革的目标导向和具体措施,在社会关系的演变中,女性是否获得了平等、平等化到了何种程度等问题应该作为宏观角度获得重视,这些因素都对于推进性别主流化、促进性别平等有极大的影响力。

联合国采取了一系列举措促进社会性别主流化战略从国家到地方的贯彻实施。例如,在国家一级加强促进性别平等的业务活动的协调是联合国的重点优先事项。在组织系统一级,妇女和性别平等机构间的网络是与性别平等有关的机构间对话、政策审查、有效性和一致性的主要协调机构,为方案拟订提供指导。在区域一级,确保联合国发展系统向寻求实现包括千年发展目标在内的国际商定发展目标的国家提供高质量的帮助。在国家一级,驻地协调员作为秘

---

❶ 联合国:《联合国第四次世界妇女大会行动纲领》,http://www.wsic.ac.cn/internationalwomen-movementliterature/66149.htm.

❷ Bureau for Gender Equality. ILO: Gender: A Partnership of Equal, Geneva, 2000: 5.

长的发展业务指定代表发挥核心作用,通过在130多个国家领导组成的联合国国家工作队,确保联合国的援助与国家发展优先事项相一致。[1]

(2) 设立社会性别研究机构。1946年,为了推进两性平等,赋予并保障妇女权利,专门设立了第一个国际政府间组织即妇女地位委员会。1975年,国际妇女节诞生。与此同时,还召开了首次世界妇女大会,在此基础上形成了用来促进全世界女性地位上升的"十年行动平台"。1979年《消除对妇女一切形式歧视公约》在联合国顺利通过,旨在以全面系统的举措保障女性合法权利,特别强调了国家应该在公共领域和私营领域消弭女性遭到的各方面歧视。

(3) 成立联合国妇女署。2010年7月2日,旨在实现两性平等和妇女赋权全面推进的,独立的联合国两性平等和赋予妇女权利的新实体——"联合国妇女署"经由联合国大会一致投票后成立。该机构是在合并了联合国妇女发展基金、提高妇女地位司、性别问题和提高妇女地位特别顾问办公室、联合国提高妇女地位国际研究训练所这四个世界性机构和办公室基础上建立的,主要目标是促进维护国际范围内女性成人和儿童权益的进程。2011年1月1日,联合国中最为年轻的机构——联合国妇女署开始正式运作,从其设立伊始至今,始终都为保护整个世界范围内妇女儿童的权益做着不遗余力的努力。

2.2 我国的性别平等就业制度变迁与治理实践

2.2.1 国家层面的政策与治理实践

自近代"译介西学以开民智"以来,性别平等观念与女性主义思潮在中国社会萌发幼芽。20世纪初,随着近代女权思想在社会范围内的初步形成,女性争取自身权利的本能意识以迅速膨胀的态势弥漫至社会的各个领域。辛亥革命后,中国女性取得了法律上的平等,不再受封建社会的压迫与剥削。1954年,我国第一部宪法以"公民在法律上一律平等"的原则为基础,为女性获得公平的就业权利并获得参政的机会提供了法律上的依据。此后,我国又相继

---

[1] 参见联合国秘书长的报告:《将性别平等观点纳入联合国系统所有政策和方案的主流》,2014年临时议程项目10 (c) E/2014/1/Rev.1, http://www.un.org/zh/ecosoc/docs/rep14.shtml。

颁布了一系列促进两性平等、男女平权，提高女性参政机会、保障女性就业的政策法规。这一过程中，男女平等已经渐渐成为推动我国经济和社会进步的重要国策。在这个多年探索实践的过程中，《宪法》成为反性别歧视运动的根本基础，在此基础上的其他诸如《劳动法》《妇女权益保障法》《劳动权益保障法》等相关法律法规加以辅助支持，逐步构建了一个完整有效的法律体系，整体上来看已使得女性在劳动力市场中的就业性别差异及显性不公平对待受到部分抑制。

2.2.1.1 基本法律、政策

1954年9月20日，在第一届全国人大会议上一致通过了新中国成立后制定的第一部宪法《中华人民共和国宪法》，体现了男女平等的理念，其中规定："妇女享有同男子平等的权利。"男女平等原则的确立对其他法律、政策的制定和实施提出了性别平等的要求。1982年通过的新的《中华人民共和宪法》规定："中华人民共和国年满十八周岁的公民，不分民族、种族、性别、职业、家庭出身、宗教信仰、教育程度、财产状况、居住期限，都有选举权和被选举权。"❶ 其中第四十八和第四十九条尤其强调了同工同酬和女性的政治地位，说明了男女权利的同等化发展对于女性维护自身合法权益的重要性。

1992年颁布的《妇女权益保障法》是国内首部系统地维护女性权益并推动性别平等的基本法，它标志着我国的妇女权益保障进入了法制化的新阶段❷。《妇女权益保护法》在2005年经国家立法机关修改后，在总则中增加规定："实行男女平等是国家的基本国策。国家采取必要措施，逐步完善保障妇女权利各项制度，消除对妇女的一切形式的歧视。"❸ 同时还对一些侵害女性的行为提出了具体的责任主体、保护措施和救济途径，进一步巩固了女性的地位，准确地定位了政府在保障妇女权益中的位置，有效地和妇联的职责相互区分。

---

❶ 第十届全国人民代表大会：《中华人民共和国宪法》，http://www.gov.cn/gongbao/content/2004/content_62714.htm.
❷ 韩志才：《〈妇女权益保障法〉修正案之解读》，《宜宾学院学报》2006年第1期，第14—17页。
❸ 《中华人民共和国妇女权益保障法（修正）》，中国政府门户网站，http://www.gov.cn/banshi/2005-05/26/content_980.htm.

1995年是我国妇女权利保障的法律规范设立及相关活动极为活跃的一年，1995年的1月1日，我国的《劳动法》开始施行，在第七章中明确了"劳动就业者，不因民族、种族、性别、宗教信仰的不同而受到歧视。"❶ 其中，第十三条规定："妇女享有与男子平等的就业权。在录用职工时，除国家规定的不适合妇女的工种或岗位外，不得以性别为由拒绝录用妇女或提高对妇女的录用标准。对违反本规定侵害妇女职工劳动保护权益的单位负责人以及直接负责人员，其所在的单位的主管部门，应根据情节轻重，给予行政处分，并责令该单位给予被害女职工合理的经济补偿。"❷《劳动法》从宏观层面为行政法规和地区法律条例进行妇女的从业保护提供了法律依据。《劳动法》对女性职工的保护除了沿袭宪法精神"男女平等"外，对经期、孕期、产期和哺乳期的妇女有特殊保护，而且禁止女职工从事第四级体力劳动强度的工作和其他禁忌从事的活动。

1995年的世界妇女大会后，我国开始积极制订和实施促进社会性别平等的国家行动计划——《中国妇女发展纲要》。迄今为止，我国已经颁布三部妇女发展纲要，现行的《中国妇女发展纲要》（2011—2020）在之前"纲要"确定的主要目标基本实现的基础上，立足中国妇女发展实际确定了未来十年需重点关注的问题，在总目标中提出"将社会性别意识纳入法律体系和公共政策，促进妇女全面发展，促进两性和谐发展，促进妇女与经济社会同步发展"。这充分说明社会性别概念及其理论方法已经为我国政府所认同接受，在促进两性平等的国家行动中已经成为主流话语。《中国妇女发展纲要》是第一批国家级别的贯彻实施《北京行动纲领》理念并全面推进性别平等与妇女发展的行动计划，也是国家首次为妇女发展制定的专项规划，使我国妇女发展从此有了一个总体规划。它遵循宪法精神将全面发展、平等发展、协调发展和妇女参与作为四个最基本原则，还将妇女与健康、教育、经济等方面作为优先发展的领域。尤其是为了适应当前社会对女性社会保障方面的现实，《中国妇女发展纲要（2011—2020）》补充了女性与社会保障等方面的问题。

---

❶ 第八届全国人民代表大会：《中华人民共和国劳动法》，http://www.gov.cn/banshi/2005-05/25/content_905.htm.

❷ 同①。

2.2.1.2 具体法律、政策

第一，人口与生育政策。我国在《人口与计划生育法》第3条、第22条和第35条对女性权益，尤其是女性的生命权和生育权做出了明文规定，保障了女性的生育健康和全面发展，体现了生育政策的社会性别意识。2013年的《中共中央关于全面深化改革若干重大问题的决定》中提到"坚持计划生育的基本国策，启动实施一方是独生子女的夫妇可生育两个孩子的政策[1]"，显示着"单独二孩"规定即将施行。2015年《关于修改人口与计划生育法的决定》获得通过，《决定》中鼓励了二孩的生育。该《决定》已经于2016年1月1日开始施行。

第二，科技教育政策。2015年修订的《教育法》和《义务教育法》分别规定："受教育者在入学、升学、就业、授予学位、派出留学等方面享有同男子平等的权利。"[2] 这体现了女性在教育方面的平等权利。《义务教育法》规定："凡具有中华人民共和国国籍的适龄儿童、少年，不分性别、民族、种族、家庭财产状况、宗教信仰等，依法享有平等接受教育的权利，并履行接受义务教育的义务。"[3] 该部法律在内容和形式上更加完善，从社会性别视角出发尽可能地保障未成年女性受教育的权利。

第三，劳动就业政策。为维护女职工的合法权益，减少和解决女性职工由于生理原因在工作和劳动中遇到的困难，保护其健康，1988年的《关于女职工劳动保护规定》对于女性在四期中的保护更加细致，在平等就业机会和工作范围上也明确了要求。尤其是针对产假和哺乳期《规定》明确要求企业应当为女性提供相应设施。为了适应我国经济社会发展新形势的需要，后又颁布了《女职工劳动保护特别规定》，这一文件替代了之前的《规定》且较之在女性员工的工作范围、产假方面的相关问题、管理与监督等多方面都进行了一定

---

[1] 中国共产党第十八届中央委员会：《中共中央关于全面深化改革若干重大问题的决定》，http://paper.people.com.cn/rmrb/html/2013-11/16/nw.D110000renmrb_20131116_2-01.htm.

[2] 第十二届全国人民代表大会常务委员会：《教育法》，http://www.moe.edu.cn/s78/A02/zfs__left/s5911/moe_619/201512/t20151228_226193.html.

[3] 第十届全国人民代表大会常务委员会：《中华人民共和国义务教育法》，http://www.law-lib.com/law/law_view.asp?id=163284.

程度的完善。

1990年出台的《女职工禁忌劳动范围的规定》《女职工保健工作规定》（1993年）和《劳动保障监察条例》（2004年）对女性在工作中所遇到的问题进行了详细的规定和说明，并制定了相应的处罚措施。同时为了给妇女生育时期提供更好的帮助，1995年出台了《企业职工生育保险试行办法》并启动《生育保险覆盖计划》。考虑到各地经济、社会发展水平和改革进程不平衡，育龄女职工在年龄结构和职业分布上也有较大差异，按照"区别情况、分类指导、逐步提高"原则，对不同地区的覆盖进度提出了具体要求。

2012年2月8日，由人力资源社会保障部、发展改革委、教育部、工业和信息化部、财政部、农业部、商务部制定的《促进就业规划（2011—2015年）》经国务院同意并批转各地、各部门贯彻执行。规定"加强就业指导和就业服务的层面，尤其关注女大学生的就业问题，加大对就业困难高校毕业生和其他长期失业青年的援助力度；要大力发展适合青年和各类毕业生求职的互联网就业服务，完善以实名制为基础的高校毕业生就业统计制度；要进一步改革高等教育人才培养模式，使之更加适应经济社会发展需要"。[1]

第四，财产继承与资源分配政策。《中华人民共和国继承法》（1984年）明确了不论男女都享有平等继承权，不因性别差异而区别对待，并且份额均等，赡养义务也均等。在新的《妇女权益保障法》里对于农村妇女在土地承包经营权益和集体经济组织收益分配权益进行了规定："妇女在农村土地承包经营、集体经济组织收益分配、土地征收或者征用补偿费使用以及宅基地使用等方面，享有与男子平等的权利。"[2]

第五，婚姻与家庭政策。我国的《婚姻法》经历了数次修改。1950年的《婚姻法》主要针对废除封建时期的婚姻旧习，突出男女平等、婚姻自由、一夫一妻等，禁止重婚、童养媳、纳妾等陋习，奠定了我国《婚姻法》的基础。1980年的《婚姻法》则主要针对婚姻家庭中的暴力、虐待、遗弃，保护妇女儿童和老人的合法权益。2001年《婚姻法》则主要针对我国婚姻中的突出问

---

[1] 新华社：国务院批转《促进就业规划（2011—2015年）》，http://www.gov.cn/jrzg/2012-02/08/content_2061241.htm.

[2] 第十届全国人民代表大会常务委员会：《妇女权益保障法》，http://laodongfa.yjbys.com/xin/142612.html.

题，如禁止家庭暴力、禁止配偶和他人同居等。2011年公布的《关于适用〈中华人民共和国婚姻法〉若干问题的解释（三）》从一种理性角度剖析婚姻，尤其针对婚姻财产作出了详细的规定。

为进一步解决家庭当中的暴力问题，我国于2015年12月27日颁布，2016年3月1日实施的《中华人民共和国反家庭暴力法》从预防教育、诉讼程序、社区救助等多个环节进行明确规定，首次建立人身安全保护令，覆盖面广，操作性强，有助于促进和谐家庭的建立。

第六，社会参与政策。《中华人民共和国全国人民代表大会和地方各级人民代表大会选举法》的性别规定沿用宪法精神，仅在1995年修订中增加了"全国人民代表大会和地方各级人民代表大会的代表中，应当有适当数量的妇女代表，并逐步提高妇女代表的比例"。❶

第七，退休和社会保障政策。《中华人民共和国劳动法》在考虑到男女生理差异的情况下，为照顾女性和保护女性权益，制定了男女的退休年龄差异。2005年通过的《妇女权益保障法》修正案，在妇女劳动和社会保障权利的权利方面有两项重大突破：其一，在第27条第2款强调"各单位在执行国家退休计划时，不得以性别为由歧视妇女"❷。其二，明确了国家在推行生育保险制度、建立健全与生育相关的其他保障制度方面的义务，增加了有关生育保险的规定，使妇女享有的社会保障权利更为具体。

我国性别平等的相关法律、政策如表2-1所示。

表2-1 我国性别平等的法律、政策

序号	政策标题	发布机关	颁布日期	文件类别	发文字号
1	婚姻法	中央人民政府（已变更）	1950年4月13日	法律	
2	婚姻法	全国人大常委会	1980年9月10日	法律	
3	中华人民共和国宪法	全国人民代表大会	1982年12月4日	宪法性文件	

---

❶ 第十一届全国人民代表大会：《中华人民共和国全国人民代表大会和地方各级人民代表大会选举法》，http://www.law-lib.com/law/law_view.asp?id=311696.

❷ 第十届全国人民代表大会常务委员会：《妇女权益保障法》，http://laodongfa.yjbys.com/xin/142612.html.

续表

序号	政策标题	发布机关	颁布日期	文件类别	发文字号
4	中华人民共和国继承法	全国人民代表大会	1984年4月10日	法律	中华人民共和国主席令第24号
5	女职工劳动保护规定	国务院	1988年7月21日	行政法规	国务院令第9号
6	女职工禁忌劳动范围的规定	劳动和社会保障部（含劳动部）（已撤销）	1990年1月8日	部门规章	劳安字〔1990〕2号
7	中华人民共和国妇女权益保护法	全国人民代表大会	1992年4月3日	法律	主席令第58号
8	女职工保健工作规定	卫生部（已撤销），劳动和社会保障部（含劳动部）（已撤销），人事部（已撤销），中华全国总工会，全国妇女联合会	1993年11月26日	部门规章	卫妇发〔1993〕第11号
9	中华人民共和国劳动法	全国人大常委会	1994年7月5日	法律	主席令第28号
10	企业职工生育保险试行办法	劳动和社会保障部（含劳动部）（已撤销）	1994年12月14日	部门规章	劳部发〔1994〕504号
11	中华人民共和国全国人民代表大会和地方各级人民代表大会选举法（1995年修订）	全国人大常委会	1995年2月28日	法律	
12	中国妇女发展纲要	国务院	1995年8月7日	规范性文件	
13	生育保险覆盖计划	劳动和社会保障部（含劳动部）（已撤销）	1997年10月8日	部门规范性文件	劳部发〔1997〕291号
14	婚姻法	全国人大常委会	2001年4月28日	法律	主席令第51号

· 40 ·

续表

序号	政策标题	发布机关	颁布日期	文件类别	发文字号
15	中国妇女发展纲要（2001—2010年）	国务院	2001年5月22日	规范性文件	
16	中华人民共和国人口与计划生育法	全国人大常委会	2001年12月29日	法律	主席令第63号
17	工伤保险条例	国务院	2003年4月27日	行政法规	国务院令第375号
18	劳动保障监察条例	国务院	2004年11月1日	行政法规	国务院令第423号
19	公务员录用体检通用标准	人事部（已撤销）卫生部（已撤销）	2005年1月17日	部门规范性文件	国人部发〔2005〕1号
20	中华人民共和国妇女权益保障法（2005）	全国人大常委会	2005年8月28日	法律	主席令第40号
21	关于推进女职工权益保护专项集体合同工作的意见	中华全国总工会办公厅	2006年12月1日	规范性文件	总工办发〔2006〕38号
22	就业促进法	全国人大常委会	2007年8月30日	法律	主席令第70号
23	中国妇女发展纲要（2011—2020年）	国务院	2011年7月30日	规范性文件	国发〔2011〕24号
24	女职工劳动保护特别规定	国务院	2012年4月28日	行政法规	国务院令第619号
25	全国人大常委会关于调整完善生育政策的决议	全国人大常委会	2013年12月28日	计划生育管理	
26	在职女职工特殊疾病互助保障活动实施细则	中国职工保险互助会	2014年12月	规范性文件	

续表

序号	政策标题	发布机关	颁布日期	文件类别	发文字号
27	全国人大常委会关于《中华人民共和国民法通则》第九十九条第一款、《中华人民共和国婚姻法》第二十二条的解释	全国人大常委会	2014年11月1日	法律解释	
28	中华人民共和国义务教育法	全国人大常委会	2015年4月24日	法律	主席令第25号
29	中华人民共和国人口与计划生育法（2015年修正）	全国人大常委会	2015年12月27日	法律	主席令第41号
30	中华人民共和国教育法（2015年修正）	全国人大常委会	2015年12月27日	法律	主席令第39号
31	中华人民共和国反家庭暴力法	全国人大常委会	2015年12月27日	法律	主席令第37号

2.2.1.3 中央政府的宏观统筹

首先是全面提升女性就业率。解决女性在职场上的性别歧视，必须从源头保障女性拥有和男性平等的就业权利。就业是公民普遍拥有的合法权利，对于女性而言亦是如此。多年来，我国一直采取政策手段针对性地解决该问题，以宏观引导和微观落实相结合的有效手段促进劳动力市场上就业歧视的消除。要保证女性能够平等择业，顺利就业，在此基础上还要鼓励女性工作者积极创业。针对不同层次、不同群体的女性还制定了具有针对性的具体策略。比如小额担保贷款财政贴息政策为家政服务以及手工业等行业的女性员工自主择业和创业提供了极大的支持。同时，财政政策的支持从资金方面激发了女性就业创业的积极性。此外，一些辅助性的就业指导支持性的项目和工作又为部分缺乏经验的女性工作者补充了就业或专业技能知识。诸如开展"阳光工程"，为农村女性获取就业知识提供了新的渠道；"妇女学校"这类向近2亿人次普及就业知识的机构，也成为各行各业女性工作者补充知识的有效机构。值得一提的是，伴随着政策的完善，我国对女性残疾人的工作问题也进行了政策指导，自2011年，每年增加的女性残疾人工作者约10万人。这都反映了我国为促进女性就业，完善劳动力市场结构，正进行着不遗余力的探索，这也将从根本上提高女性就业率。

其次是重点关注女性就业水平。从2003年到2014年，国务院对于高校毕业生就业问题的关注度明显增加，所关注的范围也明显扩大。在2003年至2009年发布的四份文件中，主要关注的是毕业生就业的引导和就业能力、创业能力的加强，相关政策支持力度加大，各个单位企业吸纳能力的加强，就业市场的完善，以及高校教育改革、就业指导和服务能力的提升。总的来说，就是从学校到政府到社会，采取全方位的措施，从政策制度到实际补助福利，从学校的"推"到就业岗位的"拉"都要尽力，积极地促进高校毕业生，尤其是女大学生的就业。从2011年开始，国务院不仅是加大以往政策的实施力度，积极施行和调整，更是随着社会转型和有关社会问题的出现，扩展了相关政策的实施和增加了一些专项政策。对于自主创业这一板块，重视程度明显增加，从学校里关于创业的一些教育培训到政府创业扶持政策都作了更加完整的说明，并且在2014年由国内九个部门联合发起的"大学生创业引领计划"也得到国务院的认可和支持。

再次是深度优化女性职业素养。前文已经提到，女性受教育水平的提高有利于劳动力市场的完善与全国经济的发展，能够从根本上克服男权占优势的社会中对女性存在刻板印象的问题。我国也从教育入手，不断为深化女性职业素养、推进男女平权做着方方面面的努力。总体来说，近年来我国已经在促进教育公平、鼓励女性受教育等方面进行了良好的实践探索，主要成果表现为如下几个方面。第一，男女受教育差距缩小。2014年初中、高中、本专科、硕士、博士等不同层次在校生中女生的比例分别为46.7%、50.0%、52.1%、51.6%、36.9%，这组数据能够看出女性接受高等教育的机会尤为明显提升。第二，扫盲专项基金的设立与应用日见成效。相比于1995年，文盲人口中女性的数量锐减了17.4%，达7000余万人，越来越多的女性能够接收到长于以往的阶段性教育，与此同时，职业教育和技能教育也覆盖了绝大范围的女性。第三，出台一系列政策鼓励女性接受教育。例如，我国对偏远地区的妇女儿童提供了优惠政策，不仅仅有针对少数民族的学校，也有特定的倾斜招生政策和专门项目支持，从宏观层面为教育公平创造了最大可能，保障了贫困地区女性受教育的权利。

又次是持续健全相关机制。为了进一步促进两性平权，维护女性合法权益，我国从资源配置着手，积极推出政府资源与社会资源良好结合的举措和手段，建立起促进妇女儿童发展的整体机制框架。从20世纪90年代起，我国相继成立了诸多促进男女性别平等的专门机构与部门，以国务院妇女儿童工作委员会为例，20年的时间，其成员单位不断增加，实现了部门组织和群体组织的协调合作，委员会以"纵向贯通、横向联动、协同配合"为原则运行常规工作，国家为其提供专项资金与经费加以财力支持，委员会为我国建立起多维协作的推进性别工作的组织体系，在处理两性问题、推进女性地位提升工作中起到了极为明显的作用。

最后是特别关注就业中的性别歧视问题。在社会形态意识多元、文化偏见、传统性别分工明显的大背景下，女性工作者由于缺乏工作经验和社会资本，不得已承受着侵权危机所带来的深刻影响。劳动力市场上用人单位对女性工作者的歧视和偏见，需要政府和相关部门加以管理和干预。近年来，我国政府也越发重视这一问题，并且以宏观手段进行了调控。其中最为典型的手段就是出台相应的政策规制与规章制度，进一步细化措施的着眼点，比如就业权益、女性创业、就业保障等问题都有单独的规章对市场和用人单位加以约束和规范。这不仅仅是《就业促进法》对政府的要求，也是社会经济进步的可观需要。进一步通过监管力度的加强维护女性就业权益、保障劳动力市场在招募人才和录用人才时候的公开透明、深入用人单位内部针对性消除就业隐性性别歧视，这都是政府通过政策规制保障就业环境公平的有力手段和具体导向。这关系着就业公平和教育公平，对于劳动力市场结构的完善以及劳动力市场内雇用者、受雇用者等多个主体观念的更新和变革都有重要的意义。

解决女性就业问题、消除劳动力市场上现存的就业歧视问题一直都是我国政策法规制定的重点。随着社会的进步与经济的发展，保证男女两性平权是影响着法规的出台和修订的重要考虑因素。从宏观上说，有关法规立足于克服劳动力市场上就业歧视的角度，对雇用单位在员工录用时进行方向指导和限制，减少隐性歧视出现的可能；从微观上说，诸多文件政策对高校做出了要求，旨在保障女大学生的就业权不受侵犯,而且高校毕业生进行的创新创业活动也要受到鼓励和支持。具体而言,《关于批转促进就业规划(2011—2015)》就有一些关于援助女性高校毕业生顺利就业、积极创业的相关条款。这也从侧面反映出,女性工作者、女性高校毕业生已经成为劳动力市场上重要的一个部分,关系着劳动力市场的人才结构。故保障其合法的就业权得以不受侵犯是有利于我国经济顺利健康发展的举措之一。

政府相关部门、妇联推行的促进女大学生就业和性别平等的政策及项目如表 2-2 所示。

表 2-2　政府相关部门、妇联推行的促进女大学生就业和性别平等的政策及项目

时间	主办方及相关机构	政策名称	主要内容
2009.7.27	全国妇联;财政部;人力资源和社会保障部;中国人民银行	《关于完善小额担保贷款财政贴息政策推动妇女创业就业工作的通知》(财金[2009]72号)	各地财政部门、人力资源社会保障部门、中国人民银行分支机构、妇联组织要加强部门沟通协作,积极做好小额贷款的发放,向中低收入的妇女及就业困难的女大学生群体倾斜,积极推动妇女群体就业,实现努力服务女性群众使政策惠及更多女性的目标
2009.3—2012.3	全国妇联妇女发展部;教育部高校学生司;人力资源和社会保障部就业促进司;中国女企业家协会	全国女大学生创业导师行动	通过组建女大学生创业导师队伍,建立女大学生创业实践基地,推进企业与高校牵手结对,引导女大学生树立创业精神、增强创业意识、参与创业实践、提高创业能力,推动社会更加关注女大学生就业问题
2010.10.20	财政部;国家税务总局	《关于支持和促进就业有关税收政策的通知》(财税[2010]84号)	为扩大就业,鼓励以创业带动就业,对符合条件的就业创业困难群体实施税收优惠政策
2010.11.5	全国妇联妇女发展部;教育部高校学生司;人力资源和社会保障部就业促进司;中国女企业家协会	女大学生创业扶持行动	通过落实女大学生创业扶持政策,大力开展女大学生创业培训,完善女大学生创业导师制度,为女大学生创业提供资金支持,创建"女大学生创业就业网",营造关心支持女大学生创业就业的良好社会环境,激发女大学生的创业热情,引领更多女大学生投身创新创业实践,实现自身与社会的同步发展

续表

时间	主办方及相关机构	政策名称	主要内容
2012.3	10个省区市由妇联牵头或妇联参与牵头，4省区市由妇儿工委（办）牵头；其他机构：内司委、法工委、法制办、内司工委、妇儿工委办	政策法规性别平等评估机制	在立法决策中充分体现性别意识，在改善民生中高度关注妇女需求，在社会管理中积极回应妇女关切，使男女平等真正体现到经济社会发展各领域、社会生活各方面
2015.6.16	全国妇联	《关于开展创业创新巾帼行动的意见》（妇字〔2015〕28号）	贯彻落实党中央国务院关于大众创业万众创新的决策部署，在广大城乡妇女中开展"创业创新巾帼行动"，引领广大妇女顺应"互联网+"新趋势，在经济发展新常态下积极投身创业的新实践
2015.6.30	中国妇女发展基金会；全国妇联发展部；联合国开发计划署	"@她创业计划"公益项目	"@她创业计划"是中国妇女发展基金会对原有品牌项目"母亲创业循环金"进行的创新升级，借助"互联网+"和大数据等技术，实现老品牌项目的转型。是为深入贯彻中央提出的"大众创业、万众创新"号召，引领广大妇女顺应"互联网+"的新趋势，在经济发展新常态下积极投身创业的新实践，旨在打造一个助力女性创业、就业，促进女性发展的开放、高效、透明、多赢、互利、可持续的良性公益生态系统，为女性创业就业提质增效

2.2.2 地方层面的政策与治理实践

《中国妇女发展纲要》制定了与妇女权益、两性平权有关的宏观战略导向，在此基础上，地方法律法规也详尽地制定了针对各地区各省份的具体实施策略。在这一发展过程中，逐渐形成了国家与地方的《妇女发展规划》互相协同、国家宗旨与地方宗旨互相对应、宏观行动规划与地方行动规划互相辅助的多维立体的公共政策体系。下面重点介绍北京、上海、深圳、江苏、苏州、台湾、香港等地方政府在促进性别平等就业、维护女大学生就业及相关权益方面的政策和举措，如表2-3所示。

表2-3 主要省市推行的关于促进女大学生就业和性别平等的相关项目

省市	开展时间	主办	项目名称	主要内容
北京	2006	市妇联	北京巧娘工作室	"巧娘工作室"是北京巧娘手工艺发展促进会在全市范围内实施的一个旨在推动妇女手工技艺发展、促进妇女创业就业的公益服务项目，主要目的是通过在基层建立"巧娘工作室"这一平台，吸纳具备一定手工技艺的妇女参与并为其提供必要的指导和培训，从而整体提高妇女手工艺作品的设计、研发、制作和销售水平，更好地促进妇女群体的就业和创业
上海	2007.8.10	市妇联、市教委、市人社局	上海市青年女性职业飞翔计划	"上海市青年女性职业飞翔计划"以"培育职业素养，发展创造能力；成就创业梦想，收获和谐人生"为主题，以16岁至35岁的青年女性为主要服务对象，以引导职业精神树立、职业生涯设计辅导和就业援助服务为主要内容，并以职业飞翔种子训练营为载体，帮助青年女性顺利走向职场，实现成功梦想
	"十二五"期间	市妇联	性别平等就业监督咨询机构	建立性别平等就业监督审查机构，消除在就业、教育、收入等方面的性别歧视，保障使用及晋升女干部
深圳	2013.1.1	人大常委会	深圳经济特区性别平等促进条例	标志着中国内地首部性别平等地方法规正式出台，首次从法律角度明确"性别平等"含义，建立反性别歧视制度，实行性别统计制度、公共政策性别分析评估制度和性别预算制度，进一步加强对家庭暴力的公权干预，建立性别平等促进机构

续表

省市	开展时间	主办	项目名称	主要内容
武汉	2013.8.12	市政府	青桐计划	目前已经形成了青桐计划、青桐汇、青桐学院为主要组成部分的"青桐三部曲",旨在为鼓励和支持在校或毕业5年内的大学生创业而量身定做的创业扶持计划,为大学生创业者提供最基本的生活保障,并从资金到运营等各方面为大学生创业征程进行切实的铺路
陕西	2006.8	省委省政府	振兴计划	振兴计划是陕西省委、省政府根据党的十六届五中全会提出的"树立科学发展观,建设社会主义新农村"的目标而提出的,优先扶持贫困女大学生求学就业。通过学费减免、定向委培等组合政策,引导女大学生到基层就业,从医从教从事农技服务,发挥才智、建设家乡
呼和浩特	2016.3.22	市妇联	草原巾帼创业创新活动	响应"大众创业,万众创新"的号召,通过联合组织企业开展招聘活动,设立"草原巾帼创业就业工作站",实行创业扶持政策的宣讲,切实服务女大学生创业就业

2011年8月,北京市颁布了《北京市"十二五"时期妇女发展规划》,规划中谈到关于两性平权问题在立法审查层面的机制完善以及提出了不断修正、完善相关的地方性法律法规的具体要求。2013年5月,北京市着手于研究构建政策法规两性平权的评估机制。2014年3月,印发了《关于加强政策法规性别平等评估工作的意见(试行)》,同年6月成立了北京市政策法规性别平等评估委员会,这标志着北京市政策法规性别评估工作迈出了实质性的一步,有助于推进评估工作的规范化、标准化,使立法机关和政府相关部门在制定、实施地方性法规、政府规章、规范性文件中增强性别意识。

上海作为全国的金融中心,不仅经济发达,其地方政府推进性别平等的理念和行动相较于其他省市也更具有前瞻性。早在2006年3月1日起施行的《上海市促进就业若干规定》第七条和第二十二条就明确提出"各级人民政府应当支持工会、共青团、妇联等群众团体做好促进就业工作","用人单位应当如实提供招聘信息，不得以性别、年龄等为由拒绝录用应聘者。"[1] 2007 年 4 月，《上海市实施〈中华人民共和国妇女权益保障法〉办法》进行了第三条和第四条修改，增加了"本市应当逐步完善各项制度，贯彻落实男女平等基本国策，消除对妇女一切形式的歧视"，"各有关部门应当在各自职责范围内做好妇女发展规划的实施以及监测、评估和分性别监测统计工作"[2]。此外，第十五条第一款修改为："学校和有关部门应当依照国家有关规定，保障女性在入学、升学、取得学位、派出留学等方面享有与男子平等的权利。除特殊专业外，学校不得以性别为由拒绝录取女性或者提高对女性入学的标准。"[3] 2011 年 4 月，上海市颁布了《上海妇女儿童发展"十二五"规划》，其中将促进妇女充分就业，提高妇女社会保障水平作为重点目标，提出"①城镇女性从业人员比重保持在 40% 以上。②提高女性经济活动参与率。③缩小男女收入比"[1]。多年来，上海市逐渐形成了一系列完善的保护女性权益、促进两性平等的法律政策体系，在实践探索中逐步推进社会各方面协同合作发展女性事业的经验，依托法律最终使上海市性别平等事业走上了新台阶，也达到了全国领先水平。

上海市作为经济水平高、发展迅速、思想开放、观念先进的地区，一直是性别平等政策出台情况较好、相关规章制度较为完善的省市区之一，且由于其多年的努力实践，男女平等、两性平权的程度较之其他省区较高。一方面，政策为女性就业创业提供了十分有效的资金支持和具体支持。女性可以通过小额贷款获取政府给予的创业支持，通过相关机构和社会提供的专业技能培训强化自身的专业素养和就业技能；另一方面，上海市对中小企业也加以了良好的培育和支持，由此衍生了一大批诸如"再就业专项贷款"等相关专项资金和金融品种。且在此基础上，上海市妇联灵活地推进各方协作，形成了用人单位、就业女性、社会第三方多方协同发展的推进女性就业、创业、再就业的社会服

---

[1] 上海市第十二届人民代表大会常务委员会：《上海市促进就业若干规定》，http://www.npc.gov.cn/npc/xinwen/dfrd/sh/2008-05/29/content_1430877.htm.

[2] 上海市人民代表大会常务委员会：《上海市实施〈中华人民共和国妇女权益保障法〉办法（2007 修正）》，http://china.findlaw.cn/fagui/p_1/355144.html.

[3] 同②。

[1] 上海市人民政府：《上海妇女儿童发展"十二五"规划》，http://www.sh.xinhuanet.com/2016-06/30/c_135478005.htm.

务和保障机制。比如开展了专门针对失业女性群体的活动,为她们开办了培训辅导班,或是对创业资金困难的女性寻求资金援助支持,等等。此外,包含就业知识咨询、就业技能培训、市场营销规划等多方面具体的跟踪服务也为上海市女性提供了十分便捷的就业通道,在就业和创业各个方面各个领域成功的女性也会受到政府主导的舆论认可和社会鼓励。

2016年2月,《深圳经济特区性别平等促进条例》得以颁布,旨在保障女性权益,促进男女平等。值得一提的是,这一条例是我国内地首部涉及性别平等的地方性政策法规。该条例是我国禁止性别歧视立法的开端,有利于推动在参政、就业、文化等领域男女比例合理化,在教育、培训、录用、精神、社会保障等方面采取支持性措施,保障性别待遇平等。尤其是对女性就业中的性别歧视形式和处罚规定进行了细化:"第十六条:用人单位在招聘、录用人员时,除国家法律另有规定外,不得设置性别要求,不得以性别、婚姻、生育为理由拒绝招录某一性别或者提高某一性别的招录标准。但是根据性别比例平衡指导意见以及有关法律法规的规定对某一性别采取优先、优惠措施的除外。违反前款规定的,由人力资源和社会保障部门责令限期改正;逾期拒不改正的,处以三千元以上三万元以下的罚款。"❶ 这一条例相比于过去的诸如《妇女权益保障法》一类的法律法规而言,更加强调了政府作为推动两性平等的重要角色所承担的责任和作用。以往忽视政府责任而空谈女性权益,导致的结果往往是相关部门相互推诿,比如政府把责任转移至无权进行决策和执法的妇联,不仅没有解决女性面临的问题,反而加重了这一社会问题。因此,这一条例更加清晰地界定了政府的责任。举例而言,一些与两性平等没有直接关系的领域,在文件中也被加诸了推进两性平权的作用:"第十七条:建立和推行社会性别预算制度。市性别平等促进工作机构应当会同市财政部门制定并发布社会性别预算指导意见,指导各预算单位开展性别预算工作。"❷ 这一条的含义也就是说,若今后用人单位在深圳进行人才录用时对性别加以限定则受到相应的处罚。尽管这一条例稍显宏观,在具体的实施方面存在一定的缺陷,但毕竟两

---

❶ 深圳市第五届人民代表大会常务委员会:《深圳经济特区性别平等促进条例》,http://www.chinalaw.gov.cn/article/fgkd/xfg/dfxfg/201211/20121100378177.shtml.

❷ 深圳市第五届人民代表大会常务委员会:《深圳经济特区性别平等促进条例》,http://www.chinalaw.gov.cn/article/fgkd/xfg/dfxfg/201211/20121100378177.shtml.

性平权是一个需要多方协作才能得以实现的愿景，故还应该出台其他有关政策，彼此加以辅助与协作，发挥最大的作用。

苏州市在公共政策的社会性别主流化方面也有很多积极的尝试。于2012年9月成立苏州市政策法规性别平等咨询评估委员会后，几年来委员会已经评审了《苏州市家庭暴力告诫办法》《苏州市法律援助办法》《苏州市老年人优待办法（修订）》《苏州市未成年人社区服刑人员矫正办法（征求意见稿）》《江苏省实施〈中华人民共和国母婴保健法〉办法》等27部地方性法规、规章和规范性文件，并且针对两性平等问题，形成完善建议共198则。

我国香港地区在20世纪90年代逐渐完善了性别平等立法，用一部《性别歧视条例》来规制7个范畴的性别歧视，并配合以《家庭岗位歧视条例》对有家庭照顾责任的人施加保护。香港关于性别平等的立法非常集中，基本都包含在《性别歧视条例》中，而且对于反歧视条例的实施主要由平机会来执行。这样集中的立法和专门性的执法机构，给法律的适用和实施带来了益处。专门的反歧视机构——平等机会委员会是香港反歧视法例最主要的执行机构，处理了大量歧视方面的投诉，并以和解的方式解决纠纷。[1] 香港的司法机构作为防止歧视行为的最后一道防线，对反歧视条例的实施起到了重要的补充作用。

我国台湾地区的相关立法是比较完善的，形成了一个以性别工作平等法为两性工作平等权保护的专门立法，辅以劳基法、工厂法、劳工安全卫生法、就业服务法等法律法规中的相关规定，用以维护两性平权的相对比较全面的法律体系。目前台湾地区反就业歧视最为重要的发展是出现了一个连贯的法律框架，用以解决台湾地区基于性别的就业歧视纠纷。[2] 台湾地区反就业歧视的法律框架由四个层次的法律所构成：一是国际法，二是宪法性法律，三是专门性法律、法规命令、行政规则，四是地方性法规。[3] 而台湾地区反就业歧视的专门性法律主要有就业服务法、性别工作平等法、性骚扰防治法和性别平等教育法。同时，为了解决"歧视"行为由谁管理、怎么认定、怎样监管、如何防

---

[1] 刘小楠：《港台地区性别平等立法及案例研究》，法律出版社2013年版，第267—280页。
[2] 林燕玲主编：《反就业歧视的制度与实践——来自亚洲若干国家和地区的启示》，社会科学文献出版社2011年版，第13页。
[3] 林燕玲主编：《反就业歧视的制度与实践——来自亚洲若干国家和地区的启示》，社会科学文献出版社2011年版，第64—71页。

止等方面的问题,台湾地区还设置了专业化的机构组织和部门。其中的就业歧视评议委员会覆盖台湾地区 25 个地方的市县,依据性别工作平等法设立了性别工作平等委员会,专门负责性别歧视案件的处理。台湾地区在这方面的实践探索对于推进地区的两性平等提供了一个典范,对该地继续进行性别歧视的防治工作有着重要的意义。

为了强化台湾地区员工性别平等的概念与理念,逐步在法令、政策、方案的制定、计划及资源分配时,能将性别观念及性别差异纳入考量,进而提升青年对性别平等的认识,消除性别歧视,促进性别地位的实质平等,2014 年台湾的"教育部青年发展署"开启了《推动性别平等教育暨性别主流化实施计划》。其中的性平等教育课程及计划针对员工开办的性别主流化研习课程,要求每位员工(包含公务人员、约聘人员、技工工友、派遣人员)每年至少须参加二小时(含)以上的教育训练。训练内容包含性别意识及性别主流化概念等,研习训练方式得视实际需要,将专门课程、融入式课程、网络课程或专题演讲等方式择一进行,以促使员工了解不同性别者观点与处境,持续提升性别平等意识并强化相关知识。

我国主要省市政府推进性别平等就业的相关政策措施如表 2-4 所示。

表 2-4　主要省市政府推进性别平等就业的相关政策措施

发布时间	政策文件名称
2003 年 7 月	北京市人口与计划生育条例北京市人民代表大会常务委员会公告(十四届)第 5 号
2010 年 7 月	北京市妇女创业就业小额担保贷款财政贴息管理办法
2010 年 7 月	北京市妇女创业小额担保贷款实施暂行办法(京财经〔2010〕889 号)
2011 年 8 月	北京市"十二五"时期妇女发展规划
2011 年 9 月	北京市实施《女职工劳动保护规定》的若干规定(北京市人民政府第 40 号令)
2011 年 11 月	北京市关于进一步加强妇女人才工作的意见
2011 年 12 月	北京市就业援助规定
2014 年	北京市女职工特殊疾病互助保障计划
2014 年 3 月 6 日	北京市关于加强政策法规性别平等评估工作的意见(试行)(京政办发〔2014〕14 号)
2006 年 3 月	上海市促进就业若干规定

续表

发布时间	政策文件名称
2007年4月	关于修改《上海市实施中华人民共和国妇女权益保障法办法》的决定
2010年3月	上海市浦东新区妇女温馨驿站实施办法（试行）
2011年4月	上海妇女发展"十二五"规划
2012年6月	《深圳经济特区性别平等促进条例》
1992年5月	"台湾就业服务法（2007年修正）"
2002年1月	"台湾性别工作平等法（2008年修正）"
2005年2月	"台湾性骚扰防治法（2006年修正）"
2004年6月	"台湾性别教育平等法"
2013年4月	《香港性别歧视条例》
1997年6月	《香港家庭岗位歧视条例》

3 实证解读：女大学生就业中的隐性性别歧视现状

3.1 调研数据与研究方法

3.1.1 调查数据与样本

本研究调查的目的在于获取不同区域、不同类型高校女大学生在就业中遭遇的隐性性别歧视的维度、程度，该群体面对就业过程中隐性性别歧视的态度及维权状况的相关数据、客观事实和文献资料，以进行量化研究。为此，笔者于 2013 年 5 月至 2015 年 5 月间进行了问卷调查和深度访谈，专门针对不同调查群体进行了系列问卷调查。其中第一份问卷的调研对象全部为就业或实习的女性大学生，第二份问卷的调研对象全部为就业或实习的男性大学生，调查内容涵盖基本资料、就业状况、遭遇歧视状况以及维权意识四个部分。在分析调查数据过程中，将以第一份调查问卷的内容为主，第二份调查问卷为辅。被调查对象中涉及专科、本科院校以及多种专业层次，涵盖华北、华东、华南、华西等多个区域。调查选取了中央财经大学、华中科技大学、重庆大学等本科一批院校（36.87%）以及重庆工商大学、南京理工大学紫金学院、青岛职业技术学院等本科二批（29.36%）、三批（21.28%）和专业类院校（12.49%）。调查按照年龄、户籍类型、民族、文化程度等多个变量统计了个体样本的基本信息。此外，个案访谈还选取了相关县、市的人力资源与社会保障局、企事业单位。就本文的研究目的而言，调查对象、范围都具备良好的广泛性与代表性，能够在最大程度上体现不同因素对于女性就业遭受隐性性别歧视程度的影响。

此次调查采用了纸质问卷和电子问卷同时进行的方式，主要通过走访交流、新媒体平台、熟人传递等方式发放至全国各区域、各类型高校的女大学生手中，除了大陆地区的调研外，课题组成员还通过网络对台湾地区的女大学生群体发送了电子调查问卷。就实证研究而言，样本的代表性和均衡性是影响调研效度的重要因素。在调查中，问卷一共发放1725份，对象全部为女性大学生群体。其中有效问卷1680份，约占问卷总数的97.39%。年龄在25岁以下的调查对象占总人数的55%，25岁以上被调查者占45%；理工类专业的调查对象占56.6%，文史类专业占43.4%；调查对象未婚或已婚未育占总样本的59.8%，已婚已育占40.2%。问卷二共发放300份，对象全部为男性大学生群体。其中有效问卷287份，约占问卷总数的95.7%。整个调研所呈现的调研区域、院校类型、专业类别、婚育状况等分布情况都具有较强的代表性及合理性。

3.1.2 深度访谈数据

结合"女大学生就业中的隐性性别歧视调查"问卷，课题组对被调查的女大学生群体就某些问题进行了深度访谈。访谈数据是对于调研数据的补充但不同于定量数据。各地的访谈均在一个经过认真设计的、统一的访谈提纲的指导下进行；访谈方式采用了结构性和非结构性两种，与"女大学生就业中的隐性性别歧视调查"同时进行。访谈时间为1~2个小时。访谈内容主要涉及受访者的就业求职历程，面试和工作中的体验，对就业过程中的隐性性别歧视程度的感受和认知，以及维权的状况。

问卷一的样本基本特征如表3-1所示。

表3-1 问卷一的样本基本特征（%）

		华北地区	华中地区	华东南地区	华西地区	样本量（人）
年龄	25岁以下	13.39	11.93	14.19	15.48	912
	25岁以上	12.26	7.90	12.26	12.59	768
院校类型	非211/985院校	14.10	9.39	13.65	3.22	734
	211/985院校	11.55	10.45	23.39	14.25	946

续表

		华北地区	华中地区	华东南地区	华西地区	样本量（人）
专业类别	文史类	12.74	7.74	10.66	12.26	763
	理工类	12.90	12.09	15.81	15.80	917
婚育状况	未婚/已婚未生育	12.58	13.06	17.26	16.48	943
	已婚已生育	13.06	6.77	9.19	11.60	737
政治面貌	非党员	16.61	10.32	13.39	15.32	961
	中共党员	10.01	9.52	13.06	11.77	719

资料来源：根据本课题组 2013—2015 年女大学生就业中的隐性性别歧视调研数据统计。

在每天的访谈结束后，参与调查的人员当晚就对数据和录音进行整理，这些定性资料的梳理有助于了解和分析定量资料的规律和特点。

除了个体资料外，课题组成员还通过企业负责人员、高校行政人员、县/市公务人员收集了部分企事业单位推进性别平等就业的公共政策支持（企业、高校的性别平等推进计划；促进女大学生就业的战略规划等）、公共服务支持举措（是否为女性的孕期、哺乳期提供休假及相关服务、是否为女大学生遭遇的性别歧视提供权利救济服务、提供哪些服务、服务的效果）等相关资料，这些资料使我们对女大学生就业的隐性性别歧视的权利救济情况有了进一步的了解，并为政策建议提供了实证依据。

3.1.3 测量与方法

本研究主要基于以往文献中关于就业性别歧视的界定，结合已有相关性别歧视的问卷设计，同时结合关于隐性性别歧视的预调研及访谈的分析，设计了女大学生就业中的隐性性别歧视问卷。此外，由于隐性性别歧视问题的涉及领域有很多部分是个人工作生活史，隐私性较强。如果全部采用问卷方法，很难得到真实的情况。因此，在对女大学生就业中的隐性性别歧视问题进行问卷调查的同时，访谈法和文献法也被广泛采用，较为全面地进行数据收集与实证研究。具体而言，非随机抽样法中的偶遇抽样法是本研究进行问卷调查和深度访谈时主要采用的调查类型。利用问卷和访谈完成数据收集后，本研究首先利用 Excel（2010 版）对原始数据进行汇总和初步整理，并剔除缺失值与异常值，进而用SPSS统计软件（20.0版）对数据进行深度分析，主要分析方法包括描述分析法、单因素方差法、交叉列联表法、logistic回归法、主成因分析法、二项对数比例回归分析法、多项对数比例回归分析法和多元回归分析法等相应的统计分析方法，并结合相关理论分析法，展开统计结论的描述和原因探析，最终提出具有可操作性的政策建议。

3.1.4 研究假设

第一，女大学生就业的过程中存在隐性性别歧视问题。

第二，女大学生就业中的隐性性别歧视行为种类并不是单一的。

第三，在不同的隐性性别歧视行为种类中，存在着各种影响歧视行为的因素。

第四，在劳动力市场上，隐性性别歧视行为同时会受到多种歧视因素的影响。

第五，在劳动力市场上，隐性性别歧视行为在受到多种歧视因素影响时，其歧视因素影响的程度存在差异。

3.1.5 样本特征描述

（1）调研的大学生对象主体为女性。此次调研的目的在于全面深入了解女大学生在就业过程中的隐性性别歧视状况，调查对象中女性人数与男性人数之比大约为5.6∶1，具体调查人数分别为1683人和300人。

（2）本次调查的主体是具有本科学历的大学生。此次被调查者的学历分布状况是：大专及以下占总数的15.7%；大学本科学历占总数的61.5%；硕士研究生学历占总数的16.9%；博士研究生学历占总数的5.9%。

（3）职位类型具有多样化特征。调查统计表明，被调查对象的各类职位都有出现，具体情况是：处于管理岗位的（如经理、部门部长等）占总数的12.3%；处于生产操作岗位的（如制造人员等）占总数的5.2%；处于专业工作技术岗位的（如财务审计员等）占总数的72.3%；后勤岗位（如保洁员等）占总数的10.3%。

（4）具有经营性质的雇用主体代表突出。从被调查对象所在企业的性质分析，国家机关占总数的4.7%；国企、事业单位占总数的20.8%；民营企业单位占总数的 68.1%；外资企业单位占总数的 5.7%；合资企业单位占总数的 0.7%。可见，企业的雇用行为将是此次研究分析的主体，因为不同性质的企业占被调查总数的 73.5%。根据调查总数由多到少排序，民营企业最多，其次是国有控股企业，外商独资企业和中外合资企业紧接其后，而机关事业单位以 4.7% 的占比成为少数，居最后。

（5）在行业分布上，雇用主体涉及范围较广。问卷调查结果表明，调查对象的雇用主体在国家统计局对行业的划分标准中所列的 17 个行业都有不同程度的分布。其中，占总数最高的分别是"商业服务行业""教育科研行业""公共行政"以及"卫生和社会工作"。这四个行业分别占总数的 30.8%、12.5%、10.7% 和 10%，其余的相同指标都在 10% 以下。

（6）被访者的年龄大部分在 25 岁以下。在有效回答的 1620 份问卷中，20 岁以下的被访者占总数的 10.8%；21～25 岁的被访者占被访总数的 44.2%；25～30 岁的占 32.1%；30 岁以上的占 12.9%。

（7）被访者所学学科分布较为广泛。统计表明，管理学专业占被访总数的 16.5%；经济学专业占 25%；医学占 12.7%；文学占 9.5%；教育学类占 8.2%；法学占 7.9%；工学占 6.8%；理学占 6.6%；历史学类占 0.8%；农学类占 0.5%；军事学类占 0.3%；其他占 5.2%。显见，管理学、经济学、医学专业所占比例较高，累计达到 50% 以上。

3.2　女大学生就业中的隐性性别歧视现状分析

3.2.1　先劳动市场中的隐性性别歧视

对于先劳动力市场歧视，学术界通常认为是就业前社会中或就业群体因某种因素所遭遇的歧视。已有研究认为教育投资中的性别偏好歧视是先劳动市场中较为突出的问题，对教育和健康的投资（即人力资本禀赋）决定了男性和女性在社会中实现其最大潜力的能力。合理的教育投资可以决定女性赚取较高收入、拥有并经营生产性公司和企业的能力（一般而言，教育差异可以在很大程度上解释成人的工资和收入差异）。无论在高收入国家还是在低收入国家，教育方面的性别差异都在很大程度上导致了两性之间的生产力差异和工资差异。而对女性的教育投资具有特殊性，主要表现为两个方面：其一，作为母亲，受过教育的女性可以把高等教育的收益传递给她的孩子们；其二，教育方面的性别歧视所造成的男性偏好会对社会产生长远的影响。例如，中国和印度已然出现了较为严重的"婚姻挤压"问题。❶ 虽然看起来女性短缺也许使家庭更努力地不要失去一个妻子，但女性是否能够真正掌控自己的生活只有她们在家庭和社会地位的根本性变化来改善，而教育往往是促成这一改变的核心要素。通过世界银行的相关统计来看，进入21世纪以后，性别平等取得了巨大的进展，20世纪中许多严重的性别歧视导致的差异已经消除。目前世界上大多数国家已经实现了初等教育领域的性别平等，男孩和女孩的入学数量相当。然而美国学者Douglas B. Downey等发表于Sociology of Education上的研究却认为：学校可能在不同维度上以不同方式形塑着不平等。从这一更为均衡的视角出发，学校确实有可能再生产或加剧不平等，但它们同时也可以弥补其他社会经济条件的差距。相较于其他机构改革，对学校改革的如此重视更为合理的一个解释是它服务于一个目的：它分散了人们对于不平等真正来源的关注，从而服务于从当前社会安排中获利的既得利益群体。学校政策实际上为改革者提供了舞台，在几乎没有破坏现有权力结构机会的条件下"冷却"冲突。❷

20世纪70年代末以来，竞争市场成为我国经济体制改革的主要导向，而这也成为我国高等教育中性别因素影响的现实渊薮。虽然就低年级的中等教育入学率而言，女孩低于男孩，但是在高等教育领域则出现了有利于女孩的发展趋势，即女性入学率的增长速度超过了男性。多元形态的高等教育系统，包括不同层级的本专科学历教育、研究生教育，不同形式的成人高等教育、本专科学历自学考试，不同类型的高等学校与不同学科、专业的性别不平等都朝着减

---

❶ 世界银行：《2012世界发展报告：性别平等与发展》，清华大学出版社2012年11月版，第108页。

❷ 格酪芮：《学校是社会不平等助推器？还是斩魔棒？》，http://mp.weixin.qq.com/s?__biz=MzI5NjE2MzMwMQ==&mid=2652349066&idx=1&sn=b7c53691ae205f4842e5bf95baabe768&chksm=f7ab8000c0dc091644bccb2bf33781e9f42541caa0327740d89f54fe741818df33bd5e607551&scene=1&srcid=0919s8xxHVJYcrZrld6awZnj#rd.

小性别差距的方向行进。❶ 图 3-1 是 2004 年至 2014 年这 10 年间，全国各级各类学校女生数量及比例的统计情况，可以看到在普通初中和普通小学，10 年间女生的比例一直都维持在 47% 左右。而从普通高中到博士研究生，各个学段女生比例都整体呈现出持续上升的态势。大学本专科女生所占比例，从 2004 年的 45.6%增长为 2014 年的 52.12%，硕士生从 44.15%增长为 52.12%。可见，在更高学历的竞逐中，女生的比例逐步超过了男生。❷ 随着男性和女性总体高等教育机会差距的不断缩减，高等教育被视为教育性别平等指数调高最快的领域。❸

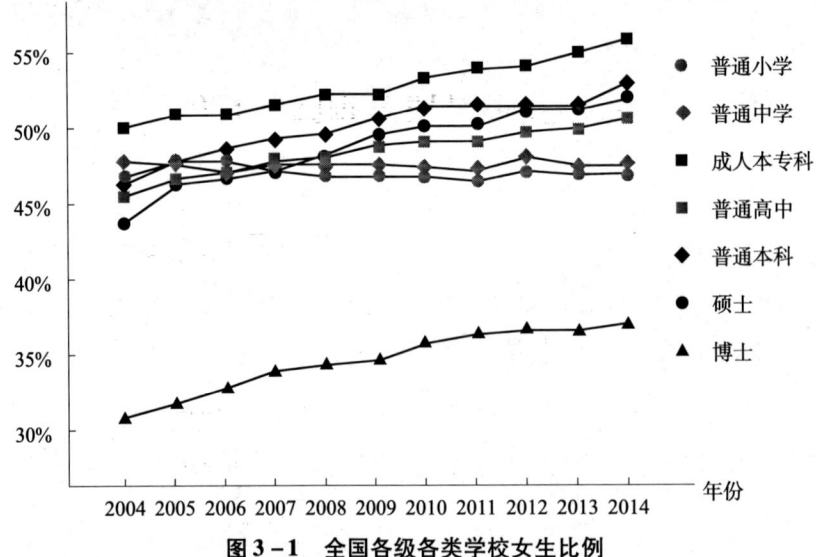

图 3-1 全国各级各类学校女生比例

资料来源：《打赢应试教育仗的女生输了啥?》中国青年报微博，http://weibo.com/1726918143/CFRvztHRP? type = comment#_rnd1455883782048.

---

❶ 李春玲、石秀印、杨旻：《性别分层与劳动力市场》，中国社会科学出版社 2011 年版，第 27 页。

❷ 中国青年报：《打赢应试教育仗的女生输了啥?》，中国青年报微博，http://weibo.com/1726918143/CFRvztHRP? type = comment#_rnd1455883782048。

❸ 中国性别平等与妇女发展指标研究与应用课题组：《中国性别平等与妇女发展评估报告（1995—2005）》，《妇女研究论丛》2006 年第 2 期，第 14 页。

表3-2 专业学习领域的性别分割（%）

学习领域	国家被（男性或女性）主导的学习领域的比例			国家数量
	女性主导	男性主导	中性	
农学	3	74	22	89
教育学	84	6	10	97
工程、制造和建筑学	0	100	0	97
卫生和福利	82	4	13	97
艺术和人文	55	6	39	97
科学	13	68	20	96
服务	21	59	21	87
社会科学、商学和法律	23	16	61	97

资料来源：《2012年世界发展报告》工作组基于联合国教科文组织统计研究所数据的计算值。

综观国际，在消除先劳动市场显性性别歧视方面，各个国家通过提高女性教育投资回报，改变制度和家庭限制因素等举措取得了重大进步。但不少研究都指出，作为正式教育的一部分，女性和男性在选择学习领域方面仍然存在着较大的、难以消弭的差异。2012年世界发展报告显示：在世界范围内，女性在教育和卫生领域的比例过高，在社会科学、商学和法律领域的比例和男性相当，在工程、制造业、建筑学和科学领域的比例不足。两性学习领域的巨大差异并不反映男性和女性在不同学科领域的能力差异，但是对男性和女性能力的分类与态度上的性别差异进而出现培训和教育的资源错配，会转化为女性在生产率和收入上的差异则是先劳动市场隐性性别歧视造成的客观不利后果，并会最终导致整个国家各个领域的平均人力资本质量降低。

（1）专业差异中的高等教育机会性别不平等

以计算机、建筑等专业为代表的理工科仍然是一个以男性为主的世界。以美国的情况为例，美国2000年参加计算机学科专业预科班考试的女生仅占17%，在大学的计算机注册考试中，女性考生的人数还不足10%，拥有计算机科学学士学位的女性从1984年的占37%下降到不足28%。在与工程有关的学士学位获得者中，女性只占不到9%。[1]

---

[1] Tech-Savvy: Education Girls in the New Computer Age (2000), http://www.aauw.org/2000/teachsavvy.html.

表3-3 高校女大学生的专业学习领域分布情况（N=1680,%）

专业学习领域	女大学生比例
哲学类	9.8
经济学类	21.7
法学类	7.9
教育学类	8.2
文学类	9.5
历史学类	2.9
理学类	7.6
工学类	6.8
农学类	0.7
医学类	12.7
军事学类	0.3
管理学类	16.5
其他类	5.2

资料来源：根据本课题组2013—2015年女大学生就业中的隐性性别歧视调研数据统计。

相关调查显示：学习计算机专业的女生所占比例基本上在1/3左右，低于女生在整个高校本科生中的比例。例如，1999年北京工业大学计算机系共有学生100人，女生占23%；北京工业大学计算机学院软件系，女生的比例不到1/3；在北京大学计算机系的本科生中，女生约占1/3。[1]

在对调研数据进行统计后我们发现了相似的情况，我国的高校女大学生在专业的领域选择和学习中更有可能在教育和人文学科取得学位。工学、农学和军事学类的女大学生比例明显较低（见表3-3）。课题组在对我国先劳动市场中的隐性性别歧视问题进行调研时发现，对于中国的女大学生群体而言，高校在招生中不同专业设置性别比、分性别划分数线等问题的普遍存在表明女大学生在进入劳动市场前就已经陷入普遍刻板性别成见的桎梏。2014年10月联合国消歧公约委员会进行的对中国的执行《消除对妇女一切形式歧视公约》审议的结论性意见中提道："缔约国大学教育中存在主修课程性别隔离的现象，

---

[1] 黄育馥、刘霓：《E时代的女性——中外比较研究》，社会科学文献出版社2002年版，第133页。

一些院校的部分学科专门为男生设定了较低的录取分数线,委员会对此感到关切。"委员会建议中国"在与男子和男童平等的基础上向妇女和女童提供教育,包括确保缔约国的妇女和女童在入学考试成绩上不会处于劣势"。❶

不少媒体报道"大学女生的崛起势不可当,甚至在一些男生占据绝对优势的传统理工科、农林院校,也越来越多地出现了女学生的面孔",认为高校"阴盛阳衰"现象已逐渐普遍。经过媒体的大肆渲染,高等教育中的性别鸿沟似乎已经被填平,此外,更是勾勒出一幅女性在高校中占比更高、表现更好的图景。事实上,上升的女性大学生群体仅仅只是在数量上实现了暂时性的成功,而从质量的层面考量,高等教育的女性主义改革理想远未实现,可谓任重而道远。更进一步地,女性对高等教育机会平等的呼声和女性接受高等教育的现实之间始终存在落差,原有高校招生及教育中的"女孩危机"并没有得到解决,高等教育系统起点的性别不公平仍是高等教育性别平等的主要障碍之一。❷我国的妇女传媒监测网络自 2012 年开始关注高校招生的性别歧视问题。这是一个致力于通过传播和倡导促进妇女权利的民间组织,2012 年以来积极参与了推动高校招生取消性别歧视系列倡导活动,并于 2013 年开始陆续发布了《2013 年"211 工程"学校招生性别歧视报告》《2014 年"211 工程"学校招生性别歧视报告》和《2015 年"211 工程"学校招生性别歧视报告》。在《2015 年"211 工程"学校招生性别歧视报告》中指出:高考招生中的性别歧视问题直到 2012 年才开始大范围得到社会各界的关注与讨论,继 2013 年 5 月教育部发布《2013 年普通高等学校招生工作规定》(以下简称《规定》),强调除军事等特殊学科外高校不得在男女生录取比例上做规定之后,很多高校取消招生性别比,这是反对高考性别歧视倡导的重大阶段性成就。虽然其后仍有一些规定出台提到招生工作不得限制性别比例,但总体上看,都未能超过 2013 年《规定》的范畴。该报告数据显示在共 112 所"211 工程"学校中,有 32 所在 2015 年本科招生中不存在性别限制,比 2014 年减少 8 所。如图 3 - 2 所示,不存在性别限制的学校占"211 工程"学校总数的约 29%。存在性别

---

❶ 联合国消除对妇女歧视委员会:《关于中国第七和第八次合并定期报告的结论性意见》,http://tbinternet.ohchr.org/_layouts/treatybodyexternal/Download.aspx?symbolno=CEDAW%2fC%2fCHN%2fCO%2f7-8&Lang=zh.

❷ 李春玲、石秀印、杨旻:《性别分层与劳动力市场》,中国社会科学出版社 2011 年版,第 228 页。

限制的"211 工程"学校有 80 所，占总数的约 71%，比 2014 年上升 7 个百分点。同时，大多数"211 工程"学校的年度本科招生存在性别限制，所涉学校的比例为 71%，比 2014 年有所上升。这些学校的年度招生性别限制可以总结为：国家安全类（军事、公安、国防）62 所、艰苦行业类（航海、飞行、采矿、地质等）7 所、特殊需求类（艺术、体育、小语种、护理、空乘）24 所（其中护理 6 所、空乘 1 所）；涉及学校最多的性别限制仍是国防生；艰苦行业类专业招生对女生的强烈排斥没有改善。❶

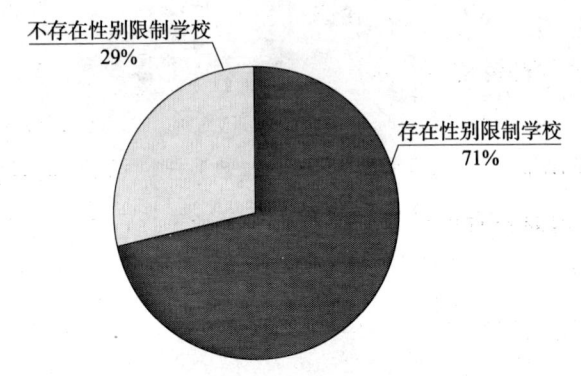

图 3-2 存在性别限制的学校比例

资料来源：《2015 年"211 工程"学校招生性别歧视报告》，http：//www.docin.com/p-1296531906.html。

凡在高校招生中对专业的性别比例进行设置规定，无论其理由是什么，都构成了性别限制，而性别限制是否构成性别歧视需要视情况判断。事实上，限制专业招生中的性别比例的做法，在 2005 年早为人所知。当时媒体报道北京大学小语种的专业长期实行提高女生分数线的"潜规则"，一时引起舆论关于高校招生中性别录取比例是否构成对女性歧视的讨论。尤其是以往的长期的高校招生中进行专业限制男女比例的规定和做法得到了教育部的默许。2012 年 7 月妇女传媒监测网的负责人和公益律师分别向教育部提起信息公开申请："2012 年高考招生中教育部批准了哪些专业可以限制男女生的录取比例？依据是什么？" 2012 年 8 月，教育部的回复是："基于国家利益的考虑，对部分特

---

❶ 妇女传媒监测网：《2015 年"211 工程"学校招生性别歧视报告》，http：//www.docin.com/p-1296531906.html。

殊行业或者岗位的特殊专业人才培养,按照特定程序,少数学校的部分专业可以适当调整男女招生比例。但是学校需在招生章程中予以明示。"❶ 国外法学界和法院的司法实践在对隐性歧视的举证责任的证明问题中,对于原告的举证责任与显性歧视相比更轻,而被告的举证责任更重。法院一般按照三个步骤判断和分析隐性歧视的主张是否成立:第一,原告必须指出某一表面上中性的规定对其产生了歧视性的后果或影响。第二,不利影响一旦确立,被告必须说明其规定与职业相关,属于商业需要。第三,如果被告满足了这一举证责任,原告还可以通过证明存在可以替代的方案而被告拒绝采用。可见,在对隐性歧视的举证中,由于某项表面上中性的规定或措施导致的不利差别影响是基础,当然,在对隐性歧视的不利影响举证中不能凭空想象,必须提供真实证据作为证明。我们以 2015 年官方发布的高校招生信息中的艰苦类和军事类专业为例,在这两大类的专业招生中均明确注明了只招男性或者对女性比例进行了严格限制,其理由多基于这些专业对口的行业属于艰苦行业,国务院关于《女职工劳动保护特别规定》对女性进行保护,对于飞行技术专业招生的性别限制则以飞行技术专业与航空公司之间的定向委培合同规定只招收男性作为限制招收女性的理由。但这些是否能够成为飞行技术行业排斥女性的正当理由恰恰是值得商榷且有待进一步予以明确的。

(2) 城乡差异中的高等教育机会性别不平等

城乡二元结构深刻地影响高等教育的公平性,经济收入的差异性对于公平获取高等教育资源的影响可谓根深蒂固,第一个层次的不平等是农村女学生获得的高等教育机会少于城市女学生,第二个层次的不平等是农村男生、女生之间获得高等教育机会不均衡。❷ 我国城市化进程的稳步推进与教育公平,尤其是向中西部倾斜招生等措施的调整,使得城乡教育差距趋于改善。根据我国 2006 年人口变动情况抽样调查结果显示,相较于城市女性受大专及以上教育程度的占城市 6 岁及以上人口的比重,乡村女性受大专及以上教育程度的占镇 6 岁及以上人口的比重要明显低得多,从具体数值上看,大约低 12 个百分点。

---

❶ 妇女传媒监测网:《还女生平等——2013 年"211 工程"学校招生性别歧视报告》,http://www.docin.com/p-1296531906.html.

❷ 李春玲、石秀印、杨旻:《性别分层与劳动力市场》,中国社会科学出版社 2011 年版,第 237 页。

2006年城市接受高等教育人口的性别比（1.2）仍与镇（1.5）、乡村（1.6）分别相差0.3、0.4，较之2002年性别比相差的0.3、0.5，不平等的鸿沟在城乡维度上尤为突出。❶ 与此同时，一些调查研究表明，近年来新增加的来自农村的大学生主要分布在非重点的地方院校。❷ 在厦门大学教育学院所做的调查中，相较于男性群体在部属重点院校、公立普通本科院校、公立高职院校的匀态分布，农村女生集中到了公立普通本科院校与公立高职院校，其中高职院校几乎占据了一半的女性样本。农村女性的高等教育机会显著偏于学历层次低的教育领域。❸

学者们在分析先劳动力市场歧视，尤其是城乡差异中的高等教育机会性别不平等时，认为这是一种很复杂的歧视，其根植于文化传统和两性价值观。在我国的20世纪90年代末，无论是小学还是中学亦或是大学，女性入学率都低于男性，当然不排除能力淘汰这一常见原因，但事实上也蕴藏着其他更为深刻的社会公平性制约因素，即教育的性别投资偏好。女性的基础教育往往被忽视，而女性由于受教育程度低，进而导致优质就业机会的匮乏和工作经验的不足。工作流动性不如男性，导致工资待遇低，就业处于次等级。在就业过程中，伴随而至的还有社会对男女两性的期望不一，女性将外在的社会对其工作能力的负面评价内化为自我工作能力的认知程度较低，进而外化为女性在实际工作中缺乏自我认可的心理暗示，从而在妇女进入劳动力市场前就处于一种先天的劣势。❹ 从物质上说，先劳动力市场对女大学生的隐性歧视最明显的危害是剥夺了作为女性个人获得其期望获得的利益和机会，例如接受某种专业教育的机会。而该种歧视更大的危害是在精神层面上，即对女性内在价值的否定，给予不同的差别对待，对女性造成心理创伤，使其有羞辱感。羞辱与不平等关系是很明显的，虽然不能说任何耻辱都表明个人在某方面受到了不平等对待，但是可以说所有的不平等对待都会给人带来羞辱感。在高校招生中的性别限制会加重对于性别的社会偏见和刻板印象，提示、暗示着某些领域和专业是男性

---

❶ 李春玲、石秀印、杨旻：《性别分层与劳动力市场》，中国社会科学出版社2011年版，第237页。
❷ 杨东平：《中国教育公平的理想与现实》，北京大学出版社2006年版，第214—218页。
❸ 李春玲、石秀印、杨旻：《性别分层与劳动力市场》，中国社会科学出版社2011年版，第238页。
❹ 郭慧敏主编：《女性劳动权益研究：来自陕西的报告》，中国社会科学出版社2009年版，第108页。

的领域。社群主义理论认为，任何人都归属于一定的社群，自我认知首先是通过个人成员资格而发现的。这些社群的价值、礼仪、目标必然对其成员留下不可抹灭的印记，而这种正常的身份认同感一旦被歧视伤害就会扩大歧视的社会后果，使受到歧视的受害者范围从单个的人延展到一个更大的群体。[1]

表3-4　2015年"211工程"高校按性别招生概况统计

统计（总数）	统计（小类）	分类	专业	学校	限制程度
7	2	艰苦行业类	航海	大连海事大学 武汉理工大学	不适宜女生报考 不适宜女生报考
	1		轮机工程	武汉理工大学	不适宜女生报考
	2		飞行技术 （空中交通运输）	北京航空航天大学 南京航空航天大学	有比例限制 只招男生
	3		采矿	东北大学 太原理工大学 中国矿业大学	建议男生报考 只招男生 只招男生
62	3	军事类	军校	国防科学技术大学 第四军医大学 第二军医大学	规定男女生数量
	59		国防生	北京大学 北京理工大学 中国政法大学等 59所高校	只招男生或规定 男女生招生数量
	1		公安类	中南财经政法大学	女生比例 不超过15%

资料来源：《2015年"211工程"学校招生性别歧视报告》，http://www.docin.com/p-1296531906.html.

2015年"211工程"高校按性别招生概况统计如表3-4所示。比如女大学生更关注和在意其他女大学生招生和专业录取的情况，当该群体中的其他人因为她们都是女性这一共同的性别特征而深受歧视之害时，这种身份认同感就会使自己产生切肤之痛，感到同样的心理伤害和羞辱感导致的自卑等后果。一些高校的专业设置反映了普遍刻板的性别成见：男女生分别适合和不适合学什

---

[1] 李薇薇：《反歧视法原理》，法律出版社2012年版，第22页。

么样的专业。但这类成见不仅没有法律和科学证据的支持,也容易造成深化大众甚至考生自己成见的恶劣影响。

尤其是当女性在尚未进入高等院校进行学习之前就处于一个所谓女性群体不能或者无法在某些专业中有出色表现的负面刻板印象的环境时,会直接导致女性即使在进入某些特定专业后依然对自己的能力和是否适合该学科产生怀疑和不自信,一旦偶然出现了不好的表现就会进一步破坏女大学生在该领域学习的动力、兴趣和信心,不利于人才的全面发展。有研究显示,人一旦被群体排斥,意志力就会耗竭。当人们被社会拒绝时,他们就很难抵制某些负面的消极诱惑,面对具有挑战性的任务也会很快放弃,在需要精神集中的实验里也更容易分心。研究的另一项重要发现即是,受到歧视的少数族群倾向于降低自我控制能力,换言之,歧视会明显吸噬他们残存的意志力。只要某个群体觉得被排斥或被冒犯,就有可能屈服于最糟糕的冲动。因此,有学者建议,为了避免因为歧视而导致意志力受挫的人感到羞愧后产生更严重的负面后果,应该积极为他们提供相应的社会支持。❶

3.2.2 劳动力市场中的隐性性别歧视

劳动力市场中的隐性性别歧视指女性在进入劳动力市场就业、工作的过程中遭遇的歧视。我们在调研中发现,女大学生就业过程中遭遇的隐性性别歧视问题主要集中在这一层面。尽管国际人权文件以及各国的反歧视法都对促进男女平权做出了相似的规定,但对平等权的内容、怎样最好地实施该权利以及实施到什么程度才符合平等人权的要求则极具争议。现有的国内反歧视法规和政策一般以形式平等为基础,按照形式平等,人与人之间不论种族、性别、残疾、宗教、性倾向或其他理由,均应受到相同的对待,只要给了相同的对待,满足了一致性,就认为实现了平等权。这也是目前国内在反对女性就业歧视中的主要行动和判断,即致力于对显性性别歧视的消除,但仅有形式上的平等对待不仅无法从根本上化解导致个人或群体弱势地位的经济和社会差异,甚至会由于平等只强调相同情况下的相同对待,并没有规定对待的标准是什么、如何对待,反而导致差异化的个体被给予了形式上的平等对待,忽略了结果和实质

---

❶ [美]凯利·麦格尼格尔,王岑卉译:《自控力》,印刷工业出版社2012年版。

上的不平等，而相较于显性歧视而言，隐性歧视则正是需要证明"后果"而非"意图"的歧视。我国没有专门的反歧视法，2008 年新颁布和实施的《就业促进法》在 26 条规定"用人单位招用人员、职业中介机构从事职业中介活动，应当向劳动者提供平等的就业机会和公平的就业条件，不得实施就业歧视"。但是从立法的规范性来分析，该条文并没有对歧视进行定义，即并没指出什么行为构成歧视，也没有明确哪些理由的歧视不得实施，这对于消解女性就业中的隐性性别歧视带来了困难和混乱。

第一，女大学生群体对于隐性性别歧视的认知度较低。从我们的调研情况来看，非常了解，即明确知晓何谓隐性性别歧视，该歧视在就业中的表现形式，何种歧视行为构成隐性性别歧视的大学生不超过百分之五。比较了解，即对就业中隐性性别歧视及其表现有一定认知的女大学生比例为 21.8%，调研中超过半数的女大学生只是对隐性性别歧视这一名词有印象或者听说过有隐性性别歧视这一现象的存在，11% 的受访者完全不了解隐性性别歧视。同时，表 3-5、表 3-6 显示了不同专业的女大学生对于隐性性别歧视的认知情况。从数据统计上看，对隐性性别歧视最为了解的学科门类是管理学，其次分别是医学类、经济学类、文学类和法学类。认知情况最不理想的是理学类、农学类和军事学类。在访谈中，我们曾多次反复向受访者解释隐性性别歧视的概念，有理学类的女大学生表示通过问卷调查和访谈才知道这一概念和行为的存在，在此之前只知道有性别歧视，但什么是显性，什么是隐性并不十分清楚。在显性歧视越来越隐性化的就业市场，女大学生及时地学习、了解性别歧视和正确运用法律法规和规章规范对于增强维权意识，消除歧视行为，规范就业的招募，雇用程序，促进女性良好就业从而有效消除歧视的不利后果和社会不稳定因素有至关重要的作用，这也是全面推进市场经济发展和就业平权的必然要求。

在美国 2007 年的丽莉·莱伯特公平待遇法案中，莱伯特作为一名在阿拉巴马州加兹登市固特异公司担任了 19 年的高管，不仅在工作期间没有获得和男同事一样的加薪，而且还受到了老板对她的性骚扰，也目睹了车间里的其他女同事是如何遭遇性别歧视却因为不愿冒失业之险而害怕谈及。尽管该案中莱伯特提出的性别歧视的薪金受害诉求最后没有赢得大陪审团的支持，但是《丽莉·莱伯特（Lilly Ledbetter）公平待遇法案》是奥巴马签署的第一个立法法案,他站在了莱伯特这边。❶虽然立法本身只是调整了第七修正案标题中工资歧视过于狭隘的法律解释,但该案承载了太多潜在的激变,也许会为长久以来并未兑现的《雇员自由选择法案》打开一条通路。❷

在我国2015年的就业性别歧视案例中,想当最会画画的女快递员却被邮政拒录的案例则再次说明了女大学生对于性别歧视及其相关问题认知的重要性。在该案例中,油画系毕业的女大学生马户(昵称)因为喜欢驴,又觉得自己像驴一样倔还肯吃苦,于是她给自己起了这个名字——马户。2015年9月,马户曾应聘北京邮政快递员,在试用两天合格后却被以邮政总公司规定邮政快递有"不招女性"的政策为由拒绝录用,马户随后将其告上法庭,提起了就业性别歧视诉讼。在该案例的审判过程中,马户对于就业性别歧视的认知是维权的重要基础。作为接受了多年教育的女大学生在面对雇用方的性别歧视行为时,能否第一时间进行识别、确认是后续维权的前提。有很多女网友和快递员对马户的侵权认知和维权行为表达了支持,例如,"我现在就要把'点赞'送给她,不为别的,只为她面对就业歧视时,能勇敢地将用人单位告上法庭,希望通过法律来维护自己的平等就业权,而不是忍气吞声,自认倒霉。反对就业歧视需要更多的'小微'力量"。❸上述案例说明,对于平等的诉求,如果不提出来就不会被更多的群体认知,更不会被纳入立法之中,女性就业中的隐性性别歧视问题就无法得到关注和解决。

表3-5 女大学生对隐性性别歧视的认知情况(N=1680,%)

	频率	百分比	有效百分比	有效累积百分比
A. 非常了解	62	3.7	3.7	3.7
B. 比较了解	366	21.8	21.8	25.5
C. 了解一些	1067	63.5	63.5	89.0

---

❶ 相关内容参见"Impact of Ledbetter v. Goodyear on the Effective Enforcement of Civil Rights Laws: Hearing Before the Subcomm", on the Constitution, Civil Rights, and Civil Liberties, of the H Comm, on the Judiciary, I110th Cong. 9 2007.

❷ 参见王新宇:《性别平等与社会公正——一种能力方法的诠释与解读》,中国政法大学出版社2014年版,第40—45页。

❸ 女权之声:《想当最会画画的女快递员却被邮政拒录,网友五个理由力挺她打官司》,http://mp.weixin.qq.com/s?__biz=MjM5MzY0NjcOMQ==&mid=204057190&idx=1&sn=909562b5625d8b42c4c7d649fb181706&scene=1.

续表

	频率	百分比	有效百分比	有效累积百分比
D 不了解	185	11.0	11.0	100.0
合计	1680	100.0	100.0	

资料来源：根据本课题组2013—2015女大学生就业中的隐性性别歧视调研数据统计。

表3-6　不同专业女大学生对隐性性别歧视的认知情况

专业类别	非常了解	比较了解	了解一些	不了解	合计
哲学类	0	0	28	27	55
经济学类	8	19	118	13	158
法学类	5	24	81	16	127
教育学类	0	22	67	14	103
文学类	6	61	89	4	160
历史学类	0	4	39	22	65
理学类	5	32	73	51	161
工学类	0	8	53	45	106
农学类	0	1	28	66	95
医学类	0	14	121	41	174
军事学类	0	2	4	11	17
管理学类	38	45	119	34	256
其他	0	27	49	11	87
合计	62	366	1067	185	1680

资料来源：根据本课题组2013—2015女大学生就业中的隐性性别歧视调研数据统计。

第二，相较于整个就业过程的其他阶段，女大学生在工作招募环节遭遇隐性性别歧视的概率较大，歧视类型也较复杂。招募歧视，即在工作招募过程中对女性的歧视。实际上在欧美诸多有关雇用歧视的判例中，关于隐性歧视原告能否取得胜诉的关键问题是能否提供统计数据，即原告若认为雇主采取的某些聘用、晋升等雇用行为表现看起来是中立的，但在实施以后却对不同的群体产生了不同的效果，从而使得某些少数群体实质上受到了歧视，而这些要求与其所从事的业务又没有直接关系。那么原告需要提供存在区别影响的证据，即某个统计比例或要求使得特定群体和非特定群体的不合格率出现多大差异时可以认为存在区别影响构成隐性歧视。美国的平等就业机会委员会提出了一个所谓80%的判断准则,即如果特定群体在某项基准的测试中通过率不超过非特定群体的通过率的80%,就可以认定有区别影响的情形存在。❶

在调研中我们借鉴了欧美法系的判例思路,尤其在就业的招录环节我们对男性和女性大学生首次成功就业前的应聘次数进行了分析统计。可以看出,在首次成功就业前一次就应聘成功的男性大学生比例为47.3%,女性大学生是34.9%,初次竞聘的成功率男性是高于女性的,女性的成功率为男性成功率的73.8%。分别有36.8%和35.6%的男性和女性大学生是在2~3次应聘后获得职位的,而有2倍于男大学生数量的女大学生是通过4~5次应聘后才获得职位。值得关注的是,在10次及10次以上的选项里,男性为零,有0.5%的女大学生则经过了漫长的应聘过程才获得了工作。需要说明的是,在进行该项统计时,囿于调查样本的范围和调查的限制,我们无法亲自测量每次招聘过程中男性和女性的通过率。通过对首次就业前应聘次数的统计,显示男性的首次就业率是高于女性的,而在高频次的应聘次数上女性则显著大于男性。结合我们在深度访谈中的调研,在年龄、专业、学历等应聘要素相当❷的情况下,女大学生的成功率低于男性,尤其是在高频次(4~5次,10次及以上)的应聘次数统计中,女性是显著高于男性的。不少女大学生在应聘求职过程中都有过屡次被拒的经历,"简历筛选是应聘工作的第一道关卡,很多女生往往是简历都没通过。晓琳觉得,如果大家都没过,就没什么好抱怨的。但偏偏×行总行,班里十几个男生简历都过了,能去笔试了,而女生只有两三个过了"。晓琳说:"关键是这些男生中,无论成绩还是经历,我们不比他们差啊!"最终这家银行总行在晓琳的学院录用了10个人,8个男生,2个女生。❸ 近期发布的一份针对中国大学生就业的研究再次为应聘过程中存在严重的隐性性别歧视提供了证据。这项研究构造了除了性别不同外,其他信息完全相同的简历,实验结果发现,男性简历受到面试通知的次数要比女性简历高出42%,尽管这些

---

❶ 姚国建:《美国反就业歧视法律制度研究》,中国政法大学出版社2013年版,第100—109页。
❷ 调研中我们发现实际上很多女大学生的应聘标准是高于男性大学生的,比如综合学分绩、获取的专业证书、各项奖励等。
❸ 人民日报:《清华女研究生吐槽求职:女生找好工作难》,http://finance.sina.com.cn/china/20131204/103417525167.shtml。

简历的唯一差别仅仅来源于性别。全体样本的歧视系数为 0.421，即具有同等特征的简历，仅因为性别不同男性收到的面试通知就要比女性高 42% 左右。❶

表 3-7　您首次成功就业/实习前的应聘次数是＿＿＿＿（%）

		A 1 次	B 2~3 次	C 4~5 次	D 5~6 次	E 7~8 次	F 8~9 次	G 10 次及 10 次以上
性别	男	47.3	36.8	14.8	0.5	0.3	0.3	0
	女	34.9	35.6	27.7	0.5	0.4	0.4	0.5

资料来源：根据本课题组 2013—2015 年女大学生就业中的隐性性别歧视调研数据统计。

需要说明的是，由于目前不论是国际还是国内对于隐性性别歧视的研究都尚处在探索阶段，很多问题都还没有形成定论，因此基于"他山之石，可以攻玉"和"本土化"的双重原则，大量国外比较成熟的立法和政策实例成为我们的借鉴对象，并基于我国高等教育中的性别影响因素的现实制因和表现特征，尝试性地确立了就业中的隐性性别歧视标准，即何种情况下可以认为女大学生遭遇了隐性性别歧视，同时在问卷和访谈过程中对被访者进行解释以力求较为准确的回答和反馈。在招募歧视的调研部分，我们认为单位面试时如果招聘方要求特定的应聘者（本研究中是指针对女大学生群体）提供和工作性质无关的婚姻、孕育、家庭等个人隐私情况，则视为隐性性别歧视。这个标准在美国和加拿大都有类似的判例。美国的金女士和加拿大的 Maureen Barbano 案例中，法院的判决都非常明确地表示，在面试时对求职者提出具有例如有关怀孕、分娩、婚姻等性别成见的问题，可以推论为在雇用过程中的面试阶段对不同性别求职者的区别对待，起码有一部分是非法歧视的结果。❷ 表 3-8 显示了女大学生在就业和实习的过程中遭遇隐性性别歧视的状况，有 36.5% 的女大学生遭遇过隐性性别歧视。具体到隐性性别歧视的形式，主要有身形歧视，容貌歧视，婚育歧视和血型、星座歧视，专业歧视等。即在招聘、面试过程中问及和工作性质无关的求职女大学生的身高，体重，血型，星座，容貌（包括是否整容），是否孕、育（包括何时准备孕、育）等问题。

---

❶ 周东旭：《女大学生就业遭歧视 学历越高越严重》，http://www.yangtse.com/jiaoyu/2016-02-26/809974_6.html.
❷ King v. Trans World Airlines, inc. (1984).

调研统计显示，有 21.6% 的女大学生遭遇过婚育歧视；有 16.3% 的女大学生遭遇过容貌歧视；有 12.7% 的女大学生遭遇过身形歧视，即对女性身高、形体的歧视；有 8.9% 的女大学生遭遇过年龄歧视；有 2.6% 的女大学生遭遇过血型和星座歧视。我们在访谈中，部分女大学生均反映在求职过程中会被问及星座和血型的信息，尤其部分雇主表示出对处女座、天蝎座和双鱼座女性的疑虑及个性担心。有案例中雇主对女性求职者的特定星座有歧视，"邢女士去一家企业求职，负责人看了一眼她的简历后问：'你是双鱼座？'邢女士愣了一下，给出了肯定的回答。不料对方却说，双鱼座的人性格犹豫不决，没有担当，竟因此拒绝了她"❶。

在深度访谈中，一些求职的女大学生反映部分雇主对于女性的身高、体型、容貌有区别于男性求职者的要求和关注。例如，被访者 L 同学就坦言："我一直不属于苗条高挑的女孩子，但是这并不证明我在专业的学习上比那些颜值高的女同学差，我热爱运动，品学兼优，三观端正，可是在求职面试过程中我就遇到过几次面试官问我的身高，也见过有的面试官对女生问一些诸如'你这么漂亮，有没有男朋友，打算什么时候结婚'这样的问题。"

已有的案例显示，女大学生遭遇身形歧视的比例大于男性，歧视方也多为男性雇主。"身高 144 公分、体重 48 公斤的陈小姐到台湾亚洲时尚诊所台中大雅馆任职，其间同事均评价其表现很好、备受肯定，但因男副总不满她身材，上班 7 日后竟被以'专业性不佳，体型影响公司形象'理由解雇。"❷ 也有学者的研究显示"如果有两个容貌不同的求职者都符合应聘岗位的标准，不管是现在还是将来都能给单位带来完全相同的绩效和劳动效率，而且选择任何一位，都不会给雇主带来不好的或好的外部关系的影响，那么雇主会选择样貌丑陋的应聘者吗？统计表明，大部分雇主是不选择样貌丑陋的求职者的。选择不太会或不会的雇主比例占到了总数的 82%"❸。

---

❶ 沈阳晚报：《荒唐！女孩求职遭拒，因为她是"双鱼座"》，http://www.cztv.tv/folder188/folder195/2014-09-26/61346.html.

❷《女被嫌矮胖，上班 7 天被炒》，http://www.appledaily.com.tw/appledaily/article/headline/20110717/33532550/applesearch/%E5%A5%B3%E8%A2%AB%E5%AB%8C%E7%9F%AE%E8%83%96%E4%B8%8A%E7%8F%AD%E5%A4%A9%E8%A2%AB%E7%82%92.

❸ 赵耀：《中国劳动力市场雇用歧视研究》，首都经济贸易大学出版社 2007 年版，第 83 页。

3 实证解读：女大学生就业中的隐性性别歧视现状

表 3－8　您的就业/实习过程中，是否遭遇过隐性性别歧视（N=1680，%）

		频率	百分比	有效百分比	累积百分比
有效	A 是	613	36.5	36.5	36.5
	B 否	1067	63.5	63.5	100.0
	合计	1680	100.0	100.0	

资料来源：根据本课题组 2013—2015 年女大学生就业中的隐性性别歧视调研数据统计。

表 3－9　您所遭遇到的隐性性别歧视现象有_____（身形歧视）（N=1680，%）

	频率	百分比	有效百分比	有效累积百分比
未选中	1467	87.3	87.3	87.3
选中	213	12.7	12.7	100.0
合计	1680	100.0	100.0	

资料来源：根据本课题组 2013—2015 年女大学生就业中的隐性性别歧视调研数据统计。

表 3－10　您所遭遇到的就业隐性歧视现象有_____（容貌歧视）（N=1680，%）

	频率	百分比	有效百分比	有效累积百分比
未选中	1406	83.7	83.7	83.7
选中	274	16.3	16.3	100.0
合计	1680	100.0	100.0	

资料来源：根据本课题组 2013—2015 年女大学生就业中的隐性性别歧视调研数据统计。

表 3－11　您所遭遇到的就业隐性歧视现象有_____（血型、星座歧视）（N=1680，%）

		频率	百分比	有效百分比	累积百分比
有效	未选中	1636	97.4	97.4	97.4
	选中	44	2.6	2.6	100.0
	合计	1680	100.0	100.0	

资料来源：根据本课题组 2013—2015 年女大学生就业中的隐性性别歧视调研数据统计。

表 3-12　您所遭遇到的就业隐性歧视现象有_____（年龄歧视）（N=1680，%）

		频率	百分比	有效百分比	累积百分比
有效	未选中	1531	91.1	91.1	91.1
	选中	149	8.9	8.9	100.0
	合计	1680	100.0	100.0	

隐性婚育歧视是女大学生在就业中遇到的比例较高的性别歧视问题。在劳动力市场上，婚育歧视的隐性化趋势越来越明显。很多雇用方不会直接以女性婚育的情况为由拒绝录用或者晋升女性，但是会在得知具体信息后采取多种措施限制或者禁止录用、升迁即将结婚产子的女性。许多本科女生为了提高自己在市场上的含金量，加入了考研的行列，但在求职过程中有些女研究生并不如本科生好就业。

访谈中 Z 女士就谈道："我为了努力学习，考取名牌大学的优势专业的研究生，一直没有考虑过个人婚育问题，就是为了能在求职中更具有优势，可是万万没想到我通过层层面试筛选，面试官不论对我的学历、专业、实习经验以及个性素质都很满意，最后在得知我还未婚没有孩子后就以我不适合该岗位为由拒录我。"

在面对隐性婚育歧视的巨大压力下，有的女大学生也不得不"隐婚"，访谈中 W 女士与其丈夫在去年 6 月份就领取了结婚证书，但至今不能公开举行婚礼并公布婚讯，原因是她在面试最后一关时，上司对其各项素质和资质均表示满意后也对她的婚育状况表示了"关心"：希望她能够入职后一心扑在工作上，不要急于进入婚姻，成为母亲。最后 W 女生向上司表态保证至少 3 年内不结婚生子后才正式录用她。所以她与其丈夫不得不在未来 2 年内还将处于"隐婚"状态中。

访谈中 Z 女士是一位刚刚通过实习期考核的优秀员工，在其上报怀孕消息后，公司之前对其实习工作赞赏有加的态度立刻开始翻转，不仅要其提交孕期检查的病历原件，还要检查所有计生证、准生证、户口本等证件原件。同时采用了多种恶劣方式希望 Z 女士能够"识趣"地自动辞职。例如，对她下达多个任务单，对她进行业务能力考试，要求同事对她的工作业绩进行评估，凡有一项不合格者，就只能拿到最基本的 1500 元工资等。导致 Z 女士出现了先兆流产的迹象，不得不住院保胎治疗。据业内人士透露，银行系统内要求女职员在一定期限内不得怀孕已成为不成文的规矩。

表3-13 您所遭遇到的就业隐性歧视现象有_____（婚育歧视）（N=1680,%）

	频率	百分比	有效百分比	有效累积百分比
未选中	1317	78.4	78.4	78.4
选中	363	21.6	21.6	100.0
合计	1680	100.0	100.0	

资料来源：根据本课题组2013—2015年女大学生就业中的隐性性别歧视调研数据统计。

表3-14 不同专业遭遇隐性性别歧视情况（N=1680,%）

您的专业类别是	您的就业/实习过程中，是否遭遇过隐性歧视	
	是	否
哲学类	62.4	37.6
经济学类	27.3	72.7
法学类	48.9	51.1
教育学类	15.8	84.2
文学类	40.7	59.3
历史学类	47.6	52.4
理学类	39.1	60.9
工学类	28.6	71.4
农学类	68.4	31.6
医学类	34.2	65.8
军事学类	0	100
管理学类	26.8	73.2
其他	40.6	59.3

资料来源：根据本课题组2013—2015年女大学生就业中的隐性性别歧视调研数据统计。

专业歧视叠加隐性性别歧视后的负面累积效应成为女大学生就业的多重桎梏。从理论上说，专业歧视是不存在的，因为每个专业都有其存在的理由，都有其发展的必要。但是，由于市场需求、国家政策和学校专业发展计划等原因，又确实存在对某些专业的歧视，这种歧视往往以学校对不同专业的区别对待。这种区别对待不仅表现在硬件方面，还表现在软件方面（政策倾向、校园文化的导向等）、包括强势专业师生的优越感和弱势专业师生的自卑感等形式表现出来。在不同的历史时期,由于经济社会发展和产业结构调整,就业市场对专业人才的需求是不一样的。某些专业人才在一个时期供不应求,而在另一时期则供大于求。这样就使得人们在选择专业时必须考虑市场需求,否则难以顺利就业。❶ 在我国,高考的志愿填报在某种程度上反映了市场需求对专业选择的影响。如前所述,伴随国家招生政策的调整,从普通高中直到博士研究生等各年段的女性学生比例这些年呈现稳步上升的态势,并且传统"女性罕见"的理工科专业和理工科院校近年来也录取了大量女性学生,且收录人数得到快速增长。数据似乎说明"女性不适合读理工科"的论断正在被打破,但在理工科女大学生的就业过程中遭遇的隐性性别歧视事实证明,专业歧视不仅存在,而且专业歧视叠加性别歧视后的差别待遇对女大学生造成的负面累积效应是很严重的。《2011年工资统计年报》显示,女性就业仍然多集中在家庭角色的社会延伸领域,如卫生(61%)、教育(51%)、文化(43%)等,或集中在对体力要求相对较低的行业内,例如金融(51%)、批发(48%)、服务(43%)等。而在传统意义上男性占优势的领域中,如建筑(12%)、采矿(19%)、交通(27%)、电力(29%)等,女性的比例仍然非常低。❷ 表3-14显示,不同专业遭遇隐性性别歧视的调查中,按照受歧视的遭遇频率高低依次为:农学类68.4%,哲学类62.4%,法学类48.9%,历史学类47.6%,理学类39.1%,医学类34.2%,工学类28.6%,经济学类27.3%。

在该调查中,我们同时关注(1)"热门专业"的女大学生和"非热门专业"的女大学生;(2)主观的是否受到隐性性别歧视的判断指标(比如,"雇主是否在招聘过程中有隐性性别歧视的行为或语言")和较为客观的是否受到隐性性别歧视的判断指标(即招聘方是否要求女大学生提供和工作性质无关的婚姻、孕育、家庭等个人隐私情况)。招聘方是否要求女大学生提供和工作性质无关的婚姻、孕育、家庭等个人隐私情况是个体是否遭遇隐性性别歧视的一个非常敏感的指标,尤其是对因为身形、样貌、婚育状况被歧视进而应聘失败的女大学生而言。

---

❶ 李俊、郑卫东主编:《社会研究方法的思考与实践》,上海人民出版社2009年版,第88页。
❷ 联合国妇女署:《关于就业与性别,你不可不知的真相》,http://mp.weixin.qq.com/s?__biz=MzA4ODQ4MDg4MA==&mid=2648994207&idx=1&sn=36aca0cd92fb3b68f9995fbda18b7427&scene=1&srcid=0909L4wELqYC4WcbqW5ub78e#rd.

在深度访谈中,当我们问及女大学生对专业是否存在"热门"与否的看法时,一个普遍的反应是,"专业肯定有热门与不热门的区别啊,好专业当然更容易就业!"当进一步询问在专业同样的情况下,女性大学生和男性大学生是否会面临不同的就业歧视状况,结果只有少数的男性被访者认为,"应该还是会有不同的吧";而大部分的女性被访者都认为,"女生肯定不如男生好就业啊,就算是女生读了非常热门的理工科专业,面试时很多雇主还是会从侧面了解你的各种婚育啊、年龄情况来判断女生能不能最大限度地为公司做贡献"。即使不存在专业限制的岗位类别,在专业成绩、综合素质和实践能力都相当优异的理工科的女生,往往在求职时的竞争力还是不如男生。❶ 而且,部分用人单位会给出相当委婉的解释,"比如,全是女老师不利于孩子们的身心健康发展;女记者不适合进行有危险的采访任务;需要平衡员工的性别比例等等"。我们发现,女大学生的年龄越大、教育程度越高,其受到的隐性性别歧视概率可能越高,探究其中的原因很重要。

第三,薪资歧视依然是女大学生遭遇的较为严重的性别歧视问题。薪资歧视,即女性通常遭遇的同工不同酬、福利待遇的差别对待。尽管《消除就业歧视和职业歧视公约》规定了"不论男女,同样价值的工作都应该享有同等报酬(包括福利)、平等待遇的权利,在平定工作的表现方面,享有平等待遇的权利"等同工同酬的标准,但事实上,同工同酬作为一个国际通行原则也仅仅是挂在墙上的"装饰性"制度和约定而已,在具体实施层面可谓任重而道远,而且各国的实施状况更是存在着明显的不同与差异。例如,法国高管女性收入平均低于男性 21.8%;澳大利亚高管男女工资差异高达 65%~90%;英国女性 CFO 平均薪酬低于男性 16%。❷ "血淋淋"的数字不无辩驳地昭示着,男女同工同酬的愿景还远未实现,男女同工不同酬的问题在高管群体中表现得尤为突出,并且呈现出职位越高男女报酬差距越大的趋势。此外,全球 2015 年女性的平均年收入仅相当于男性 10 年前的水平,而男性的平均收入将近女性的两倍。

---

❶ 张莉莉、甄红慧:《理工科女大学生专业学习的困境及分析》,《清华大学教育研究》2011 年第 5 期,第 74 页。
❷ 网易新闻:《男女同工同酬说易行难》,http://news.163.com/15/0310/18/AKC75HR300 014AED.html。

全球人均年收入的男性与女性对比情况如图3-3所示。

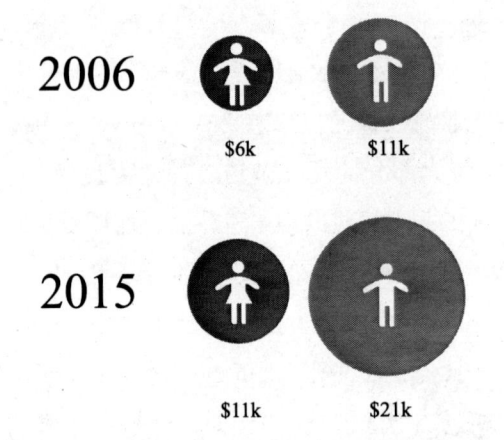

2006　　👩 $6k　　👨 $11k

2015　　👩 $11k　　👨 $21k

图3-3　全球人均年收入的男性与女性对比情况

资料来源：世界经济论坛《2015年全球性别差距报告》。

表3-15　2002年企业单位年平均工资水平的性别差异情况[1]

部分行业	平均工资（元）女	平均工资（元）男	女性平均工资是男性平均工资的百分比（%）
农、林、牧、副、渔业	12177	14002	87.0
采掘业	8578	11488	74.7
制造业	13544	16652	81.3
电力、煤气及水的生产和供应业	16665	18912	88.1
交通运输仓储及邮电通信业	17993	20895	86.1
批发零售贸易和餐饮业	13385	16705	80.1
房地产业	23186	27437	84.5
社会服务业	17336	23267	74.5
其他行业	13937	17141	81.3

资料来源：劳动和社会保障部提供。

我们国家的女性也面临同样的问题，数据显示（见表3-15），在不同的行业中，男女同工不同酬成为一种残酷的现实。而且现实中，由于薪酬问题涉

---

[1] 引自国家统计局人口和社会科技局：《中国社会中的女人和男人——事实和数据（2004）》，中国统计出版社2004年版，第51页。

及个人隐私，加之不同岗位、入职年限和行业的诸多复杂因素，男女的薪酬差异往往是隐性非公开的。因此，很多涉及性别歧视的薪酬差异案件往往是当事人由于特殊事件或意外情况得知后而提出救济诉讼。这也恰恰反映出女性就业中隐性性别歧视问题的复杂性。很多人把这种收入不平等归结为男女的教育资历不同，认为男性所受的教育程度普遍高于女性，所以女性收入偏低，但是根据劳动和社会保障部2002年进行的企业单位年平均工资水平收入统计数据显示，男女的同工不同酬存在于各个学历层次中，如表3-16所示。

表3-16 2002年不同受教育年数的女性与男性年平均收入情况[1]

受教育年数分组	平均年收入（元）		受教育年数分组	女性年平均年收入是男性平均年收入的百分比（%）
	女性	男性		
6年以下	2681.87	5212.62	6年以下	51.45
6—9年	4554.23	6469.28	6—9年	70.40
9—12年	6585.00	9091.94	9—12年	72.42
12—16年	9430.32	13237.24	12—16年	71.24
16年以上	10455.61	12948.34	16年以上	80.74

资料来源：劳动和社会保障部提供。

从纵向角度考察，随着受教育年限的增加，男性和女性的收入都在增加，即收入与受教育年限大致呈正相关，这似乎为我们描绘了一幅男女收入平等的美好图景，但事实上则不然，从横向角度考察，在任何教育阶段，男性的收入总是高于女性，而且随着教育年限的增加，两者的收入差距也在增加，即两者收入差距的鸿沟在扩大化。教育差距在缩小，但是由于女性和男性在正规教育和劳动力市场中持续获得的技能类型不同，女性和男性之间仍然存在着重大的差异。有限的证据显示教育经历的性别差异先是转化为就业的性别差异，并最终转化为生产率和收入的性别差异。有分析认为，无论是毕业证书或学位证书，大学学位的确大大增加了女性和男性的就业机会。但是对女性而言，大学学位只是进入公共领域工作的"敲门砖"，对男性而言，大学学位似乎打开了

---

[1] 引自国家统计局人口和社会科技局：《中国社会中的女人和男人——事实和数据（2004）》，中国统计出版社2004年版，第51页。

就业机会的选择板。[1] 即使对同一专业的男性和女性进行比较，行业分割依然存在，这表明教育经历的性别差异只是问题的部分症结所在。因此，在社会整体收入差距的讨论中除了不同阶层的收入差距问题外，更要关注收入的性别差距问题，探讨女性形成和积累社会资本的特有路径和有效方法。

在访谈中，作为合资企业人事经理的 S 女士谈到男女的薪酬问题，"在企业，对不同类型的岗位都有相对应的薪资级别和范围，相同的职位和岗位间男性和女性的薪资范围是一致的，这个不存在性别差异。例如，在我们行业，普通技术岗位在二线城市的基础薪资，不论男女都在 3000~4000 元，管理岗位的基础薪资不论男女，都在 10000~20000 元。但关键在于，作为上级，在确定同样岗位和职务上，男性和女性的工资水平到底是取薪资范围的上限还是中位数，或者是下限，这个是有显著区别的。我所经历的企业和人事薪酬认定过程中，同样岗位和职务的男性薪资普遍高于女性。而且，作为个人隐私，同样身为财务经理的男性和女性只能大概知道财务经理的薪酬范围在哪个区间，但是，具体是拿到 35000 元，还是 45000 元的差别，作为个体是肯定不知道的。可是，你要知道，这个范围间的收入差距可以是很大的。"

民营企业人事经理 D 女士对于女大学生就业中的隐性歧视问题有不同的解读，"我所从事过的民营企业中，在男女的工资薪酬方面并没有显著的性别差异，相反，欧美企业中的这种薪资上的性别差异还是很明显的。在民营企业我感觉越往企业高层走，歧视确实是越隐性化，突出表现在于，男女高层的薪酬没有差别，但是在考核合适的晋升人选过程中，女性候选人需要比男性候选人更优异、更厚重的资历和成果才可能获得高层的晋级资格，即女性需要付出多倍的努力、取得多倍的业绩才可能获得晋级。从这个层面来说，高层薪资的平等恰恰掩盖了女性在就业过程中遭受的性别歧视，而这种隐性的歧视意味着女性更难在维权中获得救济和帮助"。

第四，晋升中的"管漏"与"蜂后"问题成为女大学生就业隐性歧视的深层次症结。不论在什么行业，越往高处走，女性数量越少。女性在通往高层的途中一路流失、离去，这样的状况被称为"管漏现象"。即使是在女性入学

---

[1] 世界银行：《2012 世界发展报告：性别平等与发展》，清华大学出版社 2012 年 11 月版，第 220 页。

比例不断提升的现代高等教育领域，到了博士阶段，女生比重降至不到四成。只是媒体报道多选择性无视，一味喟叹女生太多，"阴盛阳衰"。

访谈中 A 女士谈到晋升中的隐性性别歧视问题："我毕业后就在这家公司就职，一直由我负责的项目，拿到了省里的特等奖。可是男上司把以'青年优秀人才'身份晋升的机会给了项目组唯一的男性。让我感到特别不公平的是，我当初完全是出于对工作的热忱和执着来负责运营这个项目的。我后来才听说，那位男性是临时被上司说动加入这个项目，当时上面给他的许诺就是，拿到奖以后就以'青年优秀人才'的机会晋升，而给我的理由居然是我还需要进一步的锻炼和考验。我常常觉得在这个由男性主导的社会，女性的话语权仍然很弱。"

同时，在访谈中我们发现，女性与男性受访者对性别歧视的感知状况存在较大的差异。当被问及是否感受到存在性别歧视时，两性的态度迥异。以学术科研机构的调查为例，在女性受访者认为受到歧视的同时，男性受访者却表达了截然不同的观点，即绝大多数男性并不认为男性歧视女性，并有超过八成的男性认为自己不存在歧视女性的行为与言语。研究者们推断，性别歧视并非明文规定，而可能是以较为隐蔽的方式存在。[1]

在社会整体氛围之外，受访女性认为学术机构内性别歧视的最大来源就是对她们学业和职业发展起到举足轻重作用的导师和领导，其次则为同学和同事。研究还调查了导师对男生和女生的工作能力及热情的看法，结果发现，男性教授们对男学生存在明显的偏向性，认为男生能力强、热情高的比例远远超过女生，只有不到四成的男教授认为不存在性别差别。[2] 如图 3-4 所示。

---

[1] 参见熊婧：《性别歧视让学术圈女性严重流失——中国学术圈的"管漏现象"》，女权之声微信公号，http://mp.weixin.qq.com/s?__biz=MjM5MzY0NjcOMQ==&mid=402276812&idx=1&sn=1960cfbffded5a786849108de3d0745e&scene=1&srcid=02191XecujBflTO LOvSg-bEe6#rd.

[2] 熊婧：《性别歧视让学术圈女性严重流失——中国学术圈的"管漏现象"》，女权之声微信公号，http://mp.weixin.qq.com/s?__biz=MjM5MzY0NjcOMQ==&mid=402276812&idx=1&sn=1960cfbffded5a786849108de3d0745e&scene=1&srcid=02191XecujBflTOLOvSgbEe6#rd.

| 女大学生就业中的反隐性性别歧视问题研究

男性受访者 / 女性受访者

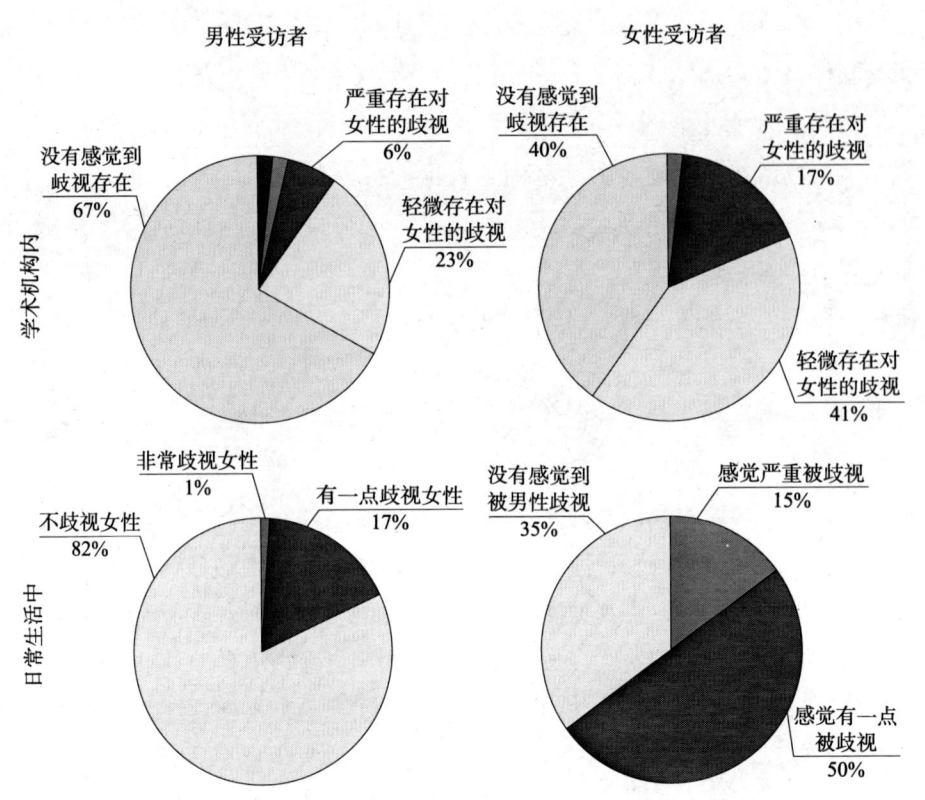

学术机构内：
- 男性受访者：没有感觉到歧视存在 67%，严重存在对女性的歧视 6%，轻微存在对女性的歧视 23%
- 女性受访者：没有感觉到歧视存在 40%，严重存在对女性的歧视 17%，轻微存在对女性的歧视 41%

日常生活中：
- 男性受访者：不歧视女性 82%，非常歧视女性 1%，有一点歧视女性 17%
- 女性受访者：没有感觉到被男性歧视 35%，感觉严重被歧视 15%，感觉有一点被歧视 50%

图 3-4　女性研究者在日常生活和学术活动中，多数感受到了性别歧视

资料来源：熊婧：《性别歧视让学术圈女性严重流失——中国学术圈的"管漏现象"》❶

尽管不断有杰出女性涌现，但一些数据呈现出令人沮丧的结论：女性杰出者并没有改变当今男权社会的本质。在大多数发达国家，女性都比男性在学校表现得要好，在《世界性别差距年度报告》中接受调查的 131 个国家里，有 90 个国家的女大学生数量超过男生，有 62 个国家的女性比男性在专业和科技类型的工作中所占数量更多，不过另外，在 76 个国家中，女性的职场平均收入只是男性的 70%，在 102 个国家中，公司中的男性中高层管理人员是女性的 2.4 倍，在所有受调查国家的政府部门中，只有瑞典和挪威的女性工作人员

---

❶ 参见熊婧：《性别歧视让学术圈女性严重流失——中国学术圈的"管漏现象"》，女权之声微信公号，http://mp.weixin.qq.com/s?__biz=MjM5MzY0NjcOMQ==&mid=402276812&idx=1&sn=1960cfbffded5a786489108de3d0745e&scene=1&srcid=02191XecujBflTOLOv Sg-bEe6#rd.

· 84 ·

3 实证解读：女大学生就业中的隐性性别歧视现状

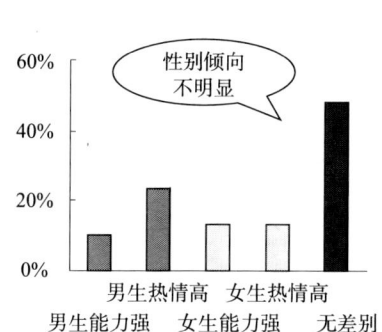

图3-5 男性导师存在明显的性别偏好，可能因此影响了女性的自我认知和职业选择
资料来源：熊婧：《性别歧视让学术圈女性严重流失——中国学术圈的"管漏现象"》❶

数量多于男性。❷ 而晋升歧视中的"蜂后"现象，恰恰是职场隐性性别歧视中最容易被忽略的一种。阻碍更多女性获得晋升和高职位的因素之一，有时候来自那些已经进入高层、拥有权力的女性。一旦女性进行企业高层，她的首选不是联合其他女性反抗不公平的体制，而是倾向于环顾四周有没有女性竞争者。因为处于企业高层的女性会对公司其他女性产生敌意，在男权公司里成长起来的她要努力使自己成为"蜂后"，并凭借自身的职位优势压榨其他女性员工而使她们成为自己的"工蜂"。由于这类女性内化了"在职场竞争中，男性比女性更有优越性"的观念，因此，她们更愿意与男性打交道，由此带来"蜂后"通常不会提拔"女性工蜂"的现象。另有研究显示，一旦某位女性获得了成功，尤其是在有性别偏见的环境里获得了成功，那么她的性别歧视的敏感度就会降低。❸ 实际上，已经成为精英领导阶层的女性管理者，可能会倾向刻意弱化自己的性别特色，不以女性管理者自居，害怕被贴上性别保护的标签，却让

---

❶ 参见熊婧：《性别歧视让学术圈女性严重流失——中国学术圈的"管漏现象"》，女权之声微信公号，http：//mp. weixin. qq. com/s? __biz = MjM5MzY0NjcOMQ = = & mid = 402276812& idx = 1& sn = 1960cfbffded5a786849108de3d0745e& scene = 1& srcid = 02191XecujBflTOLOv Sg-bEe6#rd.

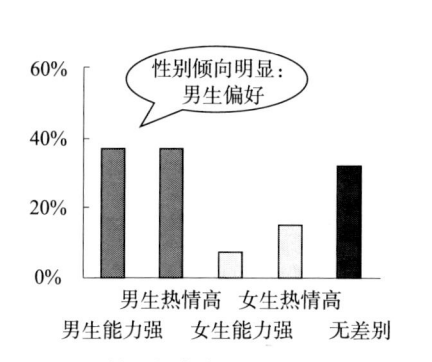

❷ 胡尧熙：《性是女人成功的捷径》，《新周刊》，http：//mp. weixin. qq. com/s? __biz = MjM5ODMzMDMyMw = = &mid = 2653160024&idx = 5&sn = 6465225aef4ae70219ef13586cffe9f8&scene = 1&srcid = 0816Eu7A0Cgg1zELCQJIBva0#rd.

❸ ［美］谢丽尔·桑德伯格著，颜筝译，曹定校译：《向前一步》，中信出版社2014年版，第184—185页。

·85·

剩下那85%被隐形天花板限制住的女性感到是因为自己的无能和不够努力、不会争取才没有获得成功，感到是自己不够值得。[1] 因此，如果在女性的职位晋升过程中提出反对意见的是另一位女性，那么就意味着她不是基于性别偏见吗？实际上，女性常常在无意中接纳了这种性别歧视，又继续向外传达出来，而且是以更加隐性不易被察觉和发现的方式进行歧视。在这一过程中，女性不仅是性别歧视的受害者，更是实施者。我国学者的部分研究也反映了相同问题，当女性中层管理人员比例很低的时候，所有女性在报酬上都受到压缩。当女性管理人员的比例提高到20%以上的时候，则该比例越大，该组织的女性所遭遇的与男性相比的不公平也越大。女性中层主管更倾向于帮助投资者和经营者"压缩"女工人，女性到中层岗位之后往往会排斥同性的晋升。[2]

3.2.3 后劳动市场中的隐性性别歧视

后劳动市场歧视是指离开劳动市场过程中由于性别歧视在社会待遇和保障方面的差别待遇，导致女大学生在后劳动力市场中面临客观的不利后果。而这一过程中女性在被解雇或退休时遭遇的与男性不平等待遇是通常最容易被忽视的性别歧视。由于女性占遭受不公平待遇的就业人群和低薪职业人群的大多数，缺乏经济保障和经济独立性使得女性异常脆弱。家庭调查显示，在75个国家中，有41个国家适龄就业女性比男性生活更为贫困。设计得当的财政、工资和社会保障政策，包括最低工资、家庭和子女津贴和养老金，可以成为减少贫穷、消除妇女社会经济劣势，保证她们获取最低生活保障权的强有力工具。[3] 我国女性遭遇的后劳动力市场歧视最突出的问题主要表现在两方面。

其一是女大学生在入职后由于怀孕生子而被解除劳动合同，退出劳动市场时遭遇的不公平对待。怀孕并非生病，怀孕生子是只有女性才会经历的情境，所以因女性怀孕而与男性有不同的待遇，即是性别差异而为的歧视。雇主以女

---

[1] 张玮轩：《你们那么关心AI打败了人脑，为何对女人一直被压制视而不见》，http://mp.weixin.qq.com/s?__biz=MjM5MzY0NjcOMQ==&mid=403724439&idx=1&sn=f9324a87a887bf90c22410b55a142f26&scene=1&srcid=0316cZWAUuIWMFGab0e8SqpU#rd.

[2] 李春玲、石秀印、杨宜：《性别分层与劳动力市场》，中国社会科学出版社2011年版，第191页。

[3] 联合国妇女署：《世界妇女进程报告2015—2016》，http://mp.weixin.qq.com/s?__biz=MzA4ODQ4M.

性怀孕会增加其成本负担为由而解雇女性的行为构成直接性别歧视是各国反歧视法律中的相关禁止性规定。但尤其需要关注的是，在资料案例的收集和实地调研中我们都发现，目前后劳动力市场的怀孕歧视大都属于隐性性别歧视。原因在于，根据隐性性别歧视的界定，一个看来中立的规定、标准或做法将一种性别的人和其他人或者其他性别的人相比较时置于不利的境地，除非该规定、标准或做法有一个合法的解释并且实现该目标的方法是必须且适合的，否则就是隐性的性别歧视。在目前相关法律制度逐渐健全的情况下，多数雇主并不会直接以女性怀孕为由辞退该职员，而多半是采用将怀孕女性调配到较低薪酬的职位，制定各种看似中立但是对孕期女性显著不利的制度或者在女性休完产假后借故将其解雇，由于怀孕而解雇女性的各种看似中立的制度和行为都属于隐性的性别歧视。

我国香港地区通过《性别歧视条例》第 8 条详细规定了在雇用范畴对怀孕女性的歧视。"任何人如（a）基于一名女性的怀孕而给予她差于他给予或会给予非怀孕者的待遇；或（b）对于该女性施加一项要求或条件，虽然他同样地对或会对非怀孕者施加该项要求或条件，但（i）怀孕者能符合该项要求或条件的人数比例，远较非怀孕者能符合该项要求或条件的人数比例为小；（ii）他不能显示不论被施加该项要求或条件的人是否怀孕，该项要求或条件是有理由支持的；及（iii）由于该女性不能符合该项要求或条件，以致该项要求或条件是对她不利的，即属在就第Ⅲ或Ⅳ部任何条文而言是有关的情况下，歧视该女性。"❶ 从现实的案例来看，由于怀孕导致的后劳动市场隐性性别歧视主要表现为女性由于怀孕及产假而被企业以各种貌似合理的行为和理由辞退后，给怀孕女性造成的物质损失和感情伤害。保护孕妇甚至成为有些用工单位堂而皇之的旗号，事实上却降低怀孕女性员工的职务与待遇，最后借由一些蓄意制造的理由将其辞退。轰动一时的国家商务部与唐女士诉讼案就是这种情况的典型。2004 年 7 月初，刚刚大学毕业的唐女士在老家办理了婚姻登记，随后在 8 月进入商务部人事教育劳动司办公室工作。在 11 月的例行体检中，唐女士得知自己怀孕，经过和丈夫的商量，他们决定生养孩子并向单位领导如实

---

❶ 林燕玲、刘小楠、何霞：《反就业歧视的案例与评析——来自亚洲若干国家和地区的启示》，社会科学文献出版社 2013 年版，第 59 页。

汇报，以争取计划生育指标。而单位以其在填写单位录用登记表上，在婚姻的选择栏里选填的是未婚，因此认定唐女士与单位签订的试用协议约定时就对组织"不诚实"弄虚作假，不符合公务员条件为名，取消其公务员试用资格。❶而女性由于在孕期或者刚刚生产后要照顾孩子，往往没有足够的时间、精力，也没有合适的帮扶机构助其维权，常常在被迫退出劳动力市场后需要花费相当长的时间才可能重新找到新的工作，这期间的薪酬、社保损失和造成的心理伤害是隐性且长期的。

其二是男女的退休年龄不一致。我国的退休政策制定于1951年，基于社会主义制度所要求的"劳动光荣""多劳多得""按劳分配""妇女解放"的价值目标，本着社会主义制度尊重、照顾和保护"不同生理特点"的女性优越性，政府制定了女性早于男性5～10年退休的差别退休政策。❷在现行的养老保险制度中，针对不同性别的退休年龄的不一致规定看似是保护女性的倾斜性政策，实则造成了对于女性不利的差别对待的后果。主要表现在，伴随着女性进行更高学历的学习和深造，越来越多的女性进入劳动市场的时间较晚，养老保险的缴费年限自然就短，而女性又比男性提前退休，这些晚就业且同工不同酬又提前退休的女性未来领取的养老金数额要远远低于男性。劳动者退出劳动市场后的状况有赖于就业的收入基础，以及社会保险的投保状况。按我国的情况，养老保险按工资比例缴纳，退休以后的领取情况差异性较大。女性一般没有男性工作时间长，职位也低，加上退休一般又较男性早五年，而寿命又较男性长，部分退休女性的贫困化是后劳动力市场歧视的结果之一。我国1978（104）号文件规定，工人退休年龄男55周岁，女50周岁；国家干部男60岁、女55岁。2006年1月1日开始实施的《中国公务员法》没有直接规定男女的退休年龄，在该法第十四章的第八十七条，"公务员达到国家规定的退休年龄或者完全丧失工作能力的，应当退休"。在第八十八条，"公务员符合下列条件之一的，本人自愿提出申请，经任免机关批准，可以提前退休：（一）工作年限满三十年的；（二）距国家规定的退休年龄不足五年，且工作年限满二十

---

❶ 张卉：《女公务员怀孕后被取消录用资格，状告商务部索赔》，http://news.sina.com.cn/c/2005-03-29/09305496088s.shtml.

❷ 刘小楠：《反就业歧视的策略与方法》，法律出版社2011年版，第289—383页。

年的；(三) 符合国家规定的可以提前退休的其他情形的"。❶ 公务员法回避直接规定男女退休年龄的做法，尽管消除了关于男性和女性退休年龄上的制度歧视，但由于在我国自 1949 年以后，男女的退休年龄历来不统一的退休制度已经实施长达半个多世纪之久的事实，公务员法中的回避年龄规定，看似是中立的做法，极有可能变成事实上对于女性退休年龄依然执行先于男性退休年龄的客观区别对待后果，也就是退休问题上的隐性性别歧视。

中组部和人社部在 2015 年 3 月下发通知：党政机关、人民团体中正副县处级及相应职务层次女干部，事业单位中任党务、行政管理的相当于正副处级女干部、具有高级职称的女性专业技术人员，年满 60 周岁退休。❷ 然而，有关企业和事业单位干部、工人不同年龄退休的法律法规没有被废止，也即在企事业单位中不仅女性工人依然会比男性工人提前退休，女性工人和女性干部的不同退休年龄规定依旧有效。现在的职业女性普遍都是有着良好高等教育经历的女性，她们在经过长期辛苦的学习生涯之后就业时的年龄就是二十七八岁（女博士的年龄往往更大一些），再加上结婚生育，三十多岁正值工作经验的学习积累时期，而超过四十岁，具备了较好的工作管理能力却难以得到重用提拔，在有的企业为了提高经济效益，减轻就业压力，内部规定男女的提前退休年龄，将国家规定的退休年龄相应提前，个别企业的女性超过四十五岁就面临提前离岗，甚至在四十岁就要求其提前退休。而家庭、国家培养二十多年，有的工作时间甚至比受教育的时间还短，这是对优秀女性人才的极大浪费，既影响了女性的社会地位和政治地位，也影响了女性的家庭地位和经济收入。

3.2.4 面对女大学生就业中隐性性别歧视问题的态度与维权

在分析了女大学生就业中的先劳动力市场歧视、劳动力市场歧视和后劳动力市场歧视的具体情况后，为了进一步了解目前的就业群体对于就业中隐性性别歧视的态度和维权情况，我们从总体上对就业中隐性性别歧视问题的态度进行了描述性分析和 T 检验。

---

❶ 全国人民代表大会常务委员会：《中华人民共和国公务员法》，http：//www.law‐lib.com/law/law_view.asp? id = 91802.
❷ 中央政府门户网站：《中央组织部、人力资源社会保障部下发通知明确正副处级女干部60周岁退休》，http：//www.gov.cn/xinwen/2015-03/27/content_2839429.htm.

表3-17 对于就业中隐性性别歧视问题的总体态度的描述性分析和T检验结果

请选择您对以下观点的认可程度 1→5表示非常不同意→非常同意	t	df	Sig.（双侧）	均值	下限	上限
			检验值=3.0			
			差分的95%置信区间			
男性就业比女性容易	12.952	619	0.000	3.66	0.56	0.77
大部分用人单位对女性存在歧视	12.835	619	0.000	3.56	0.48	0.65
大部分用人单位不可能解决隐性歧视	11.968	619	0.000	2.91	0.44	0.62
女性应对就业隐性歧视只能默默忍受	-10.456	619	0.000	2.42	-0.69	-0.47
就业隐性歧视无法完全解决	-1.838	619	0.066	3.53	-0.19	0.01

资料来源：根据本课题组2013—2015年女大学生就业中的隐性性别歧视调研数据统计。

注：T检验中，本研究取中间值3为检验值，原因是本研究问卷设计为5点量表，最高分为5分，表示非常同意；最低分为1分，表示非常不同意；中间值为3分表示不确定。

表3-17的分析结果显示，从总体上看，就业过程中的大学生群体认为男性比女性就业容易的均值显著大于中间值3.0，在0.05的水平上是显著的；在大部分用人单位对女性存在歧视的认知上均值显著大于中间值3.0，在0.05的水平上是显著的；在大部分用人单位不可能解决隐性歧视的认知上和均值没有显著差异，略低于均值，在0.05的水平上是显著的，说明受访者认为用人单位应该是可以想办法解决隐性性别歧视问题的；在女性应对就业隐性歧视只能默默忍受这一观点的认知上，这一均值显著低于中间值3.0，在0.05水平上是显著的，恰恰说明受访者不认为女性在面临隐性性别歧视时只能默默忍受；在就业隐性歧视无法解决这一观点的认知上，均值显著高于均值，由于该问题采用的是单侧检验，因此比较p/2，即0.066/2=0.033，在0.05的水平上也是显著的，说明受访者对于隐性性别歧视问题的完全消解持保留态度。

在问及女大学生遭遇就业隐性歧视后的维权选择（见表3-18），不同文化程度的受访者在司法部门、政府机构、歧视者所在上级单位和投诉无门的选择上有较大的差异。本科文化程度的受访者对三类维权组织的选择均超过四成，但总体数据显示，大部分受访者都选择了求助于歧视者所在的上级部门。同时也有接近四成的受访者在面对隐性性别歧视时表达了投诉无门的无奈和尴尬。

表3-18 女大学生遭遇就业隐性歧视后的维权选择（多选,%）

	您的文化程度是_____			
	A 专科	B 本科	C 硕士	D 博士及以上
【多选】如果您遭遇到就业隐性歧视，您认为您可能会选择求助的部门是_____。司法部门	32.25	48.03	29.56	40.82
【多选】如果您遭遇到就业隐性歧视，您认为您可能会选择求助的部门是_____。政府机构	22.58	40.42	28.30	36.73
【多选】如果您遭遇到就业隐性歧视，您认为您可能会选择求助的部门是_____。歧视者所在上级单位	54.84	49.61	55.35	57.14
【多选】如果您遭遇到就业隐性歧视，您认为您可能会选择求助的部门是_____。投诉无门	41.94	33.59	38.99	38.78

资料来源：根据本课题组2013—2015年女大学生就业中的隐性性别歧视调研数据统计。

在解决大学生就业歧视问题的路径选择中，如表3-19所示，有80.2%的受访者认为大众传媒的价值观导向是非常重要的。相关的法学专家也认为，新闻媒体在推动反歧视影响诉讼中扮演着举足轻重的角色，新闻媒体在全社会范围内推动"男女平等""反对男权"等舆论的形成，并通过传播学谓之"把关人"和"沉默的螺旋"等效应，最终促使男女就业平等观以及对女性就业者的人道主义关怀成为社会优势舆论。由此，即使法官裁定原告败诉，也需要衡量社会反映、政府形象等各方面的压力，由此在审判中形成对原告（被就业歧视的女性）的有利情景。其后的排序分别是建立反歧视机构或维权组织（69.0%），制定反就业歧视法（68.5%），政府采取强制措施进行管制（53.1%），建立仲裁或司法救济途径（51.4%）和依靠受歧视者的联合（30.6%）。

表3-19 您认为在下列路径中,能够有效抑制大学生就业隐性歧视的有(多选,%)

	制定反就业歧视法	政府采取强制措施进行管制	建立反歧视机构或维权组织	建立仲裁或司法救济途径	通过大众传媒进行价值观引导	依靠受歧视者的联合
频率	1151	892	1159	864	1347	514
百分比	68.5	53.1	69.0	51.4	80.2	30.6

资料来源:根据本课题组2013—2015年女大学生就业中的隐性性别歧视调研数据统计。

表3-20 以下与就业相关的法律中,您所知道或了解的有_____ (多选,%)

	《劳动法》	《劳动合同法》	《就业促进法》	《妇女权益保障法》	《劳动争议调解仲裁法》	《劳动保障监察条例》	《女职工劳动保护规定》
频率	1344	1317	311	897	499	239	381
百分比	80.2	78.4	18.56	53.4	29.7	14.2	22.7

资料来源:根据本课题组2013—2015年女大学生就业中的隐性性别歧视调研数据统计。

如表3-20所示,大部分受访者对于就业相关法律的了解依然停留在《劳动法》(80.2%)、《劳动合同法》(78.4%)和《妇女权益保障法》(53.4%)上,与女性就业维权密切相关的《劳动争议调解仲裁法》(29.7%)、《女职工劳动保护规定》(22.7%)和《就业促进法》(18.56%)、《劳动保障监察条例》(14.2%)的认知度明显较低。而这一调研数据也是对我国当前法院受理案件的法律障碍没有完全排除,法院以案由不明确、无法律依据、侵权权利不明等理由对部分反歧视案件不予受理,使《劳动保障监察条例》《就业促进法》《妇女权益保障法》等有关禁止歧视的规定的救济停留在法律文本上的现状的另一种注解。

表3-21 您在就业过程中最希望得到的帮助是_____ (%)

	就业信息	就业岗位技能培训	就业维权培训	就业心理培训	维权的法律援助	其他
频率	1124	1312	934	764	1033	13
百分比	66.9	78.1	55.6	45.5	61.5	0.8

资料来源:根据本课题组2013—2015年女大学生就业中的隐性性别歧视调研数据统计。

如表3-21所示,女大学生在就业过程中最希望得到的帮助排名分别为:就业岗位技能培训(78.1%)、就业信息(66.9%)、维权的法律援助(61.5%)、就业维权培训(55.6%)和就业心理培训(45.5%)。实际上,女大学生在就业过程中，招聘单位在考虑到女性因为在人类繁衍生息中扮演的特殊社会角色，尤其是招聘环节会在一开始就因为性别而采用各种隐蔽的理由（岗位不合适，技能不达标等）拒绝录用女性，而不管女大学生工作能力有多强。有研究指出，当性别歧视案件的诉讼结果缺乏可预测性，当法律制度具有性别偏好，当法律行动者不合理地责罚原告而引起多重伤害，女性通常不愿意寻求法律帮助。然而，在访谈中我们也发现，尽管部分女大学生在遭遇隐性性别歧视时最终选择了沉默或者以离职的方式逃避歧视，也有很多的女大学生表示如果遭遇性别歧视，会先找相关部门和所属机构的上司处理，如果解决不了还是会尝试求助于不同的途径进行维权。有访谈对象就表示"个人的力量是很弱小的，即使是遭遇歧视的女大学生能联合起来进行维权也还是很困难的，但是自己的权益必须由自己来争取，如果轻易就放弃了，沉默了，逃避了，以后的歧视现象和问题只会越来越多，越来越严重，放弃维权就会助长歧视行为人和机构的嚣张气焰。虽然维权的过程会遭遇很多失败，但只有人人都加强维权意识，增加维权行动，整个社会才会不断进步，社会文化才会不断改善，相关的部门和机构才会不断完善和加强自己的工作职能"。

3.3 女大学生就业中的隐性性别歧视影响因素的 Logistic 模型分析

3.3.1 研究假设

如前所述，劳动市场中的隐性性别歧视主要为雇用歧视（雇用歧视又可以分为户籍歧视、年龄歧视、身高歧视、容貌歧视、学历歧视、婚姻状况歧视等）、薪酬歧视和升迁歧视，即在招募、升职过程中对女性的歧视而导致的同工不同酬、福利待遇的差别对待等。本课题组在问卷设计的过程中，加入了若干个能够反映女大学生受到隐性性别歧视的维度和程度的问题，其中的指标变量为多分类变量。为了能够从不同的角度出发，共同描述受访者在就业过程中遇到的隐性歧视现象，同时又能合理有效地将受访者在各个层面的实际情况综合起来评估出其受歧视情况，课题组采用了能够根据不同层面的重要程度来赋予其合理权重的层次分析法和主成分分析法来对女大学生就业中隐性性别歧视情况进行综合评价，这两种方法既有客观赋权法，又有主观赋权法，综合运用涵括主客观的组合评价，既弥补各自缺陷，又提高研究论证的效度和信度，最终提高分析的准确性与可靠性。层次分析法是一种将定性与定量相结合的分析方式，具有简洁性、系统性、可靠性等优点。为分析导致女大学生遭受就业隐性歧视的维度、程度及原因，需要首先找出遭受到该种歧视的女大学生群体。课题组经过预测和征求相关专家意见的基础上形成了正式的问卷评估系统，该系统中含是否签订正式劳动合同、薪酬给付标准、薪酬付给方式、单位是否帮缴社保、就业满意度五类指标。通过计算每位受访的女大学生在该指标系统下的加权平均分并从高到低进行排名，找出显著高于其他受访者的部分人，再对该部分受访者的共同点进行分析，从而最终找出影响女大学生就业隐性歧视的因素，并运用 Logistic 回归方法对下列因素进行分析。

3.3.1.1 政策与法律

1998 年，欧盟在第一份《就业指南》中强调加强性别平等政策，尤其是在共同就业政策的四项支柱框架中都明确地涉及性别主流政策[1]。宏观政策与法律规制是解决女性就业隐性性别歧视问题的首要推动力，能够为塑造良好的社会氛围与引导趋势提供合理的前提。上文提到，借鉴欧美国家及我国台湾地区提高推动性别平等的法律及司法体系公信力实践，不难发现当前我国政策法规尚不完善，而这亦是我国性别主流化推动进程中与发达国家产生差距的重要原因之一。此外，考虑到女大学生这一特殊的社会群体，政策法规不仅仅涉及就业一环，也指向教育方向、培养方向以及发展取向等多个领域的公共规制。

研究拟定假设 H1a：公共规制越匮乏，女大学生就业中遭遇的隐性性别歧视越强。

3.3.1.2 人力资本的性别特征

我国性别偏好的社会根源集中显示为性别刻板印象。关于刻板印象的内涵，法国社会心理学家古斯塔夫·勒庞认为，"群体的基本观念，因为环境、

---

[1] 王辉：《欧盟女性就业政策透析》，《中华女子学院学报》2007 年第 2 期，第 78 页。

遗传规律和公众意见而具有极大的稳定性"。❶ 自"译介西学以开民智"以来，学界逐渐意识到，中国女性常常因其自身的生理或心理因素而被认为不适宜或不应该从事某项劳动或职业，往往被社会冠以"畏惧""软弱""消极"等性格标签。根深蒂固的刻板印象在女性就业过程中造成的最大阻碍就是"无意识偏见"（unconcious bias）。所谓"无意识偏见"，指的是在招聘、晋升等过程中由于一些无意识的偏好、习惯形成的偏见。例如，一个中年男性招聘主管可能因为想招一个和其年龄资历相仿的男性职员，而拒绝了一个能力差不多甚至更好的年轻女性求职者，这未必是故意歧视这位女性求职者，但属于典型的"无意识偏见"。许多观点认为，职场中的男性比例高，高管中的男性比例高，固然有这些男性表现优秀的原因，但也有"更愿意招聘与自己性别相似的人"的因素在内。他们认为这是不合理的，这让很多优秀女性和少数族裔未能与主流群体享有平等的招聘、晋升机会。在就业招聘过程中排除性别的"无意识偏见"，不仅是"正当的"，而且是一个"有好处"的决策。因此，在本就具有重男轻女态度的社会背景下，劳动力市场及用人单位出于自身利益回报的考量，加之性别"无意识偏见"而更偏好男性这一价值取向则从事实上加重了女大学生就业过程中遭遇的隐性歧视问题。

研究拟定假设 H1b：人力资本的性别特征越强，女大学生就业中遭遇的隐性性别歧视越强。

3.3.1.3 雇用方的社会性别意识

雇用方的社会性别意识涉及女大学生就业隐性性别歧视这一问题主要体现在三个方面，一是用人单位的社会责任。用人单位的根本目的在于利润，往往习惯于将已处于弱势的女性作为自身降低招聘成本的牺牲品，并借由法律的不完善摆脱性别歧视的处罚与谴责。二是社会 NGO 组织的作用程度。NGO 组织以"权利"与"公益"这两个核心观念为导向，凭借其独特且自由的维权组织运作模式与合理的事件曝光、团体咨商，协助政府等途径使全社会范围内构建性别平等观念成为可能。但由于其缺乏有力的外界保障，使其一旦遭受阻力，作用将微乎其微。三是女大学生的维权力度及效果。波伏娃曾从文化的因

---

❶ Gustave Le Bon. The Crowd: A study of popular mind. Authorhouse. 2008.

素解读女性角色被塑过程，为女性的自我发展建立另一种可能的向度。[1] 女大学生作为易受侵害群体，是否能够摆脱社会刻板印象而进行维权运动，是就业隐性歧视问题能否解决的重要一环。

研究拟定假设 H1c：雇用方的社会性别意识越弱，女大学生就业中遭遇的隐性性别歧视越强。

3.3.2 模型阐释

本研究关于劳动市场中女大学生隐性性别歧视的假设认为，是否遭遇就业隐性歧视以及遭遇何种程度的隐性性别歧视可能会由多种原因多种情况所决定。因此问卷设计采用多项式答案，且采用多项 Logistic 回归方法进行分析。多项 Logistic 回归采用最大似然估计法，接受分类变量为被解释变量，最终分析结果以事件发生概率作为显示。其回归模型如下：

$$\operatorname{Ln}\left(\frac{P_j}{P}\right) = \beta_0 + \sum_{i=1}^{k} \beta_i x_i$$

式中，第 j 类为参照类，P_j 为被解释变量为第 j 类的概率，P_j 为被解释变量为第 j 类的概率。本研究中被解释变量有 2 类，则需建立 1 个模型。研究采用 SPSS17.0 进行多项 Logistic 回归分析。

此前，学者普遍认为应从个人认知（Candida. G. Brush，2007）、社会资本（组群英，2004）、人力资本（刘欣然、马祖蕾，2013）、劳动力市场（李国栋，2010）、企业战略选择（王慧轩、赵利，2010）等多个视角进行该问题的原因探析。在父权制主导的社会性别体系中，公共规制的不完善加剧了女性劳动预期低，导致工作回报期限短（张伉私，2004）；进而在"人是一种可开发的资本形式"的概念下产生了企业战略选择——当利润作为企业存在的唯一目的时，减少女性职员的录入可有效地降低企业录用成本（张军民，2006）。此外，刻板印象与归隐和评价偏见（于超，2010；Williams. JE. RC. Satterwhite. 1999）亦能导致女性遭遇隐性歧视的就业困境。因此，研究上述三个变量的具体指标分别包括 a1. 合同签订状况；a2. 保险签订状况；b1. 年龄；b2. 专业；b3. 婚育；b4. 政治面貌；b5. 毕业院校水平；c1. 行业类型；c2.

---

[1] 林丽珊：《女性主义与两性关系》，五南图书出版公司2001年版，第176页。

工作单位类型共计九个影响因素。

3.3.2.1 似然比检验

研究采用向前进入法筛选解释变量，从原有的九个变量中保留了显著性较好的七个，显示被剔除的政治面貌、保险签订状况两个变量与是否遭遇就业隐性歧视并无显著关联。表3-22显示了模拟拟合检验的伪R方数值，数值大于0.5，说明此次模拟拟合结果整体而言较为理想；表3-23显示了所有解释变量的似然比检验结果，当显著度越小时，其拟合程度就越好。

表3-22 模拟拟合检验的伪R方数值

伪R方	
Cox and Snell	0.585
Nagelkerke	0.787
McFadden	0.646

资料来源：根据本课题组2013—2015年女大学生就业中的隐性性别歧视调研数据统计。

表3-23 解释变量的似然比检验结果

类别	因子	-2倍对数似然值	卡方	自由度	显著度
	截距	187.340a	0.000	0	0.000
公共规制	劳动合同	193.380	6.040	1	0.014
雇用方特征	行业类型	257.227	69.887	2	0.000
	单位类型	206.702	19.361	1	0.000
人力资源社会性别特征	年龄	191.402	4.062	1	0.044
	专业	208.446	21.106	1	0.000
	毕业院校	219.845	32.505	1	0.000
	婚育	422.754	235.414	1	0.000

资料来源：根据本课题组2013—2015年女大学生就业中的隐性性别歧视调研数据统计。

3.3.2.2 参数估计

表3-24显示了拟合模型的具体参数值，表明不同解释变量在显著水平上的差异以及对是否遭遇就业隐性歧视这一被解释变量的作用力度与方向。

表 3-24 拟合模型的参数值

		B	Wald	自由度	显著度	Exp（B）
	截距	-0.387	0.231	1	0.631	
公共规制	签订劳动合同（对照组：未签订）	1.580	5.443	1	0.020	4.853
人力资源社会性别特征	25 岁以下（对照组：25 岁以上）	-0.622	4.029	1	0.045	0.537
	文科类（对照组：理科类）	1.471	19.524	1	0.000	4.351
	211/985 院校（对照组：非 211/985 院校）	2.528	28.472	1	0.000	12.535
	未婚或已婚未生育（对照组：已生育）	-4.243	136.705	1	0.000	0.014
雇用方社会性别意识	传统行业、教育科研、卫生保健、社会工作（对照组：公共行政及防务）	2.720	35.735	1	0.000	15.184
	高新技术、商业、服务业、金融业（对照组：公共行政及防务）	-0.029	0.006	1	0.941	0.971
	国家机关、事业单位、国企单位（对照组：民营企业或外资企业）	-1.629	16.976	1	0.000	0.196

资料来源：根据本课题组 2013—2015 年女大学生就业中的隐性性别歧视调研数据统计。

数据显示，从签订劳动合同状况来看，依法签订合同的用人单位之中的女大学生员工遭受到的就业隐形性别歧视较轻，而相比之下，未签订劳动合同的用人单位则呈现出更多的就业隐性性别歧视行为。这是因为用人单位的企业责任担当程度不同时，其作为主体所发出的歧视行为程度也不同。二者相关，且用人单位企业责任意识越强，用人过程中隐性歧视女性求职者行为越弱。即验证假设 H1a：公共规制越弱，女大学生就业隐性性别歧视越强。

从人力资源的社会性别特征而言，年龄、专业、毕业院校、婚育状况四个变量均与是否遭遇隐性歧视相关，且后三者有相当强的影响。通过上表数据可以看出，年龄上以 25 岁为界，25 岁以下女大学生求求职者遭遇就业隐性性别歧视的概率远高于 25 岁以上求职者。这印证了在女性所遭到的就业隐形性别歧视问题中，以年龄处于 25 岁以下、女性大学应届毕业生群体受害尤甚。应届大学生的社会经验不足、工作履历较少等求职不利条件使用人单位更容易将"女性"这一生理属性作为排挤女大学生的潜在原因。与此同时，专业以及毕业院校水平也是影响女大学生是否遭遇隐性歧视的重要因素。数据显示，理科类专业女大学生相较于文史类，在就业过程中更容易遭受隐形性别歧视，这与社会刻板印象所认为的"男性更擅长于理工类职业"等观念有极大关联。同样地，毕业于非"211 工程""985 工程"院校的女大学生在同等条件下更易遭受隐性歧视，直接印证了学历层面的刻板印象对于女性求职带来的消极影响。此外，研究数据还表明，婚育状况对于当前女性求职至关重要。未婚或已婚未生育的女性求职者在求职过程中更易受到隐性歧视，中国传统道德伦理、文化观念决定着女性在家庭地位中担当的责任往往局限于家庭内部的和睦、亲属关系的维系等，而现代社会有着较高职业需求的女性所面临的家庭工作的冲突日益衍变为女性与刻板印象下劳动力市场本身的冲突，促发了隐性性别歧视在就业领域的愈演愈烈。这也就证明了假设 H1b：人力资源的社会性别特征越显著，女大学生就业隐性性别歧视越强。

公共规制方面，研究主要通过行业类型、单位类型体现出来。用人单位行业以及单位在宏观程度上的规范程度如何，与女性职工是否遭遇就业隐性歧视密切相关。就行业类型而言，使女性求职者遭遇隐性性别歧视的因素由强到弱分别是：高新技术、商业、服务业、金融业＞公共行政及防务＞传统行业、教育科研、卫生保健、社会工作。这说明从宏观的管制与监督而言，劳动力市场诸多行业的监管力度均不够理想，即便是公共行政一类由国家行政机构所进行的人才招聘中仍旧存在就业隐性性别歧视问题。此外，单位类型这一解释变量的数据结果也与上述结论相契合。以上数据证明了假设 H1c：公共规制越匮乏，女大学生就业隐性性别歧视越强。

3.3.2.3 模型分析结论

根据相关文献与研究经验确定了从公共规制、雇用方特征和人力资源的社会性别特征 3 类影响因子、9 个变量。采用向前进入法对变量进行筛选，保留其中 7 个变量。通过多项 Logistic 回归分析，检验了女大学生就业隐性性别歧视问题的影响因素、作用方向及程度。分析相关数据后，结论如下。

（1）对于女大学生遭受就业隐性性别歧视问题的诸多影响变量，研究前提成立。数据分析能够看出公共规制、雇用方特征及人力资源社会性别特征对于女性遭遇隐性歧视都有着或强或弱的影响。其影响变量不同，女性就业隐性性别歧视的程度也会有所差异。这对于政府前期调整公共规制、保护女性劳动者权益，企业承担企业责任、克服社会刻板印象具有良好的导向作用。

（2）三类影响因子中诸多变量均对女大学生遭遇就业隐性性别歧视产生相关影响，但各因素影响显著度和作用方向存在一定差异。研究将"婚育情况"纳入变量进行检验是较之以往研究的一个创新点，说明就业隐性性别歧视不仅仅存在于学界普遍认为的外貌、体型等因素，随着经济的发展，劳动力市场反而日渐趋向歧视女性自身的生理状况。即在隐性歧视这一行为的过程中，除就业权以外女性更多权利是否同时存在遭到侵犯的问题。

（3）研究表明女性就业隐性歧视问题已成为全国范围内亟待解决的问题。相较于显性歧视，隐性歧视的解决难度大且力度尚不足。其中蕴含着这样一个悖论：随着市场经济的深入发展，就业性别歧视日渐趋向于隐性，而隐性就业歧视在当下环境下往往更容易隐藏在法律法规的灰色地带不为人察觉，这客观上加剧了就业隐性性别歧视问题。这一方面为相关政策法规的制定提供了借鉴，另一方面证明了对于隐性歧视的研究仍处于探索阶段，还需在实践中检验与完善。

4 反思诠释：我国女大学生就业隐性性别歧视的归因审视

4.1 法律和制度层面

4.1.1 宏观、实体立法结构薄弱

在《正义论》中，罗尔斯提出了那些具有同样能力和志向的人的期望，不应当受到他们的社会出身的影响，应该受到公平的教育和获取相应成就。[1] 法律和制度就是保护每个人的禀赋和期望，给予每个人同等权益的保障。新中国成立以来，中国性别平等立法模式基本上是一种计划经济体制下的国家福利性保护模式。[2] 这种立法模式下对女性的权益保护主要体现在对两性劳动就业权利的平等保护和对女性劳动就业权的特殊保护上，在就业平等方面采取的积极措施相对薄弱。[3]

与国际劳工标准和发达国家的立法模式相比，我国就业性别平等立法结构的缺陷是十分明显的。我国的反就业歧视立法的结构薄弱主要表现在以下几个方面。

其一，缺乏禁止就业和性别歧视的单独立法。在美国，国会制定、修改宪

---

[1] [美] 约翰·罗尔斯著，何怀宏等译：《正义论》，中国社会科学出版社1988年版，第70页。
[2] 郭慧敏、丁宁：《就业性别平等立法模式选择》，《中国青年政治学院学报》2006年第3期，第120页。
[3] 陈亚东：《中美反就业歧视法之比较》，《重庆社会科学》2006年第5期，第91页。

法和相关专门法律以及总统发布和修改的指示均有此效果，还有只针对某种具体歧视的单项法律法规，形成了相对全面的禁止就业歧视法律体系。尤其在反对就业性别歧视上，美国有诸多单项法，如 1963 年的《公平报酬法》、1978 年的《怀孕歧视法》、1991 年的《玻璃天花板法》和 1993 年的《家庭及医疗休假法》。而我国现在既没有专门的就业歧视法，也没有专门的性别歧视法，更没有隐性性别歧视的法律界定。《劳动法》虽然对女性职工的特别规定体现了在就业政策上的男女平等，但是从其适用范围而言，在于保护已经和企业确定工作关系的女职工，但是却没有保护到非正式就业的女性群体以及在求职中受到歧视和性骚扰的女性群体。2008 年实施的《中华人民共和国就业促进法》虽然填补了我国在促进就业方面的法律空白，但有关就业、性别歧视的条文，仅在其中第三条和第二十六条有略微反映，既没有针对就业歧视的概念和歧视细节进行明确规定，也没有具体的判断标准。专门的就业促进法尚且如此，其余散见于各个法律、法规和政策性文件中，对于就业、性别歧视的条文就更无法明确就业性别歧视中的显性歧视、隐性歧视的界定和判断标准了。甚至有的法律本身就存在对性别歧视的隐性制度诱导。《工伤保险条例》有规定，工伤工人享有的工伤保险数额最主要是以其工资为标准确定。这项规定看似客观和中立，但多项调查结果显示，现行劳动力市场上，除了国家机关、事业单位的正式员工工资没有性别差异外，在公司和企业中，同一层级的薪酬都有性别差异，女性大部分都低于男性，兼职、临时职工的工资一般低于全职，正式员工的工资、乡镇户籍的人员工资一般低于城镇人员的工资，而从事兼职的非正式员工多为农村女性。这样，同等的伤残等级、兼职的农村女性领取的工伤保险待遇将低于全职的城镇男性。立法的缺失成为女大学生就业隐性性别歧视申诉无门、维权无路、频发不止的关键制因。

其二，立法等级低。尽管我国政府在劳动法、就业促进法、妇女权益保障法中都有诸多条文禁止就业中的性别歧视，对女性与男性的平等就业权、同工同酬和职业晋升平等权等方面都有规定，但现阶段的就业歧视、性别歧视立法多散点分布在劳动法、残疾人保障法、妇女保障法、就业促进法、公务员录用体检通用标准等行政法规、政府规章、地方性法规和政策性文件之中，尤其是政策性文件居多，因此，就业性别歧视方面的立法等级较低，加之缺少统一清晰的界定和标准，直接导致法律效力较弱。

其三，性别法律体系自相矛盾。我国宪法虽然保证了劳动者平等劳动的权利，但目前诸多关于就业和性别歧视的法律法规是和宪法的性别平等、劳动权平等的原则相矛盾的。例如，根据劳动部《关于贯彻执行〈中华人民共和国劳动法〉若干问题的意见》，家政工不适用于劳动法。理论上，不论是男性还是女性、农民工还是城镇人口都可以做家政工，但现实家政行业的家政工大部分是村镇户籍女性。劳动部《关于贯彻执行〈中华人民共和国劳动法〉若干问题的意见》将家政工排除在劳动法的调整对象之外，受到不利差别待遇的绝大部分是村镇户籍的女性。再比如，《公务员录用体检通用标准》（2005年）将女性分为"已婚女性"和"未婚女性"两大群体并进行女性妇科的体检，而在对男女生殖器检查的专门规定中，妇科检查则占到了80%，详细地描述了女性生殖器官和部位的检查内容和操作方法，对男性的检查要求却极少。尤其是对于一些生育状况和月经史本是女性极为私密的个人信息，却成为公务员检查必须做的内容，这不仅为女性公务员应聘者增加了阻碍，而且严重侵害到女性权益。尤其是在社会公职人员队伍中女性比例原本就比较低，这样的行为更加损害了女性想要参与社会事务的积极性和主动性，使得女性在社会中的话语权减少，更难维护自身权益。

有学者在分析性别歧视的立法结构薄弱原因时认为，由于我国法律中关于性别平等的参考标准是"男性"而不是"自然人"，这样的性别平等法律政策导向是强调"男女平等"而不是"性别平等"，同时也忽略了对"跨性别者"的保护。"传统意义上公共领域与私人领域的二元对立结构既导致了私人领域中妇女对男权社会的屈从，女性在私人领域中的家务劳动、养育子女等劳动的经济价值不被认可，也导致了公共领域中妇女无法参与法律体系框架的建构过程，最终导致了性别平等在两方面都不能得以实现。因此，性别平等的法律建构……必须对由男权社会构建的关于公共领域与私人领域社会结构划分进行'去性别化'改革。"❶ 由于国家秉持私人领域自治的法治原则，女性作为丈夫的附庸者，其在家庭内的权益被归类为社区或宗教权利而非个人平等或尊严问题，这种公域和私域的划分而使得性别权利也归属到不同的领域，对女性的性别歧视进一步加剧。"结果，在这一语境里，宪法的保障被降低为单纯的愿

---

❶ 周安平：《性别与法律——性别平等的法律进路》，法律出版社2007年版，第5页。

望,极少得到充分适应以加强家庭关系中的平等标准"。❶ 波伏娃认为,"在法律建设之初女性参与度较低导致其成为男性监护对象的法律客体"。❷

4.1.2 地方、程序立法内容瑕疵

我国就业中的女大学生不仅缺乏专项的法律保护,在已颁布的地方法规和条例中,相关的保护也并不完善。虽然各地政府、部门出台了许多地方性的促进就业的法规与条例,但由于程序法缺失,部分法规、政策存在执行难及制度歧视等问题。其一,部分地方性规章存在制度性的性别歧视。制度性歧视,是指由国家的正式规则所形成或被国家的正式规则所接受和保护的歧视。因此,这种歧视是以合法的形式存在,它依借国家权力,在造成了对妇女权益的损害之后由于其合法性掩盖了其非理性以及与自由公平相抵触的一面,使得妇女在事后维权也成为不可能,这就最终导致了事中和事后的双重侵权,加剧性别歧视。❸ 然而,歧视也可能隐藏在中立和合法的法律中,性别歧视的确定应该是以规定、行动或措施是否创造、帮助、维持或再造了对特定性别群体的压迫和不利为标准。例如,《就业促进法》颁布后,2010 年的安徽省政府曾揭示如下现象:虽然性别歧视在就业之中有所减少,主要表现为直接性的性别歧视减少,即直接以女性作为理由拒绝女性求职,但用人单位却以不成文的要求进行筛选进而录用男性和非育龄期女性。❹ 2013 年公布的《湖南省国家公务员录用体检项目和标准(修正)》第二条对公务员身高有明确规定:男性 160cm(含)以上;女性 150cm(含)以上为合格。但对有特殊需要的,由用人单位提出申请,经市(州)以上政府人事部门批准,可适当放宽。❺《2015 年浙江省公安厅高速公路交通警察总队录用公务员计划表》要求招考对象年龄为 30

---

❶ S. 侯赛因:"家庭里的平等:南亚妇女的权利和人身法",载[加]丽贝卡·J. 库克编著:《妇女的人权——国家和国际的视角》,黄列译,中国社会科学出版社 2001 年版,第 525 页。

❷ [法]西蒙娜·德·波伏娃:《第二性》(第 1 卷),陶铁柱译,中国书籍出版社 1998 年版,第 12—15 页。

❸ 任喜荣:《制度性歧视与平等权利保障机构的功能——以农民权利保障为视角》,《当代法学》2007 年第 2 期,第 3 页。

❹《妇女平等就业权亟须切实保护——全国人大常委会妇女权益保障法执法检查报告(二)》,中国妇女报,2010 年 5 月 26 日。

❺ 湖南省人事厅:《湖南省国家公务员录用体检项目和标准(修正)》,http://hunan.sina.com.cn/news/m/2013-08-26/114667735.html。

周岁以下（1984年3月16日以后出生），而且对交通管理岗位要求是男性。❶《重庆市住房公积金管理办法》规定：有条件的地方，城镇单位聘用进城务工人员，单位和职工可缴存住房公积金；城镇个体工商户、自由职业人员可申请缴存住房公积金，月缴存额的工资基数按照缴存人上一年度月平均纳税收入计算。❷ 即单位提取住房公积金的基数是上一年度的月平均工资额，在男女薪酬普遍存在差距的背景之下，女性无疑在住房公积金的提取金额上遭遇了薪酬差异带来的再次分配的差别待遇。

其二，缺乏就业性别歧视的救济主体和救济途径。现行劳动法及相关法律、法规只保护已和用人单位确立劳动关系的劳动者而忽视了求职者在求职过程中受到的性别歧视。同时，中国的劳动立法只明确了同工同酬这一目标导向。关于什么是同工同酬，如何确定同工同酬，分担举证责任和违反同工同酬的原则，没有明确具体的规定。❸ 因此，女大学生在工作中遭遇性别歧视时，能够援引的劳动法和就业促进法的条款非常有限。虽然《就业促进法》中明确要求用人单位不得以性别为由拒绝录用妇女或者提高对妇女的录用标准，但《就业促进法》仅列举了数种就业歧视类型，对究竟歧视到何种程度才能构成法律上侵权的"歧视"并没有明确规定，我国女大学生就业性别歧视的救济路径并不清晰。

现今我国有16个省市构建了性别平等评估机制，但能享有独立法律地位并为受歧视者提供法院诉讼的前置救济程序的机构尚属空白。深圳市在性别平等的地方法规和机构建设方面的探索尤为突出。2012年6月28日，《深圳经济特区性别平等促进条例》（以下简称《条例》）通过，开创了我国反性别歧视的先河。《条例》将可持续发展机制与相配套的工作机构、经费预算、状况评估、年度公告的工作体系相结合，确保法规的落实。相比《妇女权益保障法》，《条例》提出更加具体的性别指标，增加了可操作性强的规定。按照《深圳经济特区性别平等促进条例》第七条的规定，市性别平等促进工作机构

---

❶ 《2015年浙江省公安厅高速公路交通警察总队录用公务员计划表》，http：//www.sdsgwy.com/article/html/297322.html.

❷ 重庆市住房制度改革领导小组：《重庆市住房公积金管理办法》，http：//www.cqgjj.cn/html/2012-08/2219.html.

❸ 饶志静：《英国反就业性别歧视法研究》，法律出版社2011年版，第199页。

履行下列职责：(1)定期监测、评估全市性别平等工作情况，发布监测、评估报告；(2)协调相关部门实施社会性别预算、社会性别审计和社会性别统计；(3)对本市涉及性别平等的法规、规章和规范性文件进行社会性别分析或者指导相关单位进行分析；(4)拟定消除性别歧视的政策；(5)受理并按照规定办理有关投诉；(6)法律、法规规定的其他职责。在2014年深圳市编制解冻后，2016年3月15日，深圳市地方法规政策性别平等评估委员会召开第一次全体会议，即深圳市地方法规政策性别平等评估委员会正式运行。评估委员会的主要工作范围是推进地方法规政策制定实施中体现男女平等原则，从源头促进男女两性平等和谐发展。❶ 因此，深圳市地方法规政策性别平等评估委员会目前只能对全市的政策法规进行评估，还无法履行受理并办理有关性别歧视的投诉和案例的职责。这也意味着我国目前尚没有一个能够在就业歧视的受害者在向法院起诉之前，能够享有法定权限独立处理受害者申诉并发起临时或初步司法救济的机构，而这就自然而然地加剧了女性被侵权的可能性，因为诉诸法律途径一般维权成本相对较高，在一般的个别与小型侵权事件之中，如果诉诸法律解决，则可能维权成本还高于权益本身，而默默不语此时成了效益最大化的抉择，可见制度的使然使得对个体效益最大化的抉择带来了社会效益的最小化，建立起合理的制度体系十分迫切。

4.2 社会和文化层面

4.2.1 高等学校定位模糊，女子大学困局难解

高校办学目标笼统，定位模糊。高等教育作为一个系统整体，只有首先解决好高等教育系统的分类和级别问题，即解决高校在高等教育系统中的位置，高校才能对号入座。❷ 然而在我国初等教育、中等教育男女入学机会逐渐平等，特别是扩招带来的女大学生群体急剧膨胀的背景下，我国的高等教育机会

---

❶ 深圳特区报：《深圳成立专门机构 促男女平等和谐发展》，http://news.ifeng.com/a/20160316/47887098_0.shtml.

❷ 张忠华：《高等教育专题新论》，光明日报出版社2013年版，第215页。

和资源以及高等教育的成果并没有随着在校生性别比例的改善而呈现理想的发展状态。反而是一些高校在"强校升位"的心态驱动下，更倾向于把办学水平、高校排名简单等同于学校定位。以拿到硕士点、博士点为目标，以争抢学术带头人、院士为争重点，盲目追求大而全、包罗万象的"大学"。❶ 我国高校似乎都在争创世界一流、国内一流，最终致使高校定位单一，这种倾向不仅使中国高等学校面目雷同，有特色的珍稀教育资源被滥用、闲置甚至浪费，更使得结合不同学生特点的因材施教流于形式。本来就在高校录取过程中已经遭遇前就业市场歧视的女大学生在进入高校后，面对办学目标笼统、定位模糊，还有专业性别限制的高等教育，想找到自身的价值定位就更为困难，这也与高校为社会各行各业培养适用人才的目标相去甚远。整体高等教育机会的性别差距妨碍了全社会女性人力资本质量的提升，阻碍了女性改变传统性别观念，限制了女性的职业发展预期，女性群体难以实现与男性地位同等的愿景、取得和男性相同甚至更大成就的条件。有研究表明，大专以上学历分性别就业人员就业身份构成中，大学专科、大学本科、研究生学历的女性成为雇主的比例远远低于男性，而且随着学历的提升而下降。大专以上学历女性成为单位负责人的比例与男性更为悬殊。代表稳定性职业的专业技术人员仍是我国大专以上学历女性不同学历层次就业的主要倾向，其比例显著高于男性。❷

女子大学囿于"传统"，缺乏创新。女子大学曾经是为了给求知女性提供接受高等教育的机会和空间，通过高等教育培养具有专业精神的女性精英，改变女性人生的实践场所。历史上我国的女子大学走出了多位蜚声中外的女性精英。时代发展到今天，作为追求男女平等，培养男女平等的践行者、杰出女性的重要"孵化器"，现代的女子大学依据高等教育一般规律，寻找能够培养女性成长成才并成为精英的一些培养模式和机制变得尤为重要。我国女子大学的历史发展进程主要可以划分为以下四个阶段：第一阶段，清末（1891—1951年）由来华传教士主要开办的教会女子大学，这也是现代女子大学的发源。此阶段兴办女子大学主要目的在于传播宗教，培养信徒。第二阶段，清末民国（1906—1950年）由资产阶级知识分子主要兴办的23所国内女子大学。中国

---

❶ 王义遒：《我国高校的恰当定位为什么这么难》，《高等教育研究》2005年第2期，第2—4页。
❷ 李春玲、石秀印、杨旻：《性别分层与劳动力市场》，中国社会科学出版社2011年版，第249页。

人自己开办的第一所国人自立女子大学是博增湘、吕碧城于1906年在天津开办的"北洋女师学堂"。此阶段的女子大学具有鲜明的时代特征，受清末维新运动、学制变革、女权运动的影响甚大，提倡天赋人权、教育救国、社会公益。第三阶段，新民主主义革命时期（1933—1950年）由共产党组织开办的三所女子大学。中国共产党成立之初，便把妇女运动作为主要任务之一，此后，中国共产党于1922年2月10日在上海以中华女界联合会的名义，创办了平民女校。该阶段女校兴起的主要原因在于为革命积蓄女性政治力量。第四阶段，社会主义改革开放时期（1984年至今），这一阶段的女子大学呈现出多种办学主体共存的格局。目前国内共有以中华女子学院、南京师范大学金陵女子学院为代表的12所女子大学，这些高校符合了社会现代化之趋势，与之前女子大学相比，进行了国际化改革。

我国的女子大学相对于其他国家女子大学而言，存在着特殊性。第一，我国的女子大学均为"半路出家"，即接受社会主义改造或新建而成的学校，这使得我国的女子大学存在着起步晚、发展不完善的缺陷；第二，我国的女子大学数量少、规模小，软硬件条件较差。我国现有公办普通本科学校796所（395所本科大学、401所本科学院），而女子大学在数量上与男女混合大学有极大的差距，女子高校只有十二所。本科层次的女子大学有4所：湖南女子职业大学、天津师范大学国际女子学院、大连大学女子学院、上海师范大女子文化学院。研究生办学层次的女子大学有3所：同济大学女子学院、南京师范大学金陵女子学院、中华女子学院，其余为专科层次的女子大学。第三，专业局限于社会普遍认知上女性"适合"的科目，如管理、语言、经济等类别，且层次较低。即使以"具有女性特色的人才培养"为目标，但多数高等院校的女子教学本质上只是对传统女性角色的再描述，而且对于女子大学特色办学的内涵，不论是学校的领导和管理者还是社会的大众观点，或是认为女子大学就是单独面向女性群体进行教育，学习的专业和技术的培养都应该明显不同于普通高校；或认为女校就是需要增设一些能够增强女性修养的独特课程。但也有研究者认为，现代女子大学并没有摆脱封建传统文化对女性的定义以及对两性不同性别角色的描述，这使得现代女子大学继续成稳固、传承男权文化的一个重要场所。因此强调女子大学的特色教育应当注意，不要培养只是为了迎合男性偏好的现代"传统"女性。❶ 第四，女子大学大学生的未来发展方面参差不齐，如文秘、播音主持、物业管理、形象设计，也不乏继续深造者。第五，国内女子学校在对女性内在修养、人生抱负、女性社会责任等方面培养明显不足，在培养人才过程中，更注重对女性实际生存技能的培养，而忽视女性的高层次发展需求。现代家政学、女性形象学、女子公关礼仪等具有实用性和时效性的外围课程成为女子学校主要课程便是很好的体现。❷ 忽视高等教育办学规律而只在乎所谓女子特色只会使女子大学的特色办学走进另一个极端和误区，不仅无益于女大学生的全面自由发展，还会导致女大学生在就业市场遭遇更大的偏见和歧视。

4.2.2 社会排斥暗流涌动，价值归属鸿沟难越

性别歧视因强烈的观念而产生，而观念又走不出历史、文化和习俗的影子，歧视首先是且主要是一个社会问题。早在20世纪70年代的欧洲便已出现对弱势群体的研究，欧洲的研究者、政策制定者从多角度对其进行了深入分析，形成了现代意义上的社会排斥概念并逐渐成为国际机构的主流发展话语。社会排斥就广义而言是指一个特定社会群体被剥夺其享有经济、社会、政治及文化资源的权利；狭义而言是指基于工作及收入上的经济不平等。❸ 阿马蒂亚·森将社会排斥区分为积极排斥和消极排斥。前者主要是指制度、政策等因素的人为排斥，而消极排斥是指社会发展过程中的非人为排斥。❹ 由于积极的制度排斥和消极的社会发展排斥限制了获得机会、资源和实现融合所需权力的渠道，造成了对部分群体的歧视结果，即一些社会权益（比如保险和救济金）、经济权益（比如就业）、政治权益的差别对待。

研究者们在对女性遭遇的就业歧视问题进行分析时认为社会文化中的性别排斥由来已久。事实上，当一种性别不均衡地控制了物质资源以及产生这些资

---

❶ 参见唐琳娜：《我国女子大学历史回顾与发展研究》，湖南师范大学硕士学位论文2007年，第21—25页。
❷ 参见吴飞：《当代女子大学女性特色课程设置研究——以H女子大学为例》，华东师范大学硕士论文2008年，第60—63页。
❸ 张抗私：《劳动力市场性别歧视与社会性别排斥》，科学出版社2010年版，第22页。
❹ 阿马蒂亚·森著，王燕燕译：《论社会排斥》，《经济社会体制比较》2005年第3期，第5页。

源的经济生产过程时,他就有能力控制两性关系,而力量软弱的性别则必须寻求讨价还价的策略以改善在经济权力中的弱势地位。❶ 这个系统的主要内容就是社会性别排斥,而样貌排斥是其中较为典型的代表。"著名劳动力经济学家丹尼尔·荷马仕(Daniel Hamermesh)在《颜值与劳动力市场》论文中提出了基于颜值的丑陋罚金和颜值奖金。研究发现剔除其他变量干扰,颜值低的男员工的平均薪酬会显著低于颜值高的男员工的平均薪酬,这个差额可以看作市场对低颜值群体征收的丑陋罚金(Ugliness Penalty)。与此同时,剔除其他变量干扰,长得好看的男员工的平均收入会显著高于长得不好看的男员工的平均收入,这个差额是市场给予高颜值群体的颜值奖金(Beauty Premium)。即颜值和终生劳动力总收入呈较强的正相关性。"❷ 经济学家约翰·卡尔·斯库兹(John Karl Scholz)和卡米尔·古扁列韦斯(Kamil Sicinski)在其研究论文《颜值和终生收入》中指出,颜值较高的人自学生时代起就有相较于同龄人更多的机会参与社会组织活动,在宝贵的社会实践场景中不断加强自身的沟通能力、领导能力等十分重要的人力资本素质。即由于社会人力资本资源的倾向性投入,相对于低颜值者,高颜值者的人力资本形成要更加快速有效。实际上在社会就业过程中,对女性的样貌排斥比男性要严重。潜在的性别歧视阻碍了女性领导之路,而貌美的职业女性又会因为被认为能力因美貌掺水,种种排斥会使女性管理者的晋升之路困境重重。

表4-1 女大学生在求职过程中最重要的是什么(多选)

女性求职最重要的	频次		占所有问答数的比例(%)		占有效个案数的比例(%)	
	全部问卷	女性	全部问卷	女性	全部问卷	女性
外貌气质	2399	524	30.7	29.3	70.1	70.3
学历	2298	541	29.5	30.2	67.2	72.6
公关能力	2078	483	26.6	27.0	60.7	64.8
户籍	188	40	2.4	2.2	5.5	5.41
籍贯	106	29	1.4	1.6	3.1	3.9

---

❶ 张抗私:《劳动力市场性别歧视与社会性别排斥》,社会科学出版社2010年版,第21页。
❷ 吴迪:《颜值经济学》,http://mp.weixin.qq.com/s?__biz=MjM5NDEyNjE0MQ==&mid=403353161&idx=2&sn=6defe0c4847426d755dbdfffe945f16f&scene=1&srcid=0124kgBYpSiiIAVSLejq2Jwy#rd.

续表

女性求职最重要的	频次		占所有问答数的比例（%）		占有效个案数的比例（%）	
	全部问卷	女性	全部问卷	女性	全部问卷	女性
家庭背景	657	157	8.4	8.8	19.2	21.1
其他	77	15	1.0	0.8	2.3	2.0
合计	7803	1789	100.0	100.0	228.1	240.1

资料来源：蔡定剑主编：《中国就业歧视现状及反歧视对策》，中国社会科学出版社2007年版，第545页。

由表4-1可知，在男性眼中，女性就业之中最重要的因素是外貌气质，而在女性眼中，外貌气质排在了第二，虽然也很重要，但还是低于学历的重要性。在此，我们可以看出很明显的男女在女性就业之中的重要因素的认识上的分歧，男性在乎女性外貌气质，而女性自身觉得学历最重要，换而言之是自己所学，在现今知识经济的时代背景之下我们甚至可以将其看作女性实力的反映。首先，值得欣慰的是女性开始注重自己的实力，表明其自我意识和独立意识的崛起和增强，但遗憾的是，外貌气质在女性眼中也排在了仅次于学历这一最重要因素的第二的位置，这表明男女在此之上的认识仍然具有很强的一致性，如果剔除外貌气质的客观重要性，那么我们可以想见男权社会的以男性观点为尊的特点在女性心中虽然已不再那么明显却依然以隐性认同的形式存在。改编自日本漫画《丑女大翻身》的同名韩国电影则再次将社会文化中的性别容貌、身形偏好对于就业中女性的影响探讨推到了前台。故事中女主人公唐汉娜有着一副动听温柔的嗓音，但由于身形较胖，只能作为一位外貌美丽但毫无歌唱才华的女星代唱。最终唐汉娜通过对自己从头到脚的全面整形完成了外形的蜕变，最后实现了自己亲自站在台上展现歌喉的梦想。有人认为这是对男权社会的屈从表现。[1]英国学者约翰伯格在《观看之道》一书对男权社会中女性美丑的评判标准进行了分析：从孩提时代开始，女人就被教导应该不时观察自己，因为她给别人的印象，特别是男性，将成为别人评判她一生成败的关键。在男权社会，为了迎合男性，女性被教导不用主体的身份来对待自己，而是假

---

[1] 茸茸、渣渣：《谁说我们一定要按照规则玩游戏了？女人要勇于接受"标准"之外的美》，女权之声微信公号，http://mp.weixin.qq.com/s?__biz=MjM5MzY0NjcOMQ==&mid=402995399&idx=1&sn=2297a01794f1459b57d6ac45b31e1ca1&scene=1&am.

设以男性的标准来"观看"自己并且修饰自己。在这一过程中，被男权社会洗脑完的女性主我只有经过男性视角的肯定才获得存在价值。❶

社会文化中的个人价值归属有显著的性别差异。女性主义哲学家桑德拉·哈丁将性别概括为三种含义：第一是个体性别，也就是人们意识到自己是男人或女人并将某些现象与男性气质或女性气质联系起来的性别认知；第二是结构性别，也就是作为社会组织和结构的总体特征的性别，劳动的性别分工、职业的性别隔离都体现了这种制度性的性别；第三是符号或文化性别，也就是在特有的社会文化情境中作为男人女人的规范性含义。❷虽然我国从宪法到地方规章都一再强调男女平等，但实际上社会文化对于男女两性的个人价值归属评价有巨大的差异。从我国的文化产品中即可窥见一角，例如经常有产品广告里男性成就了事业的辉煌，而他家里永远有一位贤良淑德的妻子在默默付出。类似的文化产品还有很多，通常都认为家庭作为女性的个人价值归属是非常伟大光荣正确的。但几乎大部分的文化产品都没有探讨为什么都是女人将家庭作为个人的价值归属，为什么女性要牺牲自己成就另一半。大部分的文化产品策划都认为婚姻就是一方为另一方无条件的牺牲和付出，而在具体付出之时却不是平等的，女性往往是付出者，而男性往往是接受者。❸家庭内部性别分工的模式排斥将男性和女性的个人价值及其社会角色固化，因此市场上很难出现女性为了实现自己成为艺术家的梦想而奔波不已，而男性在家做家务的文化产品性别价值观。

社会文化中的符号性别偏见是世界的普遍问题。2016年，奥斯卡影后瑞茜·威瑟彭斯发表了一段关于探讨社会文化中的女性"野心"的演说。在传统的文化理念中，"野心"这个词被很多女性看作是"dirty word"（禁忌字眼），简直讳莫如深。她14岁的时候发现了两件事，一是她很爱表演，二是她很有野心。

---

❶ 茧茧、渣渣：《谁说我们一定要按照规则玩游戏了？女人要勇于接受"标准"之外的美》，女权之声微信公号，http://mp.weixin.qq.com/s?__biz=MjM5MzY0NjcOMQ==&mid=402995399&idx=1&sn=2297a01794f1459b57d6ac45b31e1ca1&scene=1&am.

❷ 王宇颖：《女性主义公共行政理论》，中国社会科学出版社2011年版，第223页。

❸ 女权之声：《想用一颗钻石买断女人梦想？呵呵，女人已不再上当》，女权之声微信公号，http://mp.weixin.qq.com/s?__biz=MjM5MzY0NjcOMQ==&mid=402373356&idx=1&sn=ee4f8090c93f0db3085c9653f9401d1b&scene=21#wechat_redirect.

"我把'野心'这两个字大声说出来了。我不明白为什么,野心现在几乎成了女人不愿说出口的两个字,好像大家都以有野心为耻?"究竟应该如何看待现代职业女性的野心,"现在各个行业都存在文化危机,女性就算身处管理层还是会被低估,薪水也不如男性高。500 强公司中只有不到 5% 的女性 CEO,议会中只有 19% 的女议员,难怪女性的生育和生理保险福利都那么差劲。这让我很担心。所以不管你身处什么领域、什么位置,不妨问问自己,我们现在该怎么做? 这是个很严肃的问题,因为我相信,野心不是女性专属的禁词,它不过是你对自己和对自己能力的信念。如果女人都能更有野心一点,你觉得会发生什么? 我相信,这世界会很不一样。"在很多人印象中,野心这个词是贬义的,但在英文中,ambitions(有野心的)却是一个褒义词。尤其在评价一个人有没有领导力的时候,有没有野心几乎是必须考虑的因素。那为什么我们会觉得野心不好呢? 我觉得是因为很多人把野心看成了一种手段,一说到野心,你可能会立刻联想到一些词,比如不择手段,或者牺牲生活和家庭,但他们忽略了这个词中有一个"心"。所以野心应该是一种心境,一种敢于梦想并有执行力去把它实现的态度。女孩的人生经常一帆风顺,我们追逐完美,我们告诉自己要尽力做到最好,因为社会让女孩们深信:自己没有犯错的余地。因为害怕犯错,面临挑战时,我们更容易告诉自己,我做不到,我拒绝勇敢。Facebook 的首席运营官 Sheryl Sandberg 说:"我们每个人都能为自己定义野心和成长,它的目的是为了让我们的热情、天赋和兴趣能够充分发挥,而不会因为别人的想法而裹足不前。女人不爱冒险,男人却永远把脚踩在油门上。如果不减少我们之间野心的差距,那么永远也不能缩小成就的差距。"❶

惠普的一份研究表示女性在求职之前往往做出比男性多很多的准备后才会行动,那么是什么原因让女人成了自己行动最大的阻力? Reshma Saujani 提供了一种可能的解读,男性与女性走着不同的社会化路径,多数的女性被鼓励规矩完美,而男性被鼓励冒险犯难,而这就造就了男女之间的偏见。偏见代表着预设立场进行价值判断,以偏概全。❷ 从人类的进化历史上探究,对于女性的

---

❶ 参见邢荣:《女人为什么不能谈野心?》,《悦己》2016 年第 2 期,第 81—87 页。
❷ 淘淘:《带着偏见看〈欢乐颂〉,你永远不能了解她们》,社会学了没微信公号,http://mp.weixin.qq.com/s?__biz=MzA4OTUxOTIyNw==&mid=2654259001&idx=1&sn=f3b8f447fd0e14bd85e7137117e863b5&scene=1&am.

性别偏见是有渊源的。从远古时候起,雌性就是主要承担抚育后代的角色,这个角色一方面决定了雌性在选择雄性时候必须非常谨慎小心,另一方面也意味着一旦选择,想改变的成本很高,而且卵子的数量是有限的,因为选择即意味着交配和繁衍。而人类作为高等动物,这种远古的动物性并不会随着现代化的进行而彻底消失,实际上,由于女性依然承担着繁衍的角色,虽然现在不再是必然由女性单独抚育后代。所以女性一旦结婚生育,其所承担的风险一点不比远古时代小,相反,由于性别地位的平等恰恰带给女性更多的压力和负担,天然的母性遇到社会的现实性使得女性在面对失败和挫折时更脆弱。所以,一味要求女性勇敢是不符合自然性的,如果社会不能给予女性更大的保障,女性很难勇敢。

近几十年间,我们对女性在爱情和婚姻中所扮演角色的想象并没有随着社会环境的变化而发生太大的变化。李银河指出,中国的传统性别观念与西方一个很大的不同点在于,西方人往往把男女两性关系视为斗争关系,而中国人则将其视为协调互补的关系。性别歧视在我国有着深厚的文化渊源,因此,中国人甚至比持二元对立性别观的西方人更难以接受后现代女权主义的反本质主义立场。[1] 人们毫无意外地发现,大部分人所设想的完美女性的范本,依然是刘慧芳式的贤妻良母,以奉献、付出为典型特征。

4.2.3 企业社会责任缺失,报告歧视指标笼统

当女性成长为劳动力以后,其职位和收入能否随着就职年龄的增加而增加,很大程度上归功于在职培训、在职学习及学校毕业后受到的其他的人力资本方面的投资。而部分女性的相对收入随年龄的增加而下降甚至面临失业的困境,其大部分原因在于她们在获得这种人力资本投资时遭到了歧视。由于市场经济迫使企业用效益第一的原则选择或培训劳动力,而女性职员的投资成本,一部分要无声地流逝,收不抵支。因此,用人单位往往习惯于将已处于弱势的女性作为自身降低招聘成本的牺牲品,并借由法律的不完善摆脱性别歧视的处罚与谴责。对企业而言,增强承担意识,共同分担企业成本、维护妇女生育权益是不可推卸的社会责任。企业社会责任报告正在成为全世界企业的普遍实

---

[1] 荒林、王红旗:《中国女性文化》,中国文联出版社2001年版,第23页。

践。我国企业履行社会责任尚处于初级阶段，企业社会责任报告担负着推动企业深化履行社会责任，改善和纠正不合规、不合法行为的重要窗口之角色。早在2003年，世界经济论坛就曾提出包含"人的责任"在内的企业公民社会责任。世界银行、社会责任商业联合会等组织机构也陆续提出了有关CSR，即企业社会责任的相关内容。目前，国际上主要的参考标准有联合国"全球契约"十项原则、《可持续发展报告指南》（G3版）、SA 8000和ISO 26000。"全球契约"十项原则是各公司在各自的影响范围内遵守、支持以及施行的一套关于人权、劳工、环境及反贪污的基本原则。"G3指南"提出了机构可用来衡量和披露经济、环境、社会绩效的原则及指标。SA 8000是一种基于国际劳动组织宪章（ILO宪章）、联合国儿童权利公约、世界人权宣言而制定的，以保护劳动环境和条件、劳工权利为主要内容的管理标准体系。ISO 26000关于社会责任的指南主要强调内外部利益相关者（如雇员、当地社区、投资者和监管者）对社会责任定义及其内涵的理解，为组织履行社会责任提供权威的参考标准体系。

大部分中国企业对"社会责任"的理解停留在环保和公益层面。有数据称，中国社科院每年负责审核全国企业社会责任报告2800份，而真正能够全方位体现企业社会责任的作为和价值的报告并不多。[1]从目前我国企业社会责任报告的提交情况来看，主要反映出企业在促进性别平等就业过程中的如下问题。

其一，雇用歧视评价指标过于笼统和粗糙，无法真实呈现企业的雇用歧视状况。我国目前衡量企业社会责任履行的标准主要是根据国务院国有资产监督管理委员会在2008年1月制定并发布的《关于中央企业履行社会责任的指导意见》和《中国企业责任报告编写指南》（现已升级到CASS-CSR 3.0版）。从现有的企业的社会责任报告内容来看，在就业过程中的歧视性行为和问题上，企业的报告都相当笼统。以《中国石油化工集团公司2009年社会责任报告》为例，针对无雇用歧视指标项的部分，"公司在经营过程中重视人权反对任何形式的歧视。在员工聘用、薪酬分配、职位提升、解聘和退休等问题上公司没有就种族、社会等级、国籍、宗教、身体残疾、性别、性取向、工会会

---

[1] 沈长耕：《产品没做好，不要跟我讲情怀》，《新周刊》2016年9月15日，第90—91页。

员、政治归属或年龄等方面的歧视性规定。日常活动没有歧视性行为"。❶ 该类企业社会责任报告更像是一种形式上的表态,并没有针对不同类型、性别、性质的歧视行为进行详细说明及如何纠正歧视的行动。即企业表面或者口头反对歧视,但实际上对企业内部是否有歧视,有何种类型、何种程度的歧视,及如何应对歧视,如何处理发生的歧视等这些问题都是模糊不清的。中国的 CSR 报告分析,多数企业对其 CSR 行为多是随机的行为和整合归纳,这样的 CSR 报告难以全面呈现企业的运行、管理和履责情况,政府及相关执法部门就更难以确切知晓女大学生群体在就业中遭遇的种种歧视行为并进行有效的维权帮扶。

其二,社会责任报告价值性不高,缺乏隐性歧视的内容。目前我国的 CSR 报告还处于初级阶段,属于对企业随机性行为和事件的"事后总结"。❷ 因此,目前我国还没有企业在其社会责任报告中涉及隐性歧视的评估指标,也没有隐性性别歧视的相关指标和内容。无法充分体现企业的价值理念、责任观和性别关怀。尤其是在劳动力市场的显性性别歧视已经逐渐转为隐性性别歧视的现实下,CSR 报告相应的评估指标体系调整对于深化报告内容、丰富披露信息、完整报告结构、提升报告水平,尤其是凸显性别主流化行动中的企业主体性非常重要。虽然多数企业的 CSR 报告基本都是真实诚信的,没有虚假谎报现象。但是由于隐性雇用歧视体现得不足,CSR 报告的性别平等信息和性别平等就业的战略规划及系统管理是匮乏的。企业社会责任理论及其报告所构建的公司参与者的沟通模式,使公司成为社会道德的沟通平台,而不是一个孤立而封闭的系统。强调企业的社会责任实际上是风险共担模型的延伸,是将雇员、消费者和供应商等主体看作股东一样的投资者的一部分,使国际社会对环境、劳工权利、性别歧视等的问题的关注通过企业社会责任运动最终从理念落实为行动。作为女大学生群体就业的最终归宿,企业在歧视方面的核心评估指标是为女大学生群体提供性别平等、公平就业的起点,也是传播企业理念、提升 CSR 管理、树立良好企业形象的重要渠道。

---

❶ 陈佳贵:《中国企业社会责任报告编写指南》(CASS – CSR2.0),经济管理出版社,第66—72页。
❷ [韩] 申光龙:《企业社会责任报告管理》,清华大学出版社2012年版,第60页。

4.2.4 社会组织公益产权薄弱，资源整合乏力

社会组织公益产权薄弱。公益财产是公益产权的存在形式，其主要来源除了包括各种形式的社会捐赠和志愿服务以外，还包括各级政府通过拨款、补贴、委托和政府采购等形式提供的公共资金；非营利组织以减免税等形式获得的优惠待遇；以及这些组织在运作公益财产过程中获得的各种收益。[1] 从总体上看，公益财产不足是我国女性社会组织普遍面临的突出问题。具体到女性社会组织，调研发现即使是来自政府的各种公共资金亦非常有限。在许多国家和地区，政府提供的各种公共资金支持占到社会组织运作资金的三成左右。在相当长的一段时间内，国际机构曾是公益性民间妇女组织的主要资助方。[2] 可是在我国，大多数女性社会组织几乎没有正常渠道获得来自政府的公共资金。国内基金会普遍缺乏性别意识，他们的关注点更多放在社工、残障和救灾领域，这与国际机构重点有所不同。[3] 在税收优惠方面，尽管新的所得税法已经做出了明确规定，但具体实施细则并未出台，加之随着民间组织资助方的变化，性别问题逐渐淡化或退出了资助者的重点关注领域。[4] 女性社会组织缺乏稳定的资金支持，在帮助女性维权和组织公益活动上都需要精打细算，举步维艰。

社会组织资源整合乏力。女性社会组织主要是指女性行业协会、联谊会、高校妇女研究机构、妇女兴趣组织和机关、事业单位妇女委员会以及妇联组织等。现实中我国的社会组织面临双重管制，发挥作用空间十分有限。如前所述，参加政府购买服务是女性社会组织在社会公益筹资困难重重的情况下的一个重要资金来源，但是根据《政府购买服务管理办法（暂行）》规定，现有的政府购买基本公共服务中并没有妇女赋权、平权的分类。因此，现实是女性社会组织很难申请到独立的女性赋权项目和基金，多数情况下需要和其他社会组

---

[1] 王菲：《我国非营利组织"公益产权"研究》，《山东行政学院学报》2012年第4期，第40页。

[2] Unger, Jonathan. Bridges: Private Business, the Chinese Government and the Rise of New Associations, The China Quarterly, 1996, (147).

[3] 石鑫：《公益性民间妇女组织政策环境及行动策略研究》，《妇女研究论丛》2016年第6期，第53页。

[4] 石鑫：《公益性民间妇女组织政策环境及行动策略研究》，《妇女研究论丛》2016年第6期，第51页。

织联合起来申请某类公共服务的政府购买招标以推进女性的权益维护项目。同时还需要和不同类型的社会组织及政府部门进行反复的沟通、协商以达成暂时的合作意向。究其原因，社会组织的政治正当性是阻碍各类型社会组织充分协同合作的症结。在中国的语境下，行政正当性经常比法律正当性还有效。对于公益性民间妇女组织来说，获得行政正当性的途径就在于通过频繁和政府部门、妇联、高校等"体制内"机构合作。❶ 只有获取了一定程度的行政正当性，才能顺利地开展各项活动。由于女性社会组织和各类社会组织的长效合作机制缺乏，导致不同类型社会组织在推女性维权、赋权和平权的项目时，无法充分利用不同组织间的专业优势和资源优势，时间和资源成本的耗损都较为严重。

4.3 个体与家庭层面

4.3.1 女大学生遭遇隐性性别歧视的行动选择

有学者研究认为，女大学生自己对就业性别歧视的关注少于主流话语。我们在调查问卷中针对被访者有一个设问是：1. 如果您遭遇到就业隐性歧视，您会选择的维权手段是_____。①默默忍受；②罢工、辞职；③向上级反映，找领导解决；④求助维权组织；⑤找朋友帮忙；⑥诉诸法律；⑦其他_____（请您填写）。从统计结果来看，有46.93%的受访者第一选择找领导反映情况，寻求解决之道，46.52%的受访者选择求助于维权组织的帮助，33.39%的受访者选择诉诸法律，29.51%的受访者会选择默默忍受，28.71%的受访者选择罢工或者辞职。选择"其他"的受访者，我们在进一步的访谈中发现，这部分受访者由于并不清楚隐性性别歧视的后果以及严重程度，因此不确定会如何应对和处理，所以选择了"其他"。同时结合受访者的访谈，企、事业单位的访谈和现实的媒体报道及法院的审判卷宗情况，我们发现，在女大学生群体实际遭遇隐性性别歧视时情况则复杂得多。如果在女大学

---

❶ 石鑫：《公益性民间妇女组织政策环境及行动策略研究》，《妇女研究论丛》2016年第6期，第50页。

生的实习阶段遭遇了隐性性别歧视,由于实习阶段的特殊性,如果该实习机会对于受访者很珍贵,可能决定受访者的就业情况,部分人会选择默默忍受,如果该实习属于一般性的社会实践类型,多数受访者表示会直接罢工或者辞职。而以上两种抉择均是以女大学生自主权益的受损来实现的,一种是默默忍受权利被侵害,另一种虽然维护了自己的权益,却失去了社会实践的机会,而在现实之中女性随时面临的都是这种零和博弈的艰难抉择,究其根本就在于侵权主体以及各种侵权行为的存在。

如果女大学生是在正式入职后遭遇了隐性性别歧视,统计数据表明,多数受访者会优先和领导进行沟通,寻求解决途径。倘若沟通结果不理想或者事态较为严重,如前述案例中的女大学生求职邮政投递员被拒案例,部分受访者会考虑法律维权。但实际上,由于性别歧视,尤其是隐性性别歧视的法律界定尚无定论,大部分的性别歧视案件都没有被正式立案并宣判。表4-2显示了女大学生群体对于隐性性别歧视的态度,其中在是否只能默默忍受歧视情况的部分,分别有10.6%、15.2%和16.6%的受访者选择了非常同意、比较同意和同意,即42.4%的受访者在面对隐性性别歧视时的态度是较为悲观和被动的。同时,有82.4%的受访者认为大部分工作单位不能很好解决就业中的隐性歧视问题。从理论上来说,最好的处理隐性歧视的方式是受歧视之人自己站出来面对,可是长期处于隐性歧视大环境之下的女性们大都具有惯性思维,认为这是理所当然的,所以还需要存在具有客观性的第三者施加外力加以化解。

因此,当女性在遭遇隐性性别歧视时并没有维护其合法权益的有效制度或者工具可供选择,加之维权意识的薄弱和维权结果的低效则导致了隐性性别歧视事件的多发和难解。

表4-2 女大学生对隐性性别歧视的态度(N=1680,%)

	非常同意	比较同意	同意	不太同意	非常不同意
我认为女性面对就业隐性歧视只能默默忍受	10.6	15.2	16.6	20.3	37.3
我认为大部分工作单位不能很好地解决大学生就业隐性歧视问题	21.8	31.6	29.0	13.1	4.5

资料来源:根据本课题组2013—2015年女大学生就业中的隐性性别歧视调研数据统计。

表 4-3 不同年龄段女大学生遭遇隐性性别歧视后的行动选择（N=1680,%）

女大学生的年龄	默默忍受	罢工、辞职	找领导解决	求助维权组织	找朋友帮忙	诉诸法律	其他
20 岁以下	2.26	1.13	6.61	7.74	2.26	3.87	0.08
20~25 岁	14.83	17.26	24.35	21.77	15.48	17.58	1.61
25 岁以上	12.42	10.32	15.97	15.01	7.74	11.94	2.26
合计	29.51	28.71	46.93	44.52	25.48	33.39	3.95

资料来源：根据本课题组 2013—2015 年女大学生就业中的隐性性别歧视调研数据统计。

4.3.2 家庭对女性的事业认同影响其职场发展

家庭择偶观加剧了女大学生就业的隐性歧视。据中国人口与发展研究中心 2010 年的报告，"女性的择偶压力主要源自于男性对女性年龄的要求，超九成的男性认为女性应该在 27 岁之前结婚，约 32% 的男性认为女性最佳结婚年龄为 20~24 岁"。[1] 伴随女大学生选择高学历教育比率的增加，大部分女大学生的毕业年龄正值男性认为的"最佳结婚年龄"和医学上的"最佳生育年龄"，而该时间段也正是女性就业后的入职适应期。对于女大学生来说毕业后的 5-10 年是身负多重角色的时间段，面临着职业角色和家庭角色的矛盾与冲突。女性既要在短时间内适应职场的环境和规则，快速发展成长，还需要抓住女性的"最佳结婚年龄"组成家庭，并争取在超过"最佳生育年龄"（医学理论上女性在 36 岁以后生育能力会显著下降）前怀孕生子。尤其是近些年来，大众传媒宣传的择偶观给女性带来了较大影响，一方面是对外貌的强烈期待，另一方面却是对她们独立的特殊"支持"，如"剩女"的出现。在 20 世纪 80 年代之前，中国大多数是双职工家庭，男女都工作，"妇女能顶半边天"。改革开放后，一部分男人先富了起来，"干得好不如嫁得好"的说法开始兴起，为了"嫁入豪门"，有人甚至还专门开起"名媛培训班"。"讽刺的是，西方 20 世纪 70 年代女权运动就是由家庭妇女发起的。她们觉得被养起来，生活没有意义，要求参加劳动当职业女性。现在中国的现象完全是反过来的，许多女

---

[1] 中国人口与发展研究中心：《妇联调查国人婚恋观：7 成女性称男方有房才嫁》，http://www.cpirc.org.cn/news/rkxw_gn_detail.asp? id=14153，2010-12-16/2010-12-17.

性回到家庭中去了，这是中国从20世纪50年代妇女解放以来的一个大倒退。"❶ 而中国的社交媒体出现的一系列晒身材的热潮集中反映了愈演愈烈的对性别隐性歧视的极端化倾向，如"A4腰""苹果腿""百元腕"等，而这正是以中国女性达到更高的文化水平、经济能力和社会地位为背景的。然而，在中国女性尝试打破旧障碍的同时，她们仍面对诸多传统观念。当所有最重要的人生课题都需要女性在完成高等教育后的10年内完成时，社会大众家庭的普遍择偶观直接加剧了女大学生就业中遭遇隐性歧视的情况。尤其是在面临职场激烈竞争的情境下，女大学生的选择更容易受到其所在原生家庭和其将要组成的新生家庭的择偶观念影响，当出现为职业而延缓结婚、生育此类与传统女性家庭角色矛盾的状况时，女大学生面临的家庭、社会舆论压力远远超过遭遇同类情况的男性大学生。这也是女性高管、女性专家、教授和女性领导人的比例长期低下的制约因素之一。

家庭分工观念加剧了隐性歧视的客观不利结果。家庭与学校是社会化的早期过程，也是固化性别角色的场所。在传统社会化引导和制约之中，男孩被塑造为活泼、自信、开朗、进取的形象，女孩被塑造为乖巧、温善、恬美、勤奋的形象，再加上一些与之配套的奖罚制度，让女性更加走向封闭和被动。❷ 尽管家庭是男女两性共有的，但是男性在就业选择和职务晋升方面所受家庭的影响较少。拼搏事业的同时，女性遭遇到比男性更多的压力，对于男性，家庭和社会宽容地认为只要事业上成功就好了，而对于女性，其作为妻子、母亲、儿媳的多重角色都要付出与之相应的更多努力并且圆满完成时，才能得到认可，稍有不足或者缺憾，就要面对来自家庭内部的巨大压力和不满。同时，大部分男性已经习惯了担任领导和被男性领导，很多男性不能接受在收入和地位方面低于妻子。男性对于女性积极争取晋升和获取权利会有意无意进行打击。有研究显示，在政府机关的男性工作人员中，有20.3%的人表示同意"女性应避免在社会地位上超过丈夫"的观点，女性中也有16.9%的人同意这样的观

---

❶ 郑依妮：《中国女人为何最缺安全感？》，《新周刊》2016年9月15日，第32页。
❷ 女王C-cup：《社会中高阶层的女性依然脆弱，"女性自强"不是问题的答案》，http：// mp. weixin. qq. com/s? __biz = MzI1OTAwNDc1OA = = &mid = 207026447&idx = 2&sn = f5c69cec0b16d2c0 df74aceef7834a96&mpshare = 1&scene = 1&srcid = 0930Yn8uGnabEXVpOiS7TQ4r#rd.

点。❶ 因此，既有的家庭分工观点就给女性的人生定位于不需要积极的工作野心，照顾好一家老小才是人生的最终归宿。然而，女性不像男性那样对高薪管理职位孜孜以求，这并不是因为女性缺乏竞争好胜之心。一项针对上海父母进行的调查显示，当获胜后的奖品对子女成长有益时，女性和男性一样好胜，且愿意为竞争承担更大的风险。但当标的物只是金钱时，女性参与者便会甘于退让。发表于《美国科学院院刊》上的研究指出，这或许是因为女性更多地受到"为下一代铺路"的社会压力影响，而男性更在意自己可能拥有的资源。❷家务劳动的分工女性化是客观上造成女性被认为需要顾家而无法认真工作的歧视原因之一，而隐性歧视会进一步导致女性的不利结果，弱化其在劳动市场的竞争力。有研究表明一旦所有的生产性活动（家务活、照料和市场）都被纳入考虑的范围，女性的工作量大于男性。没有一个国家女性用于市场工作的时间可以和男性持平。时间使用模式的性别差异主要是由组建家庭引起的。婚姻使女性用于家务工作的时间大大增加了，但对男性影响不大。❸ 尽管兼职工作允许女性将就业和家庭结合起来，但是兼职工作往往导致女性陷在质量较低的工作中不能自拔。这种"妈妈陷阱"明确显示女性工人和妈妈双重角色造成女性与男性不同的事业发展路径，即家庭并不是具有相同偏好和目标的铁板一块。相反，家庭由具有不同偏好、需求和目标的不同成员组成，他们影响家庭决策的能力也各不相同。

---

❶ 李春玲、石秀印、杨昊：《性别分层与劳动力市场》，中国社会科学出版社2011年版，第163页。
❷ 三联生活周刊：《好胜有因》2016年5月16日，第20页。
❸ 世界银行著，胡光宇、赵冰译：《2012年世界发展报告：性别平等与发展》，清华大学出版社2012年版，第221页。

5 他山之石：反女性就业中隐性性别歧视的国际经验缕析

5.1 反就业性别歧视的全面保障体系构建
——世界各国的实践启示

5.1.1 欧盟——积极引导与严格监督相结合的反隐性歧视典范

欧洲经济共同体（即后来的欧盟），在1957年欧洲共同体条约中首次规定了"男女同工同酬"并禁止"国别歧视"。20世纪下半叶，欧洲各国的反就业歧视得到了极大的发展，由最初简单地反对性别、国籍歧视，扩展到禁止种族、年龄、宗教、残疾、性取向等多种歧视，由消除显性歧视深入到消除隐性歧视。❶ 欧盟在男女平等和反对性别歧视之上的实践和成果成为世界效法的对象，其诸多法律也为其他国家所借鉴。

首先，欧盟的积极引导措施为各成员国的反歧视立法确立了基本的"行动准则"。欧盟法通过三个层次的法律体系即一级法律、二级法律和判例对各国的性别平等问题进行规范和约束。一级法律，即欧洲各成员国政府间通过谈判缔结的条约或协议，通过各国的立法机关加以确认。❷ 欧盟通过《欧洲人权公约》《欧洲经济共同体公约》《欧盟理事会第1408/71号条例：关于在共同

---

❶ 王春光：《平等就业——部分国家和地区反就业歧视的立法与实践》，知识产权出版社2011年版，第3页。

❷ 李傲：《性别平等的法律保障》，中国社会科学出版社2009年1月版，第174页。

体内流动的雇佣人员及其家属社会保障计划的应用》《欧洲人权公约第12号议定书》《欧洲社会宪章》《欧洲基本人权宪章》和《欧洲宪法（草案）》对就业中的歧视问题进行了界定和规范。二级法律，即由欧共体本身的立法，仅限于欧共体自身有管辖能力的领域，包括了规则、指令、建议或意见等形式。❶ 欧盟先后通过了《平等付薪指令》《平等待遇指令》《社会保障平等待遇指令》《怀孕妇女平等保护指令》《平等就业一般框架指令》《男女平等待遇指令》和《欧盟〈2006〉第54号指令》，构建了较完备的反就业歧视立法体系。尤其是欧盟在2000年的第78号《平等就业一般框架指令》中对就业歧视的界定明确包含了显性歧视和隐性歧视。欧盟25个成员因此承担义务，禁止本国基于种族、民族、性别、宗教、年龄和性取向等方面的隐性歧视。

其次，欧盟对于各成员国严格监督，不断通过新的指令、平权计划将欧盟反就业歧视事业推向全面化与深入化。从20世纪80年代开始至今，欧盟理事会开始持续推动5次行动方案来促进妇女在任何机关、组织享有平等待遇的行动计划。2006年10月，又通过了一项《为促进就业和社会团结而建立的欧盟计划——进程》，该项目代替了之前的五个项目，在反歧视、男女平等等方面具有重大意义。❷ 欧盟在性别主流化方面的做法尤其值得我们借鉴。欧盟在公共政策的制定和实施过程中关注公、私两个领域的需要，进行政策决策时第一是看其对某一行业的性别不平衡是否存在改善作用；第二看这种措施是否恰当，是否对某一性别代表不足的现状进行了补救；第三检查这项措施是否在最大限度上与平等对待原则相协调，兼顾形式平等和实质平等。❸ 一项新的措施只有在兼顾家务劳动和职业活动的前提下才会被接受。对于不执行的成员国欧盟可通过欧洲法院加以严厉制裁。

如前所述，我国有关女大学生就业隐性歧视的法律体系存在宏观、实体立法结构薄弱、地方和程序立法内容不完善的缺陷，鉴于欧盟较为完善的反歧视法律体系和严格的监督执行机制，我们更应该注重宏观法律体系的层次性和严谨性，形成完整和严密的法律体系以防止隐性歧视的出现，同时通过监督制约

---

❶ 李傲：《性别平等的法律保障》，中国社会科学出版社2009年1月版，第175页。
❷ 饶志静：《英国反就业性别歧视法研究》法律出版社2011年版，第44页。
❸ 李傲：《性别平等的法律保障》，中国社会科学出版社2009年1月版，第176—184页。

提高法律执行效果以最终实现消除隐性歧视存在的土壤。

5.1.2 美国——以宪法为基础、民权立法为框架的反性别歧视体系

当前，美国形成了以美国宪法为基础，以民权立法为框架，辅以不断更新的司法实践的一个相当完善的反性别歧视的法律体系。《美国宪法》第 14 修正案的"平等法律保护"条款成为美国社会各界人士反歧视斗争中的有效武器，尤其是性别歧视只需要适用宪法第 14 修正案的"中间的审查"（intermediate scrutiny），根据这一准则，如对女性实行区别待遇需要多项适当的理由方可成立。

首先，美国构建了促进性别平等的两条核心路径：一是议会立法，二是司法介入。虽然美国是判例法国家，但在消除性别歧视的制度构建过程中议会立法以其独有的表述简洁、观念先进和人民主权原则为特点起着举足轻重的作用。美国议会先后通过《平等工资法》实行男女同工同酬，通过《民权法案》禁止工作中对性别的歧视，通过《怀孕歧视法》给予怀孕女工同样的就业权利，等等。美国联邦最高法院关于涉嫌性别歧视的案例判决及相关法律进行的解释和说明对于消解男女在劳动就业领域和教育权领域的性别歧视进程具有非常重要的作用。在以 International Union，Uaw v. Johnxon Conrtols. Inc. 案[1]和 United States v. Virginia 案[2]为代表的判决中，联邦最高法院明确指出，女性怀孕会使公司花更多的钱不应该是公司不雇用或者歧视女性的理由。当实施基于性别的政府行为的时候，必须证明该行为具有"非常的、令人信服的正当理由"。[3] 这个理由必须是真实的，而不是假设的，或为了诉讼杜撰的，男女的"先天差异"不应该被作为女性在法律、社会和经济上处于劣势的理由。

其次，美国搭建了较为完善的性别歧视救济平台。为确保职工合法权益，美国通过联邦立法—行政救济—司法救济的立体平台针对就业中的性别歧视进行救济。联邦立法中的所有反歧视法律都可以作为女性提出性别歧视导致的不正当解雇诉讼的法律依据。行政救济的渠道主要有两种，一是因参加工会而受

---

[1] International Union，Uaw v. Johnxon Conrtols. Inc.，499 U. S. 187，111 S. Ct. 1196，113 L. Ed. 2d 158（1991）.

[2] United States v. Virginia，U. S. 116 S. CT. 2264，135 L. Ed. 2d 735（1996）.

[3] J. E. B. v. Alabama es rel. T. B.，511 U. S. 127（1994）.

到歧视和报复性解雇的职工可以向全国劳工关系委员会（NLRB）提出投诉，申请行政调查，委员会设立了简化程序，如果认定雇主确有违反行为，即可对其进行处罚和赔偿损失的惩罚。二是通过就业机会均等委员会（The Equal Opportunity Employment Commission，EOEC）发出"有权诉讼"的信函，由投诉者的律师在法院提起民事诉讼。美国民权法赋予了提起就业歧视的职工两项最重要的权利是允许遭受歧视的职员提起集团诉讼和要求败诉雇主向胜诉方赔偿律师费。集团诉讼的优点是：它有利于将大量个体原告，甚至那些尚不知晓自己权利遭到侵犯的潜在原告，都集中到一个案件中，使本来在性别歧视中处于弱者地位的原告职工可以拥有和雇主相匹敌的资源优势。

由此可见，在注重司法审判中对具体问题的解决与对制度完善的结合方面，美国的经验对中国颇具现实意义。中国的劳动立法由于对什么是同工同酬、如何确定同工同酬、分担举证责任和违反同工同酬的原则等缺乏明确具体的规定以及对究竟歧视到何种程度才能构成法律上侵权的"歧视"，缺乏界定而反歧视救济路径并不清晰，同时没有一个能够在就业歧视的受害者在向法院起诉之前，能够享有法定权限独立处理受害者申诉并发起临时或初步司法救济的机构而使得救济主体缺乏。借鉴美国之做法，中国可以构建起与美国联邦立法—行政救济—司法救济的立体平台相类似反歧视救助平台体系，以增加救济主体以及救济路径。

5.1.3 韩国——非政府组织成为反就业性别歧视的积极推手

自20世纪60年代起，韩国的非政府组织就投入了稳定发展的社会运动以及推动政治改革和劳工运动当中。[1] 随着民主运动、妇女运动和反歧视运动进程的推进，韩国的非政府组织日益发展壮大，其在反就业性别歧视方面的影响和作用引人注目，在监督政府良好施政、推动民主化、促进国内相关政策、法律制定，推进公民社会的建立及逐渐成熟等方面发挥着令人瞩目的作用。在韩国，与反歧视有关且建立较早的非政府组织是韩国工会联盟（Federation of Korean Trade Unions，FKTU）和韩国女工协会（Korean Women Workers Associa-

---

[1] 林燕玲：《反就业歧视的制度与实践——来自亚洲若干国家和地区的启示》，社会科学文献出版社2011年版，第371页。

tion）❶。

首先，非政府组织促进或参与反就业性别歧视的立法。韩国民辩❷律师郑然顺认为，韩国曾是王朝阶级制，日本殖民统治结束了阶级制。但韩国是一个没有经过公民社会就结束封建制的国家，并因儒家文化的影响，对残疾人和女性的歧视根深蒂固，而对于这些歧视，过去长期并未予以重视。❸ 成立于1987年的韩国女工协会的宗旨在于保护女性就业者免受歧视。在韩国女工协会的积极努力下，韩国的性别就业保护立法取得了重大进展：（1）参与推动《平等就业法》的四次修改，在1999年的第四次修改后，更名为《男女平等就业及兼顾家庭与工作法律》。（2）推动将禁止职场性骚扰的条款写入1999年后修改的《平等就业法》。（3）推动《非正式员工法》的制定与实施，消除对女性非正式员工的歧视。（4）推进修改《最低工资法》，改变对女性薪酬歧视的状况。于2002年组织了最低工资联合会。自此，最低工资以每年10%～15%的速度增加。（5）1997年敦促政府制定帮助失业女性的7项政策。（6）1998年推进修正孩子照顾的法律建议，包括相关就业保险法和工作安全的法律修订。（7）1998年推进9种性别视角的政策选择，以提高公共机构为女性提供工作信息的能力。❶

其次，组织各类宣传倡导和培训活动，关注弱势的女性就业群体。韩国社会存在着对女性较为普遍的歧视，同时对非正式工的歧视也是韩国社会中最为严重的歧视之一。而韩国社会的女性由于结婚、怀孕，照顾家庭的原因，更不不容易获取正式员工的职位。根据韩国统计厅2008年3月的调查显示，男性2

---

❶ 韩国女工协会官方网站：http：//kwwa.tistory.com/.

❷ 1986年由30位希望促进韩国民主化的律师联合建立了"寻求法律争议之律师"（Lawyers for Legal Justice）组织，后为了应对社会政治变革和越来越多的年轻律师参与民主化运动，"寻求法律争议之律师"被撤销，一个更有凝聚力的律师团体——韩国民辩（Lawyers for a Democratic Society）于1988年5月28日成立。韩国民辩由来自全国各地的500名律师组成，是韩国从事反歧视活动的一个非常重要的非政府组织。

❸ 林燕玲：《反就业歧视的制度与实践——来自亚洲若干国家和地区的启示》，社会科学文献出版社2011年版，第373页。

❶ 参见韩国女工协会："Campaigns for Amending Related laws and Policies"，http：//kwwa.tistory.com/category/WHAT%20WE%20DO/Campaigns%20for%20amending%20related%20laws%20and%20policies.

人中有 1 人为非正式工，而女性 3 人中就业 2 人为非正式工。❶ 因此，从事非正式工作的女性遭受的是性别和工作类型的双重歧视。针对这种状况，韩国女工协会于 2005 年组织了家政工协会，对 1000 多名家政工进行培训，并推进将家政工和家庭护理人员纳入《最低工资法》的保护中。从 1993 年开始每年都组织参加世界各国的女性就业促进交流活动，例如 1999 年的日本国际妇女节纪念活动和美国东南亚地区交流活动，泰国、印尼和韩国妇女的交流活动等，借鉴学习世界各国的女性权益保护活动，为韩国的反性别歧视提供更多的经验和视角。❷

5.2 消解先劳动市场歧视
——世界女子大学的培养模式借鉴

如今，不断完善的政策、法规和制度推动了妇女和社会的共同进步。然而，正如前文所述，当前我国的高校招生中存在不同程度的性别歧视，限制女性的受教育机会。这不仅是一种倒退，更是将就业歧视延伸到了教育领域。随着整个女大学生群体就业难、就业歧视问题愈发加重，女子大学的教育、就业、培养模式对女大学生发展的重要性也更加显著。女子大学的兴起是世界女性高等教育的已然趋势，作为推动女性高等教育发展的核心要素，女子大学的发展对于培养女性的独特人格精神，推进对差异性的尊重与多样性的理解，正视性别对社会的影响，搭建女性专业与就业之间的桥梁，促进女性的人格全面健康发展等诸多方面具有重要意义。纵观国外女子大学，从招生机制、专业设置、课程设置、就业促进以及实习实践等方面都有很多值得我国高校学习的经验。

5.2.1 欧美模式——社会性别理念建构导向下的职业教育

欧美女子大学的发展与欧美女权主义运动的历史息息相关。欧美女权运动

---

❶ 林燕玲：《反就业歧视的制度与实践——来自亚洲若干国家和地区的启示》，社会科学文献出版社 2011 年版，第 374 页。

❷ 参见韩国女工协会："Solidarity Building"，http：//kwwa.tistory.com/category/WHAT%20WE%20DO/Solidarity%20Building。

史可分为三个阶段,即两次高潮与一次低谷。第一次高潮是在19世纪中期至20世纪初期,称第一次浪潮(The First Wave),或者"妇女普选运动",女性性别实现了从自然性别向社会性别的转变。在此期间,世界第一所女子大学威斯里安学院(Wesleyan Collage)1836年在美国乔治亚州梅肯市创办,此阶段的女子大学教育者认为应注重男女差异,赋予女性同等教育机会。在第一次高潮期间存在短暂的低谷期,即19世纪70年代出现的反对男女分化的思潮,加之免费的公立社区学院的发展,女子大学骤减。第二次高潮从20世纪六七十年代开始至今,称为"第二次浪潮"(The Second Wave),或者"妇女解放运动",在此期间,女性的特殊性再次被重视,针对女性差异,设立特殊的培养机制以促进女性发展被提上议程。20世纪90年代后,美国开始重新评价女子大学,女子大学数量增加。

第一,美国女子大学公平完备的招生机制和管理体系。以下七所早期附属于"常青藤"的女校最为有名,分别是芭娜德(Barnard College)、布尔茅尔(Bryn Mawr College)、蒙特荷约科(Mt. Holyoke College)、拉德克里夫(Radcliffe College)、史密斯(Smith College)、威斯里安(Wesleyan Collage)和瓦莎(Vassar College)七所,如今号称"七姊妹"。七所女子大学的招生机制和理念大致相同,即拓宽各种渠道招收优秀的生源。以威斯里安学院为例,在招生中分为三种生源:第一年学生(First Year Students)、转学生(Transfer Students)、国际交换生(International Exchange Students)非传统的成年学生(Nontraditional Adult Students),其中非传统的成年学生中包括男性,2005年,威斯里安学院决定开始招收男性,目前该校的男性占学生人数的2.1%。从此,美国女子大学开始陆续招收男性,但比例普遍较低,除瓦莎学院男性比例上升到41.0%。美国女子大学在招生流程与其他欧美大学相似,即在线申请(Apply Online)、校友代表审核(Meet a Representative)、校级访问(Schedule a Visit)。在招生中,学校为学生提供奖学金申请机会与完善的保险。

第二,欧美女子大学的专业设置突出对女性特色专业技能的培养。女子大学的专业分为常规专业、女性特色专业以及课外附加技能。常规专业包括人类学、物理学、文学、经济学、环境研究、哲学、心理学、宗教等。女性特色专业包括妇女研究、浪漫语言文学、舞蹈等。欧美女子大学均强调女性课外附加技能的培养,如棒球、划船、越野、马术、曲棍球、高尔夫、壁球、游泳、网球、田径、排球等。值得一提的是，欧美大多数女校设置一门特别的专业，即自行设计专业（Self-Designed Major），通常关联至少两个研究领域一个包罗万象的主题，这为女性的自我定位与发展提供了条件。

第三，欧美女子大学在课程设置上突出对女性学术素养的培养。以威斯里安学院 2015 年 5 月至 6 月两个月的课表为例，课程设置时间较为自由，课程较为多样，实践价值强，且学术色彩浓厚。如财务会计：概念和应用（Financial Accounting：Concepts & APP）、野外研究（Field Study）、妇女和经济发展（Women And Economic Development）、导演独立学习（Directed Independent Study）、定性和定量方法（Qualitative And Quantitative Method）、探索教育场所（Exploring Educational Venues）、社会心理学（Social Psychology）等。其中与女性研究直接相关的学科仅为一门，社会学方向的课程偏多。

第四，欧美女子大学在女性就业方面实行职前培训计划。引导女性确定职业生涯规划，并提供了大量的职前培训项目供学生选择学习。另外，校园活动中融入于社会企业相关的对接项目，积极促进学生与企业之间的相互关系。如威斯里安学院将在 2015 年 6 月 2 日举办中产格鲁吉亚房地产经纪人协会会议（Middle Georgia Association of Realtors Meeting）。

相对于中国传统观念浓厚的女子大学培养模式，欧美的以实际为导向的培养模式显然更有利于培养真正的女子精英人才。首先是在培养理念上破除传统，女子学校不再是培养贤妻良母的场所，自然就更不可能沦为宣扬男权文化的重要场所，而这一切都有利于打破传统对于女性只适合做家务劳动等的落后观念，促进女性思想解放和社会进步。其次是女性职业能力和综合素养的培养，专业设置突出对女性特色专业技能的培养可以提高女性在实际与男性的竞争中获胜的可能，学术素养等其他内在品质的诱导与培养对女性内在修养、人生抱负、女性社会责任等方面也会具有重要作用。而这一切都是中国女子大学以及女子培养模式所欠缺的。

5.2.2 日韩模式——家庭服务理念演变中的教育模式变革

日本与韩国作为亚洲女子大学发达地区，其发展模式相似。其中日本是亚洲国家中女子高等教育产生最早的国家。目前，日本拥有数量和规模都非常庞大的女子高等教育场所，其中包括了 2 所国立女子大学（御茶水女子大学和奈良女子大学），5所公立女子大学（大阪女子大学、群马县立女子大学、广岛女子大学、高知女子大学、福冈女子大学），85所私立女子大学和300多所短期女子大学。这些女子大学不仅在数量上占有一席之地，而且在办学层次、科研能力和质量上的水准也非常高。很多的日本女子大学设有硕士和博士研究生院，这些女子研究生院还下设多个研究机构和专业，对于培养女性科研人员发挥了极其重要的作用。

韩国也是亚洲综合性女子高等院校的典范，以韩国梨花女子大学为代表的一系列女子高等院校以其卓越的办学质量与办学规模在亚洲乃至世界的女子高等教育中享有良好的声誉。和日本不同，韩国没有公立女子大学，16所女子大学均属私立（其中7所四年制大学，9所短期大学）。日韩女子大学的发展史是家庭服务传统演变中的实践与探索史，其中，政策是主导。日韩社会中自古"男尊女卑"的传统观念严重影响着其女子教学发展。受"男主外，女主内"观念的影响，男性与女性的社会分工不同，女性主要承担生儿育女传宗接代、处理家庭杂事、协调家庭关系等家庭服务职能。日本明治维新作为一场政治和社会改革，极大地推动了日本女子教育的发展。第二次世界大战后，日本女性逐步树立"就职"观念，女性就业环境不断改善，加之国家经济发展的需要，女性在国家的发展中承担重要角色。日本和韩国的女子教育发展变化主要都是受到国家公共政策和法律的影响。日本经历了两次法律和政策的调整：其一是日本政府于1946年11月3日颁布的新的《日本国宪法》。宪法第一次以法律的形式规定了男女在政治、经济、婚姻、教育等方面完全平等，开启了女性接受高等教育的大门。其二是1947年日本颁布的《教育基本法》，该基本法规定了在大学入学资格上不分男女，女性接受大学教育的机会增多。韩国女子的公平受教育权也是得益于1948年颁布的《大韩民国宪法》，在此之前韩国女性无论在受教育程度还是数量上都非常低，该宪法终于赋予韩国女性在法律上取得与男子平等地接受教育甚至是高等教育的权利。日本和韩国的女子大学在具体培养女性综合素质和就业能力上主要有以下几个方面的特色和相似之处。

第一，日韩女子大学的招生机制强调学习能力的同时关注人格的健全。日韩女子大学招生分为保送与考试两种。考试实行实地考试与网络考试相结合，分为普通入学考试、推荐入学考试、归国子女、外国学校出身人员特别入学考试、由外国留学生特别入学考试、第三年度入学考试、研究生院博士前期课程入学考试与博士后期课程入学考试。每年度新生选拔招生纲要将于7月下旬发布。另外，母语不是日语和韩语的入学人员，需要参加日语和韩语的语言考试，相关考试安排在每年的7月和8月进行。保送生申请资格要求调查书的总体成绩概评为"A"。在招生过程中，人格和学习能力是同时被强调的考核指标。

第二，日韩女子大学的专业设置有其鲜明的社会文化烙印。受传统观念的影响，早期日韩女子大学的院系以家庭服务为导向，主要为具有女性特质的文科与家政科，如食品学科、服务学科、烹饪学科、生活经营学科等。随着社会文化、女性观念与地位的改变，传统上认为不适合女性学习的理工科专业也在女子大学设立学院和学部，允许女大学生就读和深造学习。例如，日本女子大学除了传统设立的家政部、文学部、人类社会学部，还增设了理学部。韩国的梨花女子大学设置人文科学学院、自然科学学院、工学院、健康科学学院等。但是，从总体的专业学科设计上看，大部分日韩女子大学院系的设置还是以社会文化中的女性传统学部诸如文学部、生活科学学部为主。如韩国光州女子大学设置的专业多为咨询心理学科、幼儿教育学科、治疗特殊教育学科、护理学科、医疗信息学科、食品营养学科、美容科学科等服务性质浓厚的专业。如表5-1所示。

表5-1 1951年到2000年日本女子大学设立的学部数量统计

学部名称	设有下列学部的学校数量	占所调查89所学校的百分比（%）
文学部	51所	57.3
生活科学学部	36所	40.0
社会科学学部	25所	28.0
国际交流学部	14所	15.7
医学学部	14所	15.7
教育学部	12所	13.5
艺术学部	9所	10.0
理学部	4所	4.4
其他	2所	2.2

资料来源：姜宛彤：《日本女子大学课程设置演变研究》，东北师范大学硕士学位论文。

在日韩也有部分私立女子大学的创办者在多数高校专业课程设置普遍受社会传统和文化影响的情况下，针对女大学生的特点进行了不同的尝试和创新。例如，日本的津田塾大学，其前身是由津田梅子在1900年创立的女子高等教育学府，具有不同于一般女子大学的培养理念。由于其创始人留学美国的经历影响，在办学方针上强调"脱亚入欧"，因此津田塾大学在创世之初就没有沿袭日本女子高校的学科设置范式，而是参照了欧美女子大学的办学方针，没有设立家政学部。津田塾大学极为重视英语和以英语为基础的国际关系学科的建设发展，同时还增设了情报数理相关学科，该校也是日本首个开设国际关系学科的高等学府。

第三，日韩女子大学的学科专业设置虽然较为偏重人文社科类，但涉及领域广泛、课程内容丰富。传统的日本女子大学院系设置多以社会文化中的"女性学科"为主，这类"女性学科"大部分是文学、艺术、家政等方面的人文社科类课程，但即使同是人文社科类课程，日本的各个女子大学并没有统一的院系、学科和授予学位的名称局限，因此，在自由度极大的专业设置上，各个学府都根据自己的办学理念和办学优势进行了规划科学、类别丰富的专业设计。例如，不同女子大学的文学部设置的科系并不相同，群马立县女子大学的文学部侧重语言和艺术，下设国文科、英美文化学科、美学美术史学科、综合教育学科。而奈良女子大学的文学部则侧重于社会科学的发展，下设人文社会学科、言语文化学科、人类科学科。

日本女子大学为学生们提供了内容丰富、涉域广泛的学科专业，学生们可以根据自己的学习兴趣、需要和优势结合必修课和选修课的课程安排，自己组合，自由学习。日本女子大学尤其注重女性实践能力的培养，在一、二年级进行学科基础课程的全面学习。基础课程多采用学科制的授课方式，即以小班为授课单位，设置固定课时进行基础理论知识的讲授。三年级通过讲座制强化专业课程的深入理解。讲座制即教授们以专业领域的系列问题为课程主题进行研讨式的讲座教学。每期讲座根据专业学习要求设置不同的研究主题，在讲座中先进行专业问题的讲授，结合演习和实验，再让学生分组进行探讨，最后通过论文或小组报告进行考察、协作式学习。讲座制可以为师生交流对话并进行深入的科研活动提供有效的教授平台和契机，现在已经是日本女子大学的主流授课形式，有利于推动日本女子高等教育和科研事业的发展。到第四学年一般都会安排、引导学生到对口的单位进行专业实习或者毕业设计。

第四，日韩女子大学非常重视终生学习理念对女大学生职业成就的影响。女性的职业生涯与男性有较大差异且深受生命周期事件（如分娩或照顾年迈的父母）影响。现在越来越多的日韩女性在大学毕业后进入工作领域，但很难找到一份全职工作。一旦女性因为孕育后代或照顾亲人而暂时放弃她们的工作，其职业中断的时间越长就越难重返职场。因此，日韩女子大学一直通过积极坚定地推进对女大学生的各种支持来延长女性的职业周期，增强其职业成就。

日本女子大学启动了"回归教育再就业"项目，该项目提供一年（两个学期）的"复发"教育。女大学生毕业后如因为抚养孩子，或者由于丈夫工作变更举家搬迁而中断了自己的职业计划，可以通过"复发"教育培训项目提供的课程帮助其回到工作岗位，且该项目中也包括了重返高层的工作机会培训。该计划旨在全面支持女大学生，帮助女性群体充分利用各种教育机会应对社会变革。此外，日本女子大学正在实施一项 Multi-Career 支持计划，该项目截至 2006 年由教育部累计批准了 36 项对于女性的职业资助申请。另外，日本女子大学于 2008 年专门成立了帮助女性就业的机构———RIWAC，该机构的目的是专为女性开发"第二次就业机会"。RIWAC 通过组织各种研讨会和公开演讲，与政府、其他教育机构以及校友网络联合起来帮助因为孕育后代暂时离开职场的母亲们恢复工作，促进女性重返劳动力市场。

5.2.3 印度模式——探索突破传统社会对女性的严苛束缚

印度女子大学的艰难发展与印度社会长期以来对女性的束缚与歧视密切相关。主要表现在：其一，女子大学的发展史即是一部女性解放史。印度女子教育划分为古代女子教育、中世纪女子教育、近代女子教育、独立后女子教育四个阶段，其中，社会对女性的约束力集中表现在宗教规定、殖民思潮、社会分工、家庭职能等方面。其二，女子大学的发展和分布不平衡，主要集中在西部和南部。目前印度有 4 所女子大学，分别是 S. N. D. T 女子大学、斯里·帕德马瓦西·马赫拉·维斯维德亚拉亚姆女子大学（Sri Padmavathy Mahila Visvividyalayam Women's University）（简称 S. P. M. V 女子大学）、特里萨母亲大学（Mother Teresa Women's University）（简称 M. T 女子大学）和林加姆女子家政和高等教育研究所。它们都在西部和南部，较弱的文化与社会约束力以及殖民地时期较早萌芽的正规教育推动了这一现象的形成。

首先，与日韩模式的家庭传统价值主导不同，印度女子大学的专业设置更强调工具理性。在专业选择方面，多倾向于应用性较强的专业领域，例如金融、医学、教育等专业是重点发展的。兽医、法律、工业、农业等专业也在逐渐推进。随着印度社会对反女性就业歧视进程的推进，女生就读研究所的数量也有明显地增长。S.N.D.T女子大学作为印度资历最深的女子大学，在校学生数达19000人，至今已有2个校园园区、22个学院、8个系和2个研究机构。

其次，在促进女大学生就业方面积极进行社会性别主流化的努力。以S.N.D.T女子大学为例，在迅猛发展的时代背景之下，诸多改革应运而生，如扩大成人高等教育、开设培训、进行远距离教育等以扩大女性入学机会；根据女大学生的特点，从多方面完善对女性的专业化教育，在医疗卫生、专业护理等领域发挥女性的优势作用，提升女大学生的科研水平；增加对女教师的培养力度，把"理解妇女在社会中应有的地位和将两性平等观念贯彻到教育所有方面的必要性"作为教师教育的新目标之一；经济发展计划与就业计划中对女性的鼓励与帮助等都是从各方面促进女性就业发展及女子高等教育进步的举措。

5.3 消除就业中的性别获得差异
——家务劳动社会化、体面化的公共支持

当代社会，当夫妻都有自己的工作和事业并且工作压力和家务并存的时候，如果要将女性从刻板的性别偏见中解脱出来，形成全新、独立、自主且工作后劲十足的职业女性形象，消解雇主对职员，尤其是女大学生就业后的家庭责任顾虑，解决女性就业中的各种隐性歧视问题，推行家务劳动体面化、社会化的支持政策势在必行。有研究表明，如果把有酬工作时间和家务劳动时间之和作为一个人的劳动总时间，不论是中国农村女性还是城市女性，其工作时间都比男性多，且城市的超出水平高于农村。这也就意味着女性照顾自己和在事

业上精进发展的时间更少。❶ 有学者认为,"如同无产阶级与资产阶级平等这一问题一样,单单有权利的平等是远远不够的,因为女性的弱势地位使得她们的资源实际利用能力和公共领域的参与能力都弱于男性。因此,规范平等的意义被大大弱化。也因此,实现男女平等就包括规范与事实的双重任务……而传统上,以家庭为参照而将男性和女性归属为公共领域与私人领域的划分方法直接导致了女性诸多权利的丧失……此外,女性公共领域的解放在一定程度上导致了其在私人领域中的人权问题的恶化也是一大问题。如女性获得了工作的权利也意味着其在家务之外增加了一份劳动。❷ 在请不起家政的情况之下,女性往往需要把这个压力承担下来,这在一定程度上阻碍了其职业道路,影响突破职业天花板的动力。如果家政劳动能够社会化、体面化,双职工的家庭就可以通过请小时工来帮忙打理家务,这样职业女性减轻了繁重家务的负担,才可能有时间和精力边工作边顾及家庭和照料家人,有共同休闲陪伴的高质量时光。因此,家务劳动体面化、社会化是女性实现全面自由、解放的重要组成部分。国际上以英、美、日为代表的发达国家在推进家政行业体面化发展上有很好的尝试和经验。

5.3.1 英国——关注女性及儿童群体的看护模式创新

英国殖民主义政策和 20 世纪 30 年代的难民庇护政策为其家政行业的发展奠定了基础。而英国政府促进家政行业发展的举措突出表现在重视家政技能的专业化和家庭看护的新政策等四个方面。

第一,从 20 世纪中后期开始,英国政府逐渐通过正式立法保护就业女性的权益。其中《性别歧视法》《公平报酬法》和《就业保护法》是英国政府在性别就业保护中重要的三部法律。英国在 1970 年的《公平报酬法》中明确规定:"从事相同的工作必须领取相同的报酬,性别不能成为雇佣条件及工作环

---

❶《中国女性有多少时间花在家务劳动上?》,政而八经追论文微信公众号,http://mp.weixin.qq.com/s?__biz=MzAxNzI5NzQzNQ==&mid=208633702&idx=1&sn=f9eb9f15de8c05f2f78cef591017f68a&scene=1&srcid=0923tvq38EJ0hwPAAwej9y4I#rd.

❷ 周安平:《性别与法律—性别平等的法律进路》,法律出版社 2007 年版,第 57—58 页。

境产生差别的理由。"❶ 该法的颁布和实施,为所有从事家政服务的女性员工获得公平的薪酬待遇提供了法律支持和保障。随后,1976年颁布的《性别歧视法》则在《公平报酬法》的基础上对性别歧视的界定和判断及处罚等内容更加细化,明确规定各个行业领域的雇主不可歧视求职者和雇员,其中包括不可因歧视(包括直接歧视和间接歧视)而解雇雇员。由于家政行业的特殊性,使得女性家政工的占比较大,《性别歧视法》作为英国反歧视立法的基础,关于直接歧视和间接歧视等核心概念的细化规定为家政女工遭受性别歧视的权益保护提供了更具象的支持。1975年的《就业保护法》规定了不能因为女性职员怀孕或者生产而将其解雇,该法案对于明定职业女性的产假、产假时长、产假期间的酬劳等法定权益,倡导女性从事家政、护理等灵活就业领域并提高女性孕、育职员的待遇都有重要的意义。

第二,英国政府强调对家政女工的职业教育和技能的培训。英国早在18世纪就已经初步形成了家政服务市场并吸引了一大部分到欧洲的移民群体开始从事技术化的家政服务。家政服务的技术化市场化的发展使专业的家政工社会地位日益提高。以英国历史超过百年的世界著名家政培训学院诺兰德为例,专业的家政学员要学习包括历史学、社会学、教育学、心理学、法学、财务管理、儿童护理和文学等一系列的理论课程及各种家政服务的工作技能,并且要经过一年的家政服务实践合格以后才能正式毕业。在英国如能聘请到从诺兰德学院毕业的高级家政服务人员,上至英国的皇室贵族,下至普通的民众家庭,都是极为自豪的事情。为了不断提高家政服务人员的技能水平,英国政府还尝试通过立法实现为家政女工提供免费培训,这些都极大激发了不同阶层的女性参与家政培训、成为高级家政服务人员的积极性。

第三,英国政府尤其重视残疾人、老人及儿童等特殊群体的照护。为了保障未成年群体(主要是0~14岁阶段)能接受高质量的看护和照料,英国政府在20世纪初就开始重视儿童看护的社会化服务体系建设,在1998年提出了"国家儿童看护战略",同年还发布《迎接儿童看护的挑战》绿皮书。1999

---

❶ Frank Caestecker, Bob Moore: Female Domestic Servants as Desirable Refugees: Gender, Labour Needs and Immigration Policy in Belgium, The Netherlands and Great Britain, European History Quarterly 41 (2), 2011.

年,英国政府出台"八岁以下儿童日间照料与幼儿托管的国家标准",该标准在 2001~2003 年试行 3 年后正式实施,幼儿托管服务的提供者和居家照护人员都需要遵守该标准。其后的一系列法规继承和发展了以上的政策和手段,极大地推动了英国家政行业的发展与完善。❶ 除了上述对未成年群体的公共支持外,英国从 1997 年开始针对弱势群体(主要针对单亲家庭、残疾人士和长期失业群体)制定了社会政策实施"工作福利计划",其中对于单亲母亲给予更多灵活就业和薪酬保障支持措施。

第四,创新社区服务的供给模式也是英国家政行业的特色。英国对社会弱势群体例如老年人、残疾人的福利性照护服务类型主要是福利院、养老院和社区照顾等形式。而福利院和养老机构的服务成本相对较高,相较于前者,社区服务在给予弱势群体的帮扶过程中的地位和作用更为关键。英国通过社区服务的复合化功能打造,形成集儿童看护、成人教育、老年保健、职业培训等多功能为一体的社会化服务中心。首先是成本的降低,因为不用再雇请住家型家政工了;其次,社区照顾还具有福利院与养老院所不具备的社会功能,可以增进邻里关系,因为社区照顾本质上更趋向于一种亲族或者邻里之间的互助而非纯粹的金钱雇佣与被雇佣关系,在更广泛的意义上讲对于社会和谐也是大有裨益,故而其被更广泛地采用。

5.3.2 美国——女权运动洗礼后的家政支持政策发展

美国的性别平等及就业保护体系是在历经了几次女权运动浪潮的洗礼后逐渐通过各类法案和判例构建而成的。美国 1964 年的《民权法案》规定:"禁止基于种族、肤色、宗教信仰、性别的就业歧视。"并在该法案的第七章设立了平等就业机会委员会(Equal Employment Opportunity Commission,简称 EEOC),该委员会作为独立的联邦执法机构调查因种族、肤色、宗教、性别、年龄和残疾而受到的歧视和对歧视进行的打击报复,提供专业的法律服务。其对就业性别歧视的案件处理降低了女性劳动者的经济损失,帮助广大女性就业者促进其维权。1963 年美国出台的《平等报酬法》对性别、部门、工作本身和工资四个维度上男性与女性员工的薪酬差别歧视进行了详细界定。虽然该法

---

❶ 姜长云:《家庭服务业发展的国际经验》,《经济研究参考》2010 年第 10 期,第 56 页。

案的适用范围非常狭窄，但在当时的背景下，从某种程度上对家政服务从业者的工作权利和女性劳动权益的保护确实有着积极的推动意义。美国在1978年的《怀孕歧视法》中规定：所有与就业目的相关的领域，必须对所有怀孕女工一视同仁。另外，美国关于职场性骚扰的规定也较为完备，它强调如果雇主没有采取严格的措施防止性骚扰类的事情发生要承担相应的法律后果。

目前，美国家政服务的社会化进程是较为规范的，职业化、技能化的家政培训与教育覆盖范围相当广。美国政府对家政服务行业的公共支持主要表现在完善行业立法和强化职业培训两方面。早在20世纪初，美国联邦议会通过关于加强职业教育的《史密斯－休斯法》规定联邦政府每年拨款资助各州兴办学院级别以下的家政等职业教育，联邦政府与各州政府合作开办家政服务等科目的师资培训，资助开办家政科目师资培训的教育机构。经过多年的调整和修改，美国家政业的教育培训已逐渐成熟、规范，有科学的课程设置与教学体系，近一半的大学都设有家政系，部分学校还设有家政学的硕士、博士学位，约四分之一注册的职业教育学生都选修了家政学。

此外，从1997年起，美国开始实施新的税收抵免政策，通过财税、金融等措施支持家政服务业发展，对于帮助职业女性减轻繁重的家务劳动、进入全职高薪的就业领域有极大的帮助。例如，美国政府规定，对于一年内购买看护类服务3000美元以上的支出，政府最高可以给予35%的税收抵免。

5.3.3 日本——公共政策矩阵中的家政职业化培育

随着世界妇女运动浪潮的发展，日本开始促进妇女就业及体面劳动，保护妇女权益。《劳动妇女福利法》于1972年通过，日本1985年又将其更名为《男女雇用机会均等法》，明确规定了录用女性各个环节程序和生育假期等方面的细节事项。日本政府于1997年再次修改《男女雇用机会均等法》，其法律运用效力得以提高。2006年的法案修正中，增加了性别歧视的案例事项，将以往性别歧视界定只限于女性的范畴修改为禁止对男性和女性的性别歧视，修正了性别歧视定义中的片面性。同时，新修法案还引入了隐性性别歧视的规定条款，即当雇主采用看似性别中立的标准规定，实际上该规定对单一性别的群体产生了不利后果，若雇主无法举证该标准的合理性，则视为性别歧视。

为了保护孕产期的职业女性权益，日本先后在1991年和1995年颁布、修改了《育儿休假法》，规定雇主不得安排妊娠哺乳期妇女从事危险作业，不得安排其加班或夜间工作，不得辞退在孕期和产假期的女性职工，同时女性职工产后一年以内还享有每天一小时的育儿时间。上述公共政策的实施对于职业女性妊娠及生产以后的健康，避免孕后受歧视提供了保护。另外，日本妇女生育时，其丈夫也享有一定时间的产假。同时，在日本政府的大力号召下，日本的企业从1995年开始给享受"育儿休假"的女性职员缴纳社会保险费。事实上，这也为产后辞去全职工作改为从事时间灵活的家政服务工作的女性提供了社会保障的"安全防护网"。

为了全面提升看护人员能力、确保看护人员的社会福利保障，1992年日本政府制定了《有关改善看护劳动者的雇佣管理等法律》。厚生劳动省鼓励企业向所属的都道府县知事提交看护劳动者改善福利计划，若获得批准可以获得部分经费支持。为了稳定看护人力资源，积极促进大龄自由择业者从事家政照护职业，日本政府还设立了"看护人力确保职场稳定支援金"，对雇用无看护经验劳动者，尤其是雇用大龄看护者的雇主，增加补贴金额。此外，为调动看护劳动者的积极性，日本政府还特别设立了模范奖励金；为了减轻看护劳动者的工作负担，对后生劳动省批准的企业引进辅助机械计划，给予相当于引进费用一半（上限金额为250万日元）的支援与扶持。日本尤其注重对家政服务从业者的职业化培养。通过设置"福利人才角"向求职者提供职业咨询和求职指导等多方面的服务。在看护行业发展的财税政策支持上，日本的《看护保险法》明确规定，使用看护服务时，使用者只需支付总的看护保险费用的10%，其余90%的看护保险费用，国家支付25%，都道府县支付25%，市町村分摊12.5%，看护从业人员只需支付27.5%的看护保险费。如此，很大程度地减轻了看护使用者的负担。

6 应然选择：女大学生平等就业的公共支持体系构建

6.1 顶层设计和制度安排

德怀特·瓦尔多将"公共"的外延界定为理论、经验和常识三个层面。尼古拉斯亨利提出为了实现公共利益的理念，需要结合不同的所有制性质并协同其运作关系来满足人们的需求。因此，"公共性"强调的是对共同共享性的关注，以及对私有性、差异性、排他性的摒弃。"体系"是指一系列相互关联的事物或意识之间的功能增益，进而构成的有机整体。理论界和政府文件中并没有对于"公共支持"及"公共支持体系"的明确界定，相关的研究主要包括以下几个方面：第一，公共支持的主体。包括政府这一当然主体，也包括欧盟、国际劳工组织、国际货币基金组织这样的区域性政治经济组织以及在各国政府主导下，承担不同治理角色的社会组织（非政府组织和部分私营企业）。在不同国家、产业，不同层次的经济和不同价值观，公众支持主体显示出明显的多样化。第二，公共支持的客体。关于公共支持的客体理论界鲜有涉及，大多数学者关于公共支持体系的研究多集中在农业、教育、旅游等领域，而这些客体多具有产业性和公益性的双重特征。通过进一步的分析我们会发现，在概念的外延上公共支持的客体是部分蕴含于公共服务以及私人服务的题意之中的，但是也有一部分产业和领域是超出公共或私人服务范畴的。公共服务提供的产品和服务领域主要具有非竞争性和非排他性的特性，而可分割、竞争性和排他性则明显属于私人服务供给产品和服务的范畴。第三，公共支持的路径。

针对不同的客体,公共支持的路径选择各有侧重,但主要集中于以下方式:(1)金融支持。包括直接对相关客体进行各项资金补贴;通过提高相关产业投资者进行投资的风险回报率从而增加该产业投资人的数量及资本的供给;针对性地开发适合不同支持产业的贷款和担保项目,利用融资杠杆扶持产业发展。(2)教育培训支持。建立高效的人才服务平台,关注就业前的人力资源培训,提升相关领域的人才学历档次、优化产业内的人才技术、区域和专业结构的合理配置。(3)一般性公共服务支持。比如强化基础设施与环境保护;提高对相关产业的灾害防治服务;重视产业安全服务发展;等等。

本研究聚焦于我国女大学生公平就业的公共支持体系构建,故这里的公共支持体系是指政府、区域性政治经济组织以及在我国政府主导下,承担不同治理角色的社会组织为实现女大学生公平就业而进行的公共行动和服务的综合有机体。

作为源自工程学的概念,顶层设计(top – down)的原意是在最高层次上谋求问题的化解之道,后被运用在社会科学领域,主要是在政治、社会学喻指从元问题开始,通过战略的规划、路径的选择、制度的安排解决矛盾问题。全面推进女大学生就业中的反隐性性别歧视公共支持体系的必须要有一个科学合理的顶层设计,且性别平等理念必须是这一顶层设计的核心价值依托,这关乎整个公共支持体系中性别平等就业的路径达成以及内在结构演进。

6.1.1 顶层设计的核心要旨

功利主义认为公共和私人领域应严格分割,严格把政府活动限制在公共领域。功利主义假定了私人领域的道德自主,认为政府对于个人的生活是不应当干涉的。功利主义的这种平等思想为女性争取公共领域的平等提供了思想支持,注意公共和私人分离,要求法律对所有偏好保持中立。阿玛蒂亚·森认为,"由于平等总是指人的某一方面或平等事物的分布,则平等分布的东西一般来说,会导致其他方面分布的不平等,使用平等的概念必须在很大程度上取决于某事或生命中最重要的判断,只有在这种判断的基础上才能解释为什么平等是如此重要"。[1] 国际劳工组织成立于 1919 年 6 月,在此后近一百年的时间

---

[1] Amartya Sen, Inequality Reexamined, Harvard University Press, 1992, pp. 23 – 25.

里，尽管它经历了巨大变化，但国际劳工组织促进世界各地改善工作条件和生活水平，"通过实现社会正义来建立持久的世界和平"的目标没有改变。❶ 国际劳工组织在1991年第87届大会上，将公平就业、员工权益、社会保障及参与对话等多个涉及就业群体权益的因素创新性地整合为一个综合指标——体面劳动，形成了一个以促进就业和维护劳工权益为核心要旨，支持与保护弱势群体的利益，具有多维目标，且内在核心宗旨一致的分析框架。尤为重要的是，嵌入在体面劳动这一战略目标之中的正是国际劳工组织长期追求的社会公平和正义价值。

中国在过去几十年的快速发展中，追求高指标的经济社会加速无可厚非，但在高速前进过程中，累积的社会矛盾、问题已然凸显，而这些问题不可能依靠单纯的经济增长而自行消解，如果轻视甚至无视这些矛盾，问题必将恶化。公平正义的实现过程必然伴随着与现实的不断妥协和抗争，伴随着在追求GDP的同时不断反思人之为人的尊严。

"国家治理是指国家在建立基本权力安排时，如何使国家权力合法、顺利和有效地运作，并得到社会认可。"❷ 具体到女大学生的公平就业，中国陆续批准了国际《男女同工同酬公约》等一系列条约，同时一直积极参与联合国、国际劳工组织、世界经合组织等促进男女平等、女性发展和公平就业的各项议程。我国作为国际劳工组织的成员国，认同、秉承国际劳工组织为弱势群体争取公平权益的信仰和追求，理应为国内广大的女性争取体面有尊严的工作机会和资源，为消除女性遭遇的种种显性和隐性歧视进行战略规划，对女大学生公平就业的公共支持体系建设提供全方位多维度的支持。

6.1.2 平等就业的达鹄之径

20世纪70年代协同学诞生后在"治理"领域形成了协同治理理论，协同理念被应用到了很多领域。我们认为，探讨女性的公平就业并非只要女大学生能够顺利找到一份好工作，能和男性一样占有更多的社会资本并不就意味着隐

---

❶ 丁开杰：《社会排斥与体面劳动问题研究》，中国社会出版社2012年版，第123页。
❷ 王建军：《用国家治理理念谋划社会组织改革发展》，中华人民共和国民政部，http://www.mca.gov.cn/article/zwgk/gzdt/201312/20131200559394.shtml。

性歧视问题消解了，恰恰相反，若只能通过不断努力占有社会资本（变得更有钱、有权或者有名）来对抗性别上的弱势，是性别强势者逻辑体系里的话语。因此，构建女大学生平等就业的公共支持体系基于社会公平正义的核心灵魂，以消解性别歧视为战略目标，通过协同治理实现从理念到场域，从主体到制度的协调稳定。其中包括价值观的协调、利益相关者的协作、协作领域的对话、谈判和博弈。每个子系统寻求在由一系列体制安排形成的协同机制下改变协同领域的权力和关系的平衡模式，最终实现家庭劳动的体面化。

6.1.2.1 价值理念协同——公共支持体系的社会性别逻辑

美国大法官玛格丽特·马歇尔曾经说过，男女关系始终有个第三者，那就是国家和社会。社会文化所构建的性别观念受国家的制度、法律和政策的影响，定义了一个人基于性别认同的他或她的想法和行动。联合国大会通过的《消除对妇女一切形式歧视公约》，是国际人权领域重要的文书之一，中国于1980年签署了"公约"，并于同年提交了一份批准书。

公共政策作为政府最重要的社会资源分配手段，是选择、分配以及执行社会利益的过程。[1] 美国著名行政学家戴维·K. 哈特认为"公共行政是一种社会实践道德形式"。具体到大学生就业问题，我国公共政策和公共服务体系与性别相关度极低，从2000年年初以来，以国家为主导、地方积极配合的促进公平就业的诸项政策陆续出台，梳理从中央到地方，从官方到社会组织的诸多政策、措施，决策者主要倾向于从解决大学生创业中的中小企业贷款难问题、增加大学生的就业机会、创建公平的就业环境等方面入手，无论是在讨论、制定、出台、执行这些政策时，它们是社会性别中立的。以女性从业人员高达九成的家政行业为例，不论是家政行业发展指导意见还是具体的北京"家七条"，促进家政行业是全国服务行业多元化经济增长的政策之一，但它同女性的利益并不明确相关。社会性别逻辑的重大缺失在公共政策中是普遍存在的。公共政策的制定执行并没有关注到部分行业作为"女性行业"的特殊性，缺乏社会性别的敏感度，忽略了女性从业者的需求。虽然早在2001年国务院就

---

[1] 李耀锋：《论公共政策的价值导向与道德治理——以新加坡社会公共政策的道德引导为例》，《上海交通大学学报（哲学社会科学版）》2014年第3期，第51页。

针对现存的种种女性遭受的性别偏见和歧视颁发了《中国妇女发展纲要》，但治理实践中往往很少有政策是直接单独面向女性群体的，即使有部分政策是针对女性群体的，在政策实施过程中也往往需要分析妇女群体所处的领域差别、阶层差异和地域不同、城乡分隔，然后通过劳动、文化、经济等各个领域政府部门来执行这些政策。这就需要国家的公共服务和公共支持体系以及其他非妇女部门和领域将社会性别的逻辑纳入总体规划和执行之中。公共支持体系构建的逻辑出发点不仅应该保障该群体的基本生存权，还应该在具体的跨区域、跨部门政策执行过程中满足该群体公民的社会需要，保障该群体的基本人权。社会性别主流化战略的推进需要将社会性别意识纳入支持体系的规划主流，通过去性别中立化的政策关照，使社会公共利益与公共资源做出有益于女性和男性平等受益的权威性分配。否则，公共服务和公共支持体系一旦形成就具有一定的持续性、权威性和强制性，其所产生的路径依赖就会对一代甚至几代人的生活和命运产生决定性影响"。❶

6.1.2.2 新型城镇化——公共支持体系的协同场域

场域泛指社会成员作为行为主体参与社会活动时的情境和区域，在社会行为主体进行社会活动的情境过程中充满了来自各方力量的博弈互动，这些力量既涵括了有助于达成目标的力量关系，也包括与之博弈的相反的力量关系，这两大力量关系群之间的张弛推拉为社会主体间的协同提供了某种可行性，并决定了它们之间的关系模式。党的十七大之后，与以往重点首抓经济问题相比，党和政府开始将民生问题纳入高度关注的中心，并通过系列政策法规的颁布实施，使其成为社会各界持续关注的焦点。全社会日益认识到，民生质量的提高不仅直接关系到人民幸福感的强弱，也关系到实现"中国梦"的进程。党的十八大以来"特色新型城镇化道路"成为城乡统筹发展的未来方向。新型城镇化区别于传统城镇化的关键在于转变以往的国家构建视角，强调社会构建视角下的"个体"的城镇融入状况。"农民工从农村向城市的流动是他们获得新的社会位置和社会地位的过程。"❷ 在就业过程中，农村户籍的女性整体上面

---

❶ 丁煌：《西方行政学说史》，武汉大学出版社2007年版，第5页。
❷ 李培林：《流动民工的社会网络和社会地位》，《社会学研究》1996年第4期。

临比男性更严重的歧视和排斥,与男性相比,农村户籍的女大学生在城镇融入过程中承担着额外的融入成本,即因户籍、性别歧视所付出的代价。对于广大农村户籍的女大学生群体而言,她们能否找到适合其能力的职位,能否成功融入城镇化发展,是决定她们的"城市梦"能否实现的关键因素。我国的新型城镇化发展所带来的全面市民化转型与城市融入也是农村女大学生真正实现"在流动中发展",改善生存状态、实现持续发展的环境。因此,立足于现有农业转移人口群体,正视社会建设与改善民生过程中的性别差异,关注广大农村户籍的女大学生在城镇融入的真实情境是女大学生就业的公共支持体系构建过程中的重要场域。

6.1.2.3 主体协同——公共支持体系的核心变量

主体协同是在协同场域中,通过一系列制度安排、保障、界定各自所应扮演的角色,并通过体系内主体间的互动不断优化关系模式以最有利于协同治理。在这一过程中,哪些主体属于协同体系内影响、决定系统运行效果的核心变量是需要予以厘定清楚的。阿马蒂亚·森提出人的发展并不必然以经济收入和财富的多寡而导致是否能获取实质性的自由。经济收入是人们能够拥有更多自由以获取自己所珍视的生活的重要手段,拥有较多的金钱确实能够帮助人们有机会得到很多自己认为重要的东西,在某种程度上获得自由,但是经济收入并不是人们得到实质性自由的唯一排他性途径,即金钱不是个体获得自由的唯一前提和基础。如果一个社会有良好的包容性、更大的政治自由、充足的社会机会、透明的信息保证和强大的防护性机制,即使个体在经济收入上处于较低水平也能通过不同渠道的扶持获得合意的生活。当国家的各项福利制度与基于自愿之爱而组成的志愿团体结合起来,在资本逐利本性的经济行业领域之外通过志愿者的互帮互助给予需要的群体以力所能及的各种社会服务。志愿组织和社工群体的各种人性化的服务和努力,给予了这份工作极大的尊严和体面,其意义和价值不是金钱能够衡量的。❶ 因此,女大学生就业的公共支持体系首先要厘定协同治理的变量,变量的数量和关系模式决定了体系中主体协同的可能性以及主体协同关系的质量,以下主体对于女大学生公平就业的协同治理达成

---

❶ 鲁伊:《撒切尔的孩子:来路与去处》,《三联新闻周刊》2014年第44期,第104页。

有着重要的意义。

一是国际组织的倡导与推进。2010年7月2日，联合国大会决定建立一个独立的联合国两性平等和赋予妇女权力的新实体——联合国妇女署。联合国妇女署主要在两个方面开展工作。一方面，它协助支持国际政治谈判，以制定全球认可的性别平等标准。另一方面，它提供专业的技能、知识以及资金支持，协助有需求的联合国会员国制定男女平等的法律、政策，提升性别平等的标准。这些都是我国女大学生公平就业公共支持体系发展不可或缺的外部助力。二是政府的关注与支持。公权力的介入和保障是公共支持体系构建的基石，政府对女大学生公平就业的关注由原来注重强调毕业生的就业率、强调人才的供给要满足市场需求逐渐转变为重视男性女性在求职、就业过程中的公平性，并且逐渐开始系统构建男女公平就业的制度框架及规章细则，尤其是保护女性求职者的特殊权益。三是国内NGO的兴起和参与。非政府组织不以盈利作为动机，不盲目地受到周围市场的影响，所以有助于实现更广泛的社会公平和正义。中国有关帮助求职、就业女性的非政府组织尽管只是处于起步阶段，但其对女大学生开启隐性性别歧视的维权和权益救济有着不可轻视的推动作用。四是国内公司的成长与规范。尽管目前国内企业在就业性别歧视方面存在的问题颇多，但不能否认的是经过几十年的市场规范，它们不仅呈现更健康的增长态势，而且开始越来越关注女性就业者的群体利益和维护。作为女大学生群体生存发展的基础平台，在构建公共支持体系的过程中国内企业的反歧视体系构建和发展才能为女大学生提供最终的价值归属和保护。五是女大学生群体的维权能力发展。女大学生的职业观念、维权意识、法律认知水平需要在公共支持体系的强大过程中不断适应行业发展的新要求，通过自身核心竞争力的提升最终实现个人的"自由"。

在协同治理女大学生就业问题的过程中，这几大主体的良性互动有利于性别歧视的消解。女性权益保护组织、工会或者其他第三部门组织在保持其独立性、坚持组织宗旨、接受科学监管的同时，亟须政府通过健全政策规章下放更多的相应权力以及给予人力、财力等方面的扶持，以此保证第三方组织的行为坚持其设立之初的宗旨，推进企业社会责任履行、维护女性公平就业权益。政府进而成为"元治理者"负责政策引导与制度支持，而社会组织成为行业发展的直接推动者与行为实施者。同时，在主体协同过程中，女大学生的积极参与是消解就业歧视必不可少的部分。女大学生群体作为相关社会组织发展的维系者以及受益者，政府在出台政策、组织在制定决策时都应全面听取、吸纳作为"半边天"的女性从业者的意见，这也是公共政策制定的基础；社会组织本身也是就业女性与公司、政府之间进行对话、协商的平台，职业女性的社会参与既能发挥其特有的专业、技能知识特长帮助受歧视的女性发出声音、进行维权，也有利于该群体社会资本、人力资本、文化资本的积累和可行能力发展，更可以同时对政府、社会组织进行监督。

6.2 公共政策支持子系统

6.2.1 公共政策供给

据世界银行评估报告，我国人口构成中的结构性优势是我国经济增长的重要动力，长期以来，"人口红利"因素为经济持续高速增长贡献了30%以上。然而，"人口红利"从来不是永久福利，随着人口转型，对中国经济高速增长有长期贡献的"人口红利"开始衰退，我国生育率在1.4%~1.5%的水平低速徘徊，是发展中国家中最低的。目前的共识是，未来十年中国的"人口红利"优势将会因为劳动力的供给下降、劳动力成本的提升而逐步衰减，经济也将进入生产要素成本周期性上涨。即使分步的"单独二胎"政策也改变不了目前我国劳动年龄人口绝对数值下降的趋势。因此，以人口现状为基础的公共政策、经济政策以及国家发展战略尤为重要。很多专家学者（孙立坚，2014；蔡昉，2013）都提出需要在调整计划生育政策的基础上，通过探寻放权、放松管制、引入竞争等"制度红利"的方式推进中国经济的市场化建设。

中国2013年已经进入了劳动年龄人口负增长的历史拐点，未富先老带来的养老、育儿、护理、物业管理等各类社会问题都和就业息息相关，而作为"半边天"的女性，尤其是有良好教育背景的女大学生能否获得公平公正的就业、竞争机会则对社会生产和发展的质量有极其重要的影响。在此背景下，我国国内立法面临着构建全面的反就业性别歧视政策法律体系的挑战。❶ 我国尚处于是否对反就业性别立法以及选取何种立法模式的探索阶段。正式立法的较长时间性、人口红利已入拐点的现实性和性别歧视问题的迫切性决定了禁止女性就业性别歧视公共政策支持子系统构建的重要性。在法律框架尚未构建的情况下，及时有效缓解女大学生就业中的隐性性别歧视问题最重要且影响最广泛的显然是政府。长期以来，我们社会中女性在表达利益的过程中经常呈现失语状态，女性往往得不到强有力的社会和政府关注，许多公共政策漠视了社会性别差异所造成的女性利益受损，也就忽略并丧失了公正性这一核心价值。一些在计划经济中能够有效保护妇女权益的政策和法律正在失去其存在的基础，甚至成为一种不利于社会主义市场经济条件下性别平等的政策安排，亟待加强政策改善。❷ 然而，在法律框架和条款尚未成型、出台以前，如何在现有的公共政策支持体系内最大限度地推动反就业性别歧视的进行，促进女性的公平就业，通过反就业性别歧视的制度红利为我国老龄化社会的和谐治理提供有力的支撑就是公共支持体系的公共政策子系统要探讨的核心问题。我们认为公共政策支持的子系统需要从高等教育政策、就业性别平等政策、社会福利政策、文化产业政策、家政工作体面劳动政策这五大方面进行构建和完善，通过政府"有形之手"和市场"无形之手"以及社会"刚柔并蓄"之手共同推进反就业中的性别歧视进程，促进"制度红利"的效用最大化。

6.2.1.1 高等教育政策

第一，变革高考招生政策。面对逐年上升的女性高考录取比例，当女生录取人数超过当年录取总人数的 50% 时，就认为在高考招生中的男女生比例已经失调，甚至是"阴盛阳衰"，出现了很多声音和行动要求"拯救男孩"。例如，设置专业招录的特定性别要求（多数为只限定招录男生）等，认为女生需要为"国家利益""就业比例""教育效果"埋单。❸ 而这些部门、高校在高考招录中的性别区别政策有很多看似相当中立的理论解读。其一是"男性

---

❶ 胡大武：《比较与借鉴：家政工人劳动权益法律保障研究》，中国政法大学出版社 2012 年版，第 359 页。

❷ 王宇颖：《女性主义公共行政理论》，中国社会科学出版社 2011 年版，第 224 页。

❸ 王俊：《论高考招生中的性别迷思》，《高等教育研究》2014 年第 5 期，第 10 页。

弱势补偿"说。有观点认为现代的教育模式完全不适合男性的生理发展结构。受传统社会男女社会分工的影响，男生倾向于根据冒险性质的实践为主的学习方式，而课堂式教学使其不得不静坐学习，在一定程度上压抑了其学习能力。[1] 因此造成了男生在现代教育体系中的考试成绩低于女生，这是教育体系和结构造成的男性发展不平衡，需要在高考招录过程中通过公共政策的调整、倾斜对男生进行弥补。其二是"专业性别平衡"论。有观点认为某些文科专业例如教育、外语、文学等更适合女生就读，用人单位也更倾向于女性大学毕业生，因为这些专业都需要极强的耐性和细心。女生当然也愿意就读此类专业，因此如果不在招生环节对文科专业加以人为控制的话，就会导致这类专业男女性别比严重失调。[2] 其三是"就业性别压力"说。有观点认为正是因为没有对高校专业中的男女性别比例进行限制，导致在就业市场招聘中很多单位不录用某些专业的女大学生。为了缓解女大学生的就业压力，需要在高考招录时就对专业性别进行调配和控制，以缓解女大学生的就业压力。

有人认为将大学男女比例失调判定为一种弊端本身就有问题。实行计划生育后，由于家庭孩子数量的减少，家长会投入更多的资源到现有孩子的身上，哪怕是女孩，这将会使长期被压抑的占社会一般的女性智力资源被开发出来，极大地推动社会进步，这是值得肯定的。[3] 不论是"男性弱势补偿""专业性别平衡"论还是"就业性别压力"说，持相关理论的共同点在于女性突破传统的"不会读书""不会考试"刻板印象后给男性带来了不可否认的冲击和威胁。而女性则被贴上了"死读书"的标签，并且由于所选专业热门，报考人数较多，用人单位有了较大的选择权，许多用人单位以缺乏创造力为由拒绝雇用女大学生，这本质上是就业歧视导致妇女受教育权的歧视。[4]

因此，高考招生政策亟须变革。教育部和各高校应该对照相关规定，全面审查招生中的性别限制，减少或取消在特定专业招生中的性别设置。在消除职

---

[1] 新华网：《高考成绩"女强男弱"？考试成绩好坏性别注定？》，http：//news.youth.cn/jy/201605/t20160511_7981890_1.htm.

[2] 新东方论坛：《高校招生男女比例严重失调》，http：//bj.xdf.cn/publish/portal24/tab13076/info664244.htm.

[3] 新华网：《高考成绩"女强男弱"？考试成绩好坏性别注定？》，http：//news.youth.cn/jy/201605/t20160511_7981890_1.htm.

[4] 王俊：《论高考招生中的性别迷思》，《高等教育研究》2014年第5期，第11页。

业性别偏见的过程中，本身就包含社会道德价值观的公共政策具有非常重要的指导作用。因此，公共政策作为社会道德价值的反映，应该在消除就业性别歧视中发挥更大的作用。❶ 高考招生的教育部规章及各大高校的招生章程应当禁止任何形式的性别歧视，在某些专业中对男生的性别歧视也要被禁止。

第二，完善高校培养政策。首先，突出女子大学优势建设。作为探索女性教育的基地，女子高校要积极回应女性发展中存在的现实问题和重大关切，为时代发展培养更多的女性精英。❷ 我国女子大学的地域分化明显，华东地区最多，该地域思想开放，经济较为发达，知识、人才等资源流通力度大，西北与西南地区数量为零。而且我国女子大学的地域分布与生源地域分布呈直接相关关系：如中华女子学院生源地华东占43%，华南占31%，湖南女子学院生源地华南占81%。女子大学对于促进妇女实现充分自由发展和培养"自尊、自信、自立、自强"精神的现代女性，尤其是在消除专业和课程的性别隔离、建设女性性别意识的特色专业、帮助现代女性更好地适应生活和社会需求方面具有一般大学无法替代的积极作用。

从女大学生的就业促进视角来看，目前我国女子大学的特色培养优势并未全面发挥出来。女大学生在就业过程中遭遇的种种困境凸显了女子大学的培养政策还存在诸多不合理的问题，尤其是在目前我国就业市场的结构性供需不对称矛盾下，相对于男性而言，女性大学生毕业后更难找到对口的职业，公共政策应该更加积极地引导女子大学设立科学的培养体系。具体来说，主要包括以下几个方面：（1）全面强化性别特征不明显的通识专业，如经济与管理类、文学与传媒类、信息技术类、社会学类，为女大学生的宽基础、广视野打下深厚的根基。（2）着重建设女性有就业优势的专业，如播音主持类、艺术表演类、礼仪类、家政类、空乘类，为女大学生优势就业导航。（3）深度发展女性研究的特色专业，如女性与性别研究类，为科研型的女性人才提供发展空间。

其次，为女大学生就、创业促进模式的创新提供政策平台。随着公共数据

---

❶ 李耀锋：《论公共政策的价值导向与道德治理——以新加坡社会公共政策的道德引导为例》，《上海交通大学学报（哲学社会科学版）》2014年第3期，第52页。
❷ 贾春：《第二届中外女子大学校长论坛暨纪念第四次世界妇女大会20周年研讨会隆重召开》，《中华女子学院学报》2015年第12期。

量逐渐增加和数据逐渐多样化，有必要将治理技术创新和数据应用优化的结果应用到就业促进的示范平台。但目前，我国各级政府各部门已经建立了不同格式、不同标准的庞大数据信息库，导致横向政府部门和地方区域之间"分裂"的数据壁垒的形成。例如，从国家到地方、从政府到高校都建立了规模大小不一的就业信息管理系统。建立这些数据库的初衷就是基于这些数据之上，政府、学校可以做到统一管理，畅通用人单位和毕业生之间的沟通渠道。实际上，目前各高校的毕业生就业状况的基本数据相当分散。在校学生信息主要包括基本个人信息、受资助情况及就业情况等。将这些信息进行梳理和统一是研究和监测大学生就业状况的前提，而这些信息的来源分布在教务处、学生处等不同的部门，但能够实现上述所有信息全部统一有效管理的高校信息库、社会就业信息库、政府部门信息库寥寥可数，就业数据整合机制的薄弱、数据格式的不一致性和来自不同部门数据的不一致性，加上休眠数据、折旧数据和假数据的存在，使得政府难以实现公布 PES（公共就业服务）数据的基本价值诉求。

为了应对当今就业环境中性别隐形歧视等一系列女大学生就业难的问题，基于社会性别视角的大学生就业促进政策平台构建可以从三个方面着手：一方面利用政务数据中心或政府信息云整合交互数据应用破除传统组织架构中数据信息在部门、机构、地区、高校间分离的状况，实现大数据利用的标准规范、查询开放、存储安全。另一方面打破数据独裁，鼓励民间私人机构和个人合法利用公共数据。同时，搭建以高校为对象的、以性别为分析标准的就业状况监测系统，打造高校、市级、省级、国家级等不同规模内对毕业生就业状况的结果评估和性别评估，针对不同层次、不同类型的毕业生监测就业状况，对监测数据进行质量分析，提供一个智能平台。尤其是从社会性别视角的监测和数据分析，能够为女大学生的就业选择提供不同的针对性措施。

6.2.1.2 就业性别平等政策

是否应该在立法和公共政策的制定方面对职场女性进行区别对待从而实现就业公平这一问题上一直存在着分歧。有人认为，如果有关立法和公共政策对女性采取特别保护措施，会在某种程度上导致女性更有可能被排除在某些行业之外。也有一部分人认为在法律的构建之初就由于公、私领域的二元划分，导致了女性没有参与到法律体系的建构过程中，女性的各种权利是被男性建构的，因此如果不回归到法律构建的源头，不剖析公、私二元划分导致的性别差距和女性弱势，只是单独谈公共领域中的女性赋权问题的话，效果是非常微弱的。性别平等不能在公共领域表达，也不能在私人领域实现。因此，法律只是赋予女性在性、婚姻和家庭方面的某些权利，不能从根本上撼动公共领域和私营部门的性别歧视，反之，是公共和私人结构的二元对立已成为维持性别不平等的牢固法律。为了消除私营部门的这种歧视，政策和法律本身具有宣传和教育的功能，2011 年，全国妇女联合会和国家统计局联合组织和实施了性别意识建设，中国女性社会地位调查数据第三阶段数据显示现在女性普遍的受教育年限在增加，与此同时，女性的结婚和生育年龄也大幅度推迟了，较 20 世纪 80 年代，现代女性平均生育年龄推迟了 4~5 岁，[1] 导致女性生育期和事业高峰期相冲突。因此，如果公共政策和相关立法为女性规定了名目繁多的生理假、哺乳假、产假，用这些设计来补偿妇女特殊生理结构和因怀孕、生育、养育孩子造成的负担的保护性法律规定，把女性与生育紧密联系在一起，实际上强化了关于女性角色和特点的模式化的传统观念，从而导致用人单位在认为雇用女性会增加运营成本，降低企业竞争力，使雇主把女性看成潜在的母亲，不利于女性的事业发展。

还有一种观点则认为，机会平等并不能让男女在就业中获得真正平等的地位。因此，基于生理不同而设置的生理假、产假就是同时考虑到了机会平等和实质平等两个方面的公共政策支持。而且，从长远来看，绝大多数的规定和条文正因为是基于社会性别视角设定的，所以并不分生理性别。例如，育婴津贴、家庭照顾假等都是适用于两性的，并非女性专享，男性同样可以因为具备照护家庭、抚育孩子等具备法定的事由而请假。这正是强调男女共同承担育儿和家庭照顾责任，并同时保障两性的工作权，而非给予单一性别特殊的优惠或待遇。因此为了保障和维护女性的就业权利，需要大力发展公共托幼设施和服务，出台激励措施，推行男女共享的带薪育儿假，鼓励男女共同分担育儿责任，促进工作与家庭平衡。在调研中我们发现，部分人事领导在谈及男性和女性的同工不同酬问题时，选择给予男性员工较高工资是基于这样的观念：男性

---

[1] 白洋：《6 成中国妈妈有钱才敢生孩子》，http://huaiyun.pcbaby.com.cn/120/1201856_1.html。

往往承担了主要的养家糊口的收入责任,所以男性对工作的忠诚度和投入程度要高于女性,而由于现实中女性承担了照顾家庭的主要责任,女性比男性更有可能选择灵活性较高、不需要对公司或公司群体独需的技能进行持续或大规模投资的工作,或技能不会因事业中断而大幅度贬值的行业的工作。而这些通常是技能和经验收益较低的行业,工资也相对较低。

因此,我们认为反就业性别歧视的政策体系对女性育婴假、生育补偿津贴等公共政策不应做一种被动解释。生育下一代并非女性个人或单一家庭的责任,而是应该由国家、社会和雇主一同分担的。而且实际上,近年来我国的相关政策已经开始有计划地进行修改和调整。以产假为例,自2015年12月27日全国人大常委会审议通过修订后的《人口与计划生育法》以来,各地相继开始修订地方计生条例。部分省市的产假调整如表6-1所示,均在不同程度上大幅度延长了产假的时间,以便于女性在生产后有较为合理的恢复身体与孕育婴儿的时间。但同时亟须关注的问题是,在"二孩"政策全面实施后,如何应对企业由于孕产假延长导致的成本增加而在招聘和升迁过程中针对女性的歧视更加隐性更加恶劣情况的出现,政府在保护女性就业权益、促进企业生产发展与践行企业社会责任中的角色与担当是不可回避的关键所在。

表6-1 地方政府的婚、产假政策调整情况

省份	婚假	晚婚假	产假	陪产假（护理假）
吉林	15天	原12天取消	158天（可延长至1年）	15天
重庆	15天	原10天取消	128天（可休至子女一周岁）	15天
北京	10天	原7天取消	128天（可增加1至3个月）	15天
海南	13天	原10天取消	188天	15天
河南	21~28天	原18天取消	98天+3个月	1个月
黑龙江	15~25天	原15天取消	180天	15天
福建	15天	原15天取消	158天至180天	15天
陕西	3~13天	原20天取消	158天至168天	15天（异地生活20天）
甘肃	30天	原30天取消	158天	20天（异地生活25天）
山西	30天	原30天取消	158天	15天
云南	18天	原15天取消	158天	30天
内蒙古	18天	原15天取消	158天	25天
河北	18天	原15天取消	158天	15天

续表

省份	婚假	晚婚假	产假	陪产假（护理假）
青海	15天	原15天取消	158天	15天
贵州	13天	原10天取消	158天	15天
辽宁	10天	原7天取消	158天	15天
山东	3天	原14天取消	158天	7天
安徽	3天	原20天取消	158天	10天（异地生活20天）
宁夏	3天	原15天取消	158天	25天
四川	3天	原20天取消	158天	20天
江西	3天	原15天取消	158天	15天
湖南	3天	原12天取消	158天	20天
广西	3天	原12天取消	148天	25天
江苏	13天	原10天取消	128天	15天
上海	10天	原7天取消	128天	10天
广东	3天	原10天取消	128天	15天

资料来源：中国妇女报：《产假最长可延至娃1岁！这个省份的产假真是太给力了!》❶

6.2.1.3 社会福利政策

社会福利政策的涵盖范围非常广，主要是指能够为女性和男性在面对突发事件（如失业或老年）等情况时提供保护的政策。家庭、养老以及社会福利的转移政策有助于减轻个别家庭抚养孩子或照顾其他被抚养者的费用，在面对人口老龄化和家庭结构转变的形势下，这些挑战更显迫切。而且在减少贫困和性别不平等方面，直接涉及女性权利的公共服务不仅与社会福利转移同样重要，甚至比后者有更大的影响力。研究表明，对于职业女性而言，时间限制因素是造成女性收入低、生产率低的主要原因。而这些限制因素往往来自非正式制度——即关于由谁承担家务、照料家人的社会规范与观念。解决此类限制的政策必须消解社会规范带来的问题，而不是仅仅尝试改变社会观念。❷ 传统上

---

❶ 中国妇女报：《产假最长可延至娃1岁！这个省份的产假真是太给力了!》，http://mp.weixin.qq.com/s?__biz=MzA4NzAzNjYwNw==&mid=2652518096&idx=2&sn=b4ea88c6f697acd71a854f5ed7cd1267&scene=1&srcid=0703AlWsIM4iu9Tit9Ky8Wdb#rd.

❷ 周安平：《性别与法律》，法律出版社2007年版，第106页。

的"性别中立"立法和人事实践旨在为那些具有正式工作的人,即内部人士提供工作安全,但是,这常常是以牺牲其他得不到此类工作或根本没有工作的人(外部人士)的利益为代价的。参与者在匹配过程中是否认为工作适合某一特定性别的观点密切了性别与人们工作或工作地点的关系,换言之,它促进了就业分割。而行业和职业分割反过来又促进了升职和权力的可见性别差异以及工人态度和行为的差异。❶ 实际上,如果不同部门、领域的公共政策在社会性别主流化方面没有达成共识和一致,没有共同致力于性别歧视的消解,则某一领域的政策优化对于整个社会范围内获得经济机会的性别不平等状况的改善效果是很有限的。而我们在探索消解女大学生就业隐性性别歧视问题过程中,认为市场和制度限制因素可以互相加强以改善隐性歧视的状况。例如,允许灵活就业形式的制度变革,比如兼职工作,具有缓解既有时间限制因素的作用,但是在缺少(儿童、家庭)护理服务扩展等补充性措施的情况下,单独探讨实现女性灵活就业对歧视结果的影响可能是非常有限的。❷ 因此,在探讨反对隐性性别歧视的时候,单独建立反歧视法只是一个立法因素,而对于女性就业的公共支持体系的构建是最终实现实质公平的核心所在,因为若只有一部法律,可能在出现歧视侵权时予以救济,但是若缺少各项政策执行环节的补充,整个社会范围内的隐形性别歧视观念和行为是很难最终消解的。

为了促进实质平等,性别必须被考虑进社会福利政策的议程中,尤其在制定政策时,需要特别注意一些细节,推行有针对性的保障女性权益的政策。如有条件的福利津贴转移,在消除受助者社会经济劣势的同时,不强化对受助者的性别刻板印象或污名化。同时还包括完善产假政策,通过基础设施投资使女性从时间限制因素中脱离出来,运用技术手段与交通手段降低女性进入劳动力市场的难度。另外,出台促进与家庭服务相关的投资政策,包括健康和儿童保育服务以及可用水和卫生设施等,对积极解决女性的需求和长期支持她们的收入保障至关重要。

---

❶ 世界银行著,胡光宇、赵冰译:《2012年世界发展报告:性别平等与发展》,清华大学出版社2012年版,第228页。
❷ 世界银行著,胡光宇、赵冰译:《2012年世界发展报告:性别平等与发展》,清华大学出版社2012年版,第240页。

6.2.1.4 文化传播政策

文化传播政策中的社会性别价值取向是庞大而复杂的文化传播行动背后的强大力量，它植入人性，影响长存。文化传媒政策背后的社会性别价值观直接影响了我们看待世界、家庭和性别的方法和行为，其中歧视偏见产生的负面影响也是持久而深远的。加里·贝克尔在《歧视经济学》中对"歧视偏好""偏见"和"歧视想法"之间的关系进行了解读，"如果某人有'歧视偏见'，则他就会有宁可减少收入也要回避某项经济活动的想法。需要提醒读者注意的是，我在这里对'想法'二字是加了着重号的。雇主也许会由于误认为黑人的经济效率低而不雇用黑人，则该雇主的行为固然是歧视，但却并不是因为他对黑人有偏见，而是因为他不了解黑人的实际的工作效率。通过知识的传播，对某群人的'无知'的情形可以很快消除。可是偏见（即作为一种'偏好'的偏见）就不同，相对来说，偏见与知识的关系不大。很多持有偏见的人在回答有关他们所歧视的人群的问题时，往往会出错。不过，如要正确理解他们的歧视行为并要消除其歧视行为，则他们对所歧视人群的'无知'反而不是最重要的。这是因为，他们的歧视行为根深蒂固，即便告知他们事实的真相，他们也会无动于衷。要理解许多组织的动机，则做出这种区分就是必不可少的，因为这些组织往往这样认为：通过大规模的知识普及，歧视是可以消除的。而且，'我们渴望他人和自己的想法一致，以至于当他人有不同于自己的观点时，我们会想方设法去纠正其观点。这种偏见会延伸入潜意识。种族歧视、性别歧视、性取向歧视就是我们维持观点一致的产物。比如某一族群的人很令你讨厌，而你觉得自己是好人，不能随随便便讨厌无辜的人，于是找出一堆歧视的理由。每个民族都会编造一些歧视其他民族的理由，这是一种自我辩护和自我调节……他们太信任既有信念，证据再多也无法推翻成见。'❶ 另一个最与之相关的决定性因素是时空因素：歧视会因为不同的国度、同一国度内的不同地区、同一地区的城乡之间及不同的时期而异。还有，歧视偏好程度也会因为个人性格而异。"❷ 加里·贝克尔对"歧视偏好""偏见"和"歧视想

---

❶ 梁文道：《读书让我们不再孤单》，湖南文艺出版社2014年版，第204—205页。
❷ [美] 加里·贝克尔：《歧视经济学》，商务印书馆2014年版，第18—19页。

法"的关系解读说明了各类文化传播政策背后所蕴含的社会性别价值导向的重要性。

在被新媒体、互联网围绕的时代，如果在网络上、电视剧中、微视频中每天看到的传递的都是女性应该以家庭为生活重心，可以为了长辈的期待结婚，自己的梦想不重要……很难想象长期被这些刻板性别印象侵入的女性和男性能够形成健康平等的性别观。在国外的文化产品中，很多企业和公司已经意识到男女性别评价标准的双重化问题，并着手进行改革与创新。例如，在美国的多芬广告中，以"真实美丽"为主题，鼓励女性"你比想象得更美丽"，潘婷广告揭示社会对男女的双重评价指标，等等。从某种角度看，这些蕴含女性赋权理念的文化产品和广告是在用前所未有的方式为消解性别歧视努力。可是这些倡导男女平等、促进女性公平就业的文化传播产品从来没有出现在国内的公共传媒平台上。虽然这些商业公司广告的目标并不是反性别歧视，但如果想想媒介的巨大影响，长期充斥在各个媒体上性别观念陈旧、印象固化的广告，这类女性赋权式营销在中国显然还太少。如果有一天所有公司在产品宣传和推广中都必须考虑性别平等，避免刻板印象才能更好实现好的销售，则说明女性赋权理念得到了普遍的认同。[1]

有学者认为在文化传播的各种媒介中，一旦形成了性别价值取向的"媒介定型"，它将形成某种认知模式和观点，在一段时间内对性别是稳定的。[2] "一个人获得一定社会声望的过程，往往是通过各种大众传播媒体人们掌握了他或她的部分信息，通过人类记忆系统整合，从而形成一种社会印象，这种社会印象一旦形成，则在性质和时间上都不容易发生改变。"[3]

2009 年发表的一项研究表明，女性的态度和决策会受现代、民主、独立价值导向的电视节目的影响。[4] 事实上，社会大众与媒体传播者不断地进行着永远都没有结果的对话，互相指责。因此，若一个社会、一种产业、一类文化

---

[1] 参见女权之声：《想用一颗钻石买断女人梦想？呵呵，女人已不再上当》，女权之声微信公号，http：//mp.weixin.qq.com/s?__biz=MjM5MzY0NjcOMQ==&mid=402373356&idx=1&sn=ee4f8090c93f0db3085c9653f9401d1b&scene=21#wechat_redirect.

[2] 中国人口与发展研究中心：《妇联调查国人婚恋观：7 成女性称男方有房才嫁》，http：//www.cpirc.org.cn/news/rkxw_gn_detail.asp?id=14153.

[3] 周爱保：《社会印象：意识，还是无意识控制》，《心理科学》2000 年第 4 期，第 440—511 页。

[4] 王也：《看电视节目会对人有什么影响》，《南方人物周刊》2015 年 9 月 21 日，第 22 页。

政策只有单一角度的时候,当只有强势者说话的时候,它必然会只关注某一种特定角度,必然只有一种叙事方式,必然无法体现多元文化的价值与精神,性别歧视和性别偏见将无法得以改变。❶ 有研究者在对《疯狂动物城》这部电影所传递的社会性别价值观的转变进行文化传媒分析时认为,这部电影告诉我们想要改变固有成见以及歧视是困难的,而且大部分人因为群体历史而被人戴着有色眼镜看待,虽然他们都相信平等并且社会已经在为所有人提供着平等的机会。❷ 在这部文化作品中首次让一位女性的兔子警官作为主角,如同电影想要呈现的性别歧视一样,能使受众更好地感知并认识到性别偏见对女性所造成的不利结果和该问题改进的必要性,这正是文化传播政策的社会性别视角在解决性别歧视问题中的关键所在。

从社会文明的发展趋势来看,目前我国亟须完善公共服务、公共支持的体系构建,规划适合我国现有发展阶段的服务质量标准,而适宜的公共政策体系及标准应以社会公平作为最基本的价值选择。❸ 公共政策背后的价值取向关系到公共政策从制定到实施过程中不同公共部门对公平正义等社会价值的取舍,达成政策价值取向的合理性并非易事。对政策价值的合理性理解可以从三个层面去把握:一是机会均等,即每个人都有同等的机会去参加社会活动;二是条件均等,在政策活动过程中,每个人都要遵守相同的规则和条件;三是结果均等,所有人在政策结果的享有和分配上是平等的。但现实情况是,由于现有的文化传播政策制定大都是在政府文化管理部门的主导下进行的。企业、文化中介机构、公民等公众力量缺乏正规、有效参与文化产业政策制定的渠道,不同群体表达声音的机制也不顺畅,行政主管部门及其所属研究机构在公共文化市场的竞技发展中往往既是运动员又是裁判员。公共文化传播政策设计、制定主体的单一性,往往会造成部分政策在社会性别价值取向上的缺失和偏差,并导

---

❶ 张玮轩:《你们那么关心 AI 打败了人脑,为何对女人一直被压制视而不见?》,http://mp.weixin.qq.com/s?__biz=MjM5MzY0NjcOMQ==&mid=403724439&idx=1&sn=f9324a87a887bf90c22410b55a142f26&scene=1&srcid=0316cZWAUuIWMFGab0e8SqpU#rd.

❷ 女权之声:《疯狂动物城创造了可能是有史以来最女权的一只兔子》,女权之声微信公号,http://mp.weixin.qq.com/s?__biz=MjM5MzY0NjcOMQ==&mid=40.

❸ 温美荣:《论公共政策失范问题的发生机理与治理之道》,《中国行政管理》官方微信,http://mp.weixin.qq.com/s?__biz=MzAxNzA5NDgwMg==&mid=2649136006&idx=3&sn=e573369f60226d86bd5f976b7f298c36&scene=1&srcid=0826TkCfpJAIa9VZNmxBSgxK#rd.

致文化传播政策中的公众利益诉求"缺失"。[1] 大部分文化传播政策是性别中立的,也意味着客观上遭受性别歧视、性别偏见的这部分公众利益诉求得不到应有反映,同时由于现有文化传播行业的过度逐利经营趋向,导致最后呈现出来的政策中充分表达性别平等意愿、反对性别歧视,尤其是隐性歧视的诉求都相当"弱小",文化政策应发挥的社会导向效益难以有效实现。因此,公平正义和公共性为核心的价值取向是在制定和实施文化传播政策中应该始终坚持的,要积极倡导性别平等文化,把实践社会公平作为公共政策决策的价值基础。传播性别平等的价值观念,正确评价女性社会价值,提倡雇主平等对待求职的男女大学生。[2] 促进性别关系和谐、宽松的社会环境,总结社会资源丰富的女性积累社会资源的经验,帮助这些经验的传播,促进女性社会资源的整体提升。

6.2.1.5 家政服务社会化政策

中国在 2013 年已经进入了劳动年龄人口负增长的历史拐点,未富先老带来的养老、育儿、护理、物业管理等各项社会问题都和家政服务息息相关,家政、幼教、看护这类服务行业的劳动体面化,家政服务的社会化、规范化健康发展不仅是老龄化社会有序治理的重要保障,也是使更多的女性能减轻繁重家政事务束缚,摆脱传统行业性别歧视桎梏的重要抓手。几乎所有的研究都表明,尽管不同国家中的女性用于家务和照顾儿童的时间差异较大,但是没有一个国家的女性用于市场工作的时间是可以和男性持平的。时间作为一种重要资源,可以用于包括市场工作、家庭内部的无酬工作和儿童看护等生产性活动,也可以用于个体活动(如吃饭、休息和娱乐),而时间利用模式的性别差异是影响女性参与市场工作、选择从事特定经济活动或工作决策并进而影响性别刻板印象和性别歧视的重要因素。和让男性采取女性的行为方式(如从事家务和护理工作)相比,也许更容易接受的方式是女性采取男性的行为方式,即工作换取报酬。因此,将更多的时间分配给市场工作通常是以女性承担更多的

---

[1] 陈宇翔、郑自立:《中国文化产业政策的架构、效能与完善方向》,《南京社会科学》2016 年第 1 期,第 146 页。

[2] 李春玲、石秀印、杨旻:《性别分层与劳动力市场》,中国社会科学出版社 2011 年版,第 9 页。

总工作量为代价的。❶

需要关注的是,许多政策并不直接涉及性别问题,但是却可能对家庭内部和社会中的性别关系产生影响,忽略这些联系可能降低干预措施在实现目标过程中的效率。近几年,在国家层面多以财政资金扶持、培训经费补贴的方式促进家政服务业发展。从地方层面而言,在国家相关政策的引导下家庭服务业发展环境改善明显,主要通过财税扶持、注册登记等方面的利好措施为企业发展提供有效支撑。但其中的问题也日益显现,正如黄宗智在《隐性农业革命》中谈到"如果中国继续偏向印度的那种资本主义农业,中国农村就会出现无数农场主和产业工人"。❷ 家政行业的规模化发展、员工制度推行也存在同样的问题,即会不会导致一方面是大规模、高垄断的家政龙头公司用国家对家政的巨额补贴做物业、做装饰、装修,发资格证书;另一方面是从事家政服务的女性职员得不到足够的社会保障,只能重复低薪酬、低技能的家政服务,而同时大部分需要通过职业化、社会化家政服务帮助的女性也无法在子女照顾、老人护理过程中获得优质的家政工支持而在其自己的职业发展中面临重重困境。面对这些难题,家政服务的社会化政策可以从如下两个方面着手:

一是要转变过去只扶持家政行业龙头企业,忽视、轻视中小家政企业的政策导向。既有的政策将绝大部分的专项资金用以扶持规模大、业务范围广的家政大企业,但是对发展中的社会亟须的个性化养老、婴幼儿照护等家政企业帮扶不足,造成家政行业的垄断性发展、创新不够的问题。应当针对社会需求的各类家政服务内容进行不同的公共政策支持。例如对于家庭养育、照护性质的服务通常是家政服务工作的重要类型。传统上将女性、母亲作为孩子的主要养育者,家中老人及病患的主要照护者的角色定位使得通常把雇请家政工同家庭主妇母亲的职责相联系的一个层面,就是母亲作为家政服务的主要消费者的定位。而这种女性既作为家政服务的消费者又作为家政服务的提供者的现实需要,公共政策在制定和执行时尤其需要保护女性的立法视角。伴随人口老龄化、家庭原子化和女性的高就业率及工作时间、压力日益增大的现实,由政府

---

❶ 世界银行著,胡光宇、赵冰译:《2012 年世界发展报告:性别平等与发展》,清华大学出版社 2012 年版,第 221—223 页。

❷ 黄宗智:《隐性农业革命》,经济观察网,http://www.eeo.com.cn/2014/0707/263041.shtml.

在家政服务中承担更多的公共供给和公共补贴，重新配置政府和家庭在子女的照护、养老责任中的比例，使更多人投入社会生产，社会更稳定运转成为必须。因此，将大批资金投入多形式的社区养老、便捷的家庭护理服务、灵活的婴幼儿照护等具有创新示范作用的中小型家政公司发展中，更能鼓励和引导家政公司向着更加人性化的方向发展。

二是将对家政行业的公共补贴由临时性、短期性转为战略性、长期性的财政支持。如前所述，虽然也存在很多即使没有老人需要护理、子女需要养育的家政服务需求，但是根据诸多调查研究显示，目前我国的养育、照护的家政服务需求是极大且刚性不可替代的。正如有的学者指出，在很多大城市的家政工与雇主的关系已经发生了戏剧化的转变，家政工对雇主的依附变成了雇主对家政工的依赖。聘用家政工人不再是富裕的象征，随着社会的进步，它已经进入了寻常百姓家。[1] 甚至有的雇主为了留住合心意、优秀的家政工一次性支付了家政工十年的工资，差不多三十万元人民币。[2] 2014年9月财政部等四部门下发了《关于做好政府购买养老服务工作的通知》，在《通知》中，对于向谁购买、如何购买并没有做出明确的规定。实际上，不论是在养老照护还是儿童照护的公共服务供给中，最终决定照护质量和水准的除了民办非企业性质的养老机构和医疗机构，关键是市场上广大具有良好资质的家政服务公司和高素质的家政工群体。政府需要全面规划现行由财政支出安排的各项家政服务项目，结合不同地区经济社会发展水平及家政服务的需求，在养老、儿童照护等核心家政服务领域建立战略性、长期性的财政支持政策。落实地方政府配套资金，加大对家政行业重点功能性项目的扶持力度，地方政府根据各自的财力情况给予家政业以补贴，连同对生活困难家政从业人员的补贴纳入地方政府预算。

6.2.2 公共政策运行

在正规的政府、非正规的社会组织当中都有可能看到我国传统社区这种以男性中心主义相对明确而复杂的组织形式在运作，它们通过以男性为中心的思

---

[1] 参见冯小双：《转型社会中的保姆与雇主关系——以北京市个案为例》，http://www.dayule.cn/jiazheng16/szjz1910.htm.

[2] 参见南方都市报：《雇主为留住保姆 一次支付十年工资》，2014年2月21日。

想建立社区生活和工作在日常关系中运作。在传统的国家政治经济权力配置和社会性别分工中，女性承担了大部分生儿育女、照顾老人等生产劳动。然而，女性在其所处的领域中并不能获得类似男性的对资源的掌控权。学者朱爱岚认为性别政治和国家权力水乳交融。❶ 这也可以从某种程度上解释为何女大学生在就业时遭遇的种种显性和隐性性别歧视却被视为自然而然并成为女性生活的社会经济边缘中潜在的颠覆性行动的隐蔽场所。社会性别是主要的根本不对称的生产性差异，公共政策漠视了女性利益和社会性别差异的同时也就忽略并丧失了公共性这一核心价值。

因此，如何在公共治理实践过程中对国家权力的社会性别差异进行再配置，通过公共政策的运行细节帮助新的社会性别的习惯性实践脱颖而出是需要关注的重要命题。公共政策的工具种类、功能各异，但不论政府的公共政策工具多先进，唯有政策的妥善执行才能将战略计划、规章理念转变为现实。狭义上的政策执行主体仅指政府部门，广义上政策执行主体还包括了政策目标的群体，在此取其广义上的内涵，具体到消除女大学生就业中的隐性性别歧视政策的执行主体也就包括了政府、公司、社会组织。在通往政策目标的政策执行过程中有很多需要必须克服的障碍：执行机构间的协调、执行机构的政策认知、公司、女大学生和政府间的政策沟通以及相应的激励机制、监督反馈机制都在影响着政策执行的力度。

6.2.2.1 消除碎片化内耗，强化反歧视政策研习

前已述及协调政府内部职能、行政的必要性，但如何协调显然是核心问题。调研中，G市妇联的张主席告诉我们尽管政府相关部门出台了帮助女性就业及维权的政策，但实际效果并不明显，主要是因为妇联并没有给予女性各项权利救济的法定权利。而且在处理女性就业的维权案例中也常常面临不同部门互相推诿、不愿意对歧视案例定性处理的情况。即使起诉到法院，也因为就业歧视的认定复杂导致案件判定周期漫长，许多女性无法承受时间成本、务工成本而草草"私了"甚至不了了之的结果。这都反映了政府职能部门协调不畅、

---

❶ ［加］朱爱岚著，胡玉坤译：《中国北方村落的社会性别与权力》，江苏人民出版社2010年版，第192页。

各自为政、相互掣肘的问题。以女性从业者占到 90% 的家政行业为例,广东省家协为了家政行业标准化、规范化和职业化制定了行业标准,该行业和标准的实施对于维护广大家政女工的工作权益、保护人身安全、防止女工出现意外后没有保障等诸多方面都大有裨益。但是在上报申请家政行业实行统一标准的过程中,职业鉴定中心认为家政服务业的职业标准应当由专门的政府机构即人社部来制定,家政服务协会作为社会组织不具备制定行业统一标准的资格,故不予批准。因此在具体的践行道路上,社会组织的能力施展面对诸多瓶颈,无法与政府力量实现有效整合。

政策研习常态化,减少正式规则与非正式规制的张力,提高公共政策的社会性别认知水平。在理论上是科学合理的政策规划,在实践操作中却不一定能取得良好的社会成效。这是因为,规范人们行为的不仅有正式规则,还有非正式的规则。倡议联盟框架理论特别关注以政策为导向的学习,即相对持久的想法或行为目的的转变。[1] 而在本文中,我们认为政策研习涵盖的范围应该更广,不仅只包括对于政策信念价值的学习,还应包括系统的从政策制定背景、政策制定的长、中、短期目标到政策工具的学习和升级,提升政策的社会性别认知敏感度,把握不同部门政策间的相互关联。无论是政府、社会还是整个市场,在经济的转型时期,社会的正式规则可以在一夜之间建立起来,但长期形成的各种价值理念及非正式规则往往具有深远的影响力。整个社会的道德观念、法治认知、社会性别意识、对政府的信任、对相关政策的接纳程度等都属于非正式规则的范畴。正式规则与非正式规则之间的张力和博弈不断影响、改变着人们的认知与行为决策。因此,政府各个部门、公司、社会组织以及企业都应加强政策研习,因为在政策架构内的任何运转都需要全社会的服从与合作。[2]

事实上,对于社会性别的政策研习不论在广度上还是深度上都非常薄弱。有专家试图倡导在全国各级党校推广性别平等相关培训课程,但实际上这一课程能够进入这些党校都比较困难。清华大学刘兵也提到,党校拒绝纳入性别平

---

[1] [美] 保罗·A. 萨巴蒂尔,汉克·C. 詹金斯-史密斯编著,邓征译:《政策变迁与学习:一种倡议联盟的途径》,北京大学出版社 2011 年版,第 19 页。

[2] 拉雷·N. 格斯顿:《公共政策的制定——程序和原理》,重庆出版社 2001 年版,第 110 页。

等的课程"十分好理解":最核心的是,没有把性别平等当"一回事"。而对于在普通高校推广性别平等教育这个问题上,中国大学生在性别平等认知上的缺失同样堪虞。❶ 如果用人单位和女大学生群体自身都对社会性别、性别歧视知之甚少,加之本来就存在的性别偏见,在具体的社会性别平等政策执行过程中就很难达到预期效果。与此同时,如果政策执行机构对政策背后的社会性别平等理念并不了解或者并不认同(如在部分城市,不仅不提高女厕的配置比例,反而以单位女性占比少为由减少和拆除女厕),同样也难以实现政策目标。

政策研习常态化需要坚持以下三点:其一,明确目标、抓住核心、转变观念,提高执行主体对政策的价值研习,尤其是加强政府对反性别歧视的研习,深化对就业中性别歧视的认知。明确政策目标,即区分各政策的长、中、短期目标,明确战略性目标和策略性目标。抓住核心即坚持维系社会公平正义的价值取向,转变观念就是要转变就业中的社会性别歧视偏见。比如,如何看待可持续发展的观念,如果受过良好教育、素质优秀的女大学生群体无法获公平竞争的发展机会,整个经济发展、就业市场和全社会是否能可持续发展。一个整体性的政策系统,各政策间既不能存在"打架"的情况,也不单单是各政策要素的简单拼盘,应该是一个相互匹配的有机整体。因此,反女性就业性别歧视的政策体系应该是基于教育政策、就业政策、福利政策、文化政策等的调适与整合;其二,形成有效的政策研习和政策反馈机制。对政府执行机构来说,流于形式的政策研习并不少,深入有效的政策研习较难实现,究其根源在于公共部门的封闭性。因此若希望政府执行机构能自觉、自律地常规化政策研习是一种理想化的状态,更需要的是依靠社会力量的监督,强化政策制定者的社会性别敏感度,对歧视根源、歧视制度、歧视动机、机理的分析学习,并将社会性别意识贯彻到政策制定执行的流程和细节中。就业求职者和企业的政策学习意愿并不平衡,前者的意愿较强烈,后者相对较弱,但雇员对职业培训的需求是很积极的,所以通过制度性地岗前培训、职业培训有针对性地展开反歧视培训,尤其是女性容易遭遇的性骚扰和性别歧视维权困境,以及歧视伤害后的行政、法律救济途径。通过形式多样化的宣传进行反歧视政策、法规相关知识的普及,让不同群体了解性别歧视的形式、危害和后果。另一重要途径就是通过

---

❶ 徐佳:《大陆农村:性别平等观念仍在倒退?》,《香港凤凰周刊》2015年1月28日。

各种社会网络，尤其是自媒体打造通畅的信息沟通渠道。在清晰认知政策的基础上要整合相关部门的部分职能、打破机械式合作、因时制宜地创新绩效考评内容和方式，不是以简单的经济指标作为衡量标准，需要推动形成跨组织界限的联动工作机制，并加强对联动工作机制的管理以防止因为流于形式而形成前台和谐、后台踢腿的局面，这同时将部门利益化解于无形，保证反歧视政策在各个环节执行的协调、高效。必要的资金投入、相关机构的协同合作以及准确的政策认知是推动政策高效执行的三大保障。其三，确保在政策研习、普及推广过程中充足的资金投入。尤其是当中央政府制定了一项政策，而所需资金是由地方政府投入时，政策是否能够得以有效执行更严重依赖于地方政府的政策认知与资金保障。

6.2.2.2 去中心化的多维沟通，立体监督实现体面劳动

特里萨·里斯指出性别平等政策分为三类：平等待遇、积极行动和性别主流化。性别主流化政策的重点是承认男女之间的真正差异，但不是通过对妇女的帮助来适应社会情况，而是试图改变社会制度和社会结构，以适应男性和女性之间的性别差异。即在政策制定和实践中始终贯彻"独特的女性视角"。所谓的"独特的女性视角"是指这样一种情形，即某些事实不是任何人、任何角度都可以看得到的，而是固定在某些人或某些视角中。正是因为在公共决策中男女会有不同的视角和立场，才有必要让女性在决策过程中拥有发言权。要具备对性别问题的敏感性，不仅应注意公共政策的明确内容，而且应注意隐含的内容，这些内容看起来是中性的、不歧视妇女，但在执行过程中要观测是否侵犯了女性的合法权益，这样才能充分评估一项政策对性别的深远影响。[1]

有效的信息沟通机制不单是政策学习的需要，调研结果显示，政府、家政公司、社会组织以及政府部门之间存在着广泛的信息不对称，这就为隐蔽违规行为的存在提供了温室。在这里，这一沟通机制的中心是维护女性权益的社会组织，参与主体是女性职员和公司，技术媒介是基于互联网的新媒体，以此形成从政府到社会组织，连接个人和公司的多向沟通路径。社会组织的角色和努力有利于打通政府与女性职员、公司间的沟通渠道，同时激发主体间的沟通意

---

[1] 王宇颖：《女性主义公共行政理论》，中国社会科学出版社2011年版，第234页。

愿，并利用新媒体技术，及时传达政府的政策信号、政策执行的反馈信息，同时帮助女性群体救济与维权，在这一双向运转过程中有利于信息及时、准确地传达和沟通。在女性公平就业政策的实施过程中，对企业和政府行为的监督是公民的权利，接受监督是政府民主法治化水平的体现。

有力的监督是确保准确执行政策的最为有效的办法，是防止官僚机构用与政策设计相悖的方式来行使自由裁量权的有力手段。监督的展开首先要有完善的信息沟通机制，并形成"上下来去"的监督机制。所谓的"上"是指各执行机构的上级部门设定合理有效的监督细则，激励下级机构较好地执行政策；所谓"下"是指经过授权认可的社会组织独立展开民意调查，评估各执行机构的政策落实情况、公司的政策遵循情况、女性求职者和从业者对政策执行的满意程度以及他们的政策期待等内容，并将调查结果向上反馈，纳入执行机构的绩效考评；"来"指的是需要彻底转变思维，政策的调整和修正需要从政策利益相关群体的反馈中汲取意见。尤其是对于运用什么工具去执行，如何更好地执行政策，不能长期局限在执行机构内部的讨论，政府需要不断地听取社会组织、女性求职者、公司的意见，这也是积极掌握隐性歧视情况和女性从业群体生存实态及现实诉求的一种方式，亦可称之为执行前监督；所谓"去"，即每一阶段充分运用各种新媒体，利用信息沟通机制，创新监督手段定期反馈政策执行情况及矫正执行偏差情况直至达成目标，执行与监督方才告一段落。政府对公司和社会组织不仅要监管到位，还要激励到位。比如对公司，不仅仅要严查隐性性别歧视，对于那些严格遵守法律、履行政策规定的公司和企业，政府应当通过税收、补贴的方式对其予以褒奖，以此鼓励公司更好地执行反就业歧视的规定，通过不断树立正面典型的过程促进企业在招聘过程中公平录用女性。

综上所述，女性公平就业政策的有效执行绝非任何一方主体的一厢情愿所能实现的，政策执行的本质——权力的行使和运作，决定了政策执行过程必然要受到监督，信息要得到及时反馈。监督反馈的有效性不是自发的，它离不开人力所为。在公平就业政策执行监督反馈过程中需充分发挥社会组织的桥梁作用，它既是政府执行机构与求职者、公司、雇主之间的桥梁，又是后三者之间的桥梁；政府既是"元治理者"，又是谦恭的权力行使者，它既要监管市场运行，又要接受社会监督；既要在某些领域全身而退，又要下放部分权力；女性

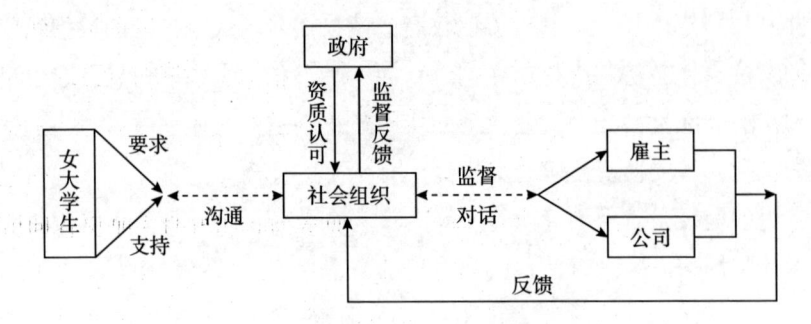

图 6-1　反隐性性别歧视执行监督反馈机制图

求职者是政策的服务对象，对政府、社会组织的执行、监督反馈行为保留最后的发言权。尽管政策决策和政策执行间关系脆弱，但对此并非无能为力，完善监督反馈机制无疑可以拉近政策预期和政策执行现实之间关系。

6.3　社会组织支持子系统

6.3.1　国际社会组织的合作支持平台

本文中所指的国际社会组织，即国际非政府组织，它不靠权力和经济利益驱动。作为国际性的社会组织通常是在地理疆域上超越了民族国家界限，其各项具体的活动范围延伸到创始国以外的其他国家或地区。20 世纪 80 年代中后期国际非政府组织进入我国，到了 90 年代不同类型的国际组织开始在我国多个社会、经济领域内开展工作，并从多方位与我国的政府部门、企业或社会中介组织进行临时或长期合作，合作活动地域几乎覆盖全国，促进了我国公益事业的发展。

6.3.1.1　联合国妇女署与国内政府、组织的协同合作模式

联合国妇女署在世界范围内与国际劳工组织合作，为帮助女性进入就业市场，推进各国企业进行改革，为女性获取更好的工作机会和收入积极不懈地努力。联合国妇女署在《世界妇女进程报告 2015—2016》中提出了公共行动的十大优先事项，排在前三位的分别是：为女性创造更多更好的工作机会、消除

职业歧视和性别工资差距。联合国妇女署的驻华办事处以促进我国妇女发展和维护妇女权益作为工作重点，在促进女性公平就业方面主要关注如提高妇女的领导力和决策参与、经济上赋权于妇女、国家计划和预算等方面的合作平台构建。❶ 习近平主席在全球妇女峰会发言中宣布，中国将向联合国妇女署捐款1000万美元支持妇女事业发展，并将在未来5年帮助发展中国家实施100个健康妇幼工程、邀请3万名发展中国家妇女来华参加培训等。

6.3.1.2 乐施会的网络拓展模式

为了更有针对性地促进妇女赋权，推动社会性别平等，2004年，乐施会中国项目部就成立了专门的社会性别项目组。作为已经有着20多年运营经验的国际组织，乐施会重点关注覆盖核心公共政策尚未惠及的地区、领域和群体，在和国内地方政府、组织合作时针对不同区域、行业、群体的特点，以社区网络为基础，以形式灵活的操作模式推动项目发展，以"社区为基、权利为本"的实施理念指导项目落地。致力于核心公共政策执行过程中既具有经济学特征、属性又具有社会效应的公益性领域中出现的公共供给服务的盲点，采用形式灵活、手法多元的操作模式将成功社区案例推广，扩大公共支持的网络。从2011年开始，乐施会开始积极探索与不同地方县域政府、文化传媒机构、社区合作的方式设计社会性别敏感项目，开展平权运动，关注不同行业和领域的性别歧视问题。例如，2014年12月乐施会与新媒体女性网络合作举办了"性别与中国媒体报道工作坊"。工作坊旨在提升媒体工作者的性别意识和新闻专业能力，并反映女性以及性别少数群体的立场和观点。倡导在新媒体的背景下，新闻记者在报道中，应以完整、平衡、中立的客观性原则，把意见和事实分开，运用社会性别的视角去观察和分析社会中存在的性别不平等，避免主观定义，消除习以为常的性别偏见和评价。❷

---

❶ 联合国妇女署驻华办事处：http://asiapacific.unwomen.org/countries/china/chinese/un-women-chinese.

❷ 香港乐施会：《性别与中国媒体报道工作坊举办 乐施会力倡性别平等》，http://www.oxfam.org.cn/info.php?cid=72&id=1580&p=news.

6.3.1.3 隐性性别歧视纠偏平台的创新尝试——非政府劳动监控

过去几年里，以美国为代表的国际社会中出现了一系列通过完善、执行非政府劳动监控和报告制度的新程序以填补传统政府规则的漏洞和转换现有监督机制的不足。这些非政府监控制度力图通过"自愿"标准（有时这些标准是与非政府组织和工会联合提出的）、内外监控制度、新的奖惩措施和不同层面的公众报道，利用公司的供应链来影响公司。这些尝试性行为涉及合作的新形式、非政府组织的新作用，公司的新责任、地方和国家政府机构的新回应。[1]从监测主体来看，非政府劳动监测相对于传统的政府主导的劳动监测，其主体是非政府组织和企业。从监测重点来看，非政府组织主要实施针对企业工作环境监测行为。从监控范围来看，由于非政府监控主要是依靠供应链来发挥作用的，尽管不同国家的企业受不同国家法律的约束及政府的监控，但是商业供应链却是没有国界之分的。因此，非政府监控不仅在尝试性行动的实施国发挥作用，还会影响到其他国家的相关企业，影响范围更加广泛。从监控的实施标准上，非政府监控围绕国际劳工组织的基本标准但主要关注结社自由、工资和反歧视条款的适用问题。从监控的机制来看，主要分为内部监控和外部监控。内部监控是指由企业通过建立一套适用于自身及其供应商的关于劳动和环境惯例的规则来实施的监控制度。通过对劳动惯例、安全环境及反歧视条款的执行情况来对其利益相关企业进行劳动条件的评估，如果在一定时期内处于低分评估结果，则有失去合同的风险。以此来促进整个行业供应链中的企业互相监督反歧视的执行情况。外部监控则通过公平劳动协会、社会责任国际组织和非营利组织来提供第三方监控。这些非政府监控组织开通了多种渠道接收来自任何相关利益人或组织的关于劳工权利侵害的直接和秘密投诉。相较于政府的官方监控，非政府的监控机制对于收集歧视性侵害职工权益的信息以评价企业是否遵守国际、国家标准并促进工作环境的改善上是有很多优势和潜力的。其对正式劳动监控制度的补充作用是不容忽视的。我国在鼓励和促进国内非政府监控制度发展和完善的同时，应当做好准备，迎接国际的非政府监控对我国行业生产链企业可能带来的挑战。针对歧视性行为和机制进行定期监测、曝光，对整改

---

[1] 林晓云等编著：《美国劳动雇佣法》，法律出版社2007年版，第199页。

过程和结果进行标准认证，最终有助于隐性性别歧视的消除和我国企业整体环境的提升、国际竞争力的增强。

6.3.2 国内社会组织的支持路径探索

6.3.2.1 反女大学生就业隐性性别歧视的社会组织网络联盟

在对遭遇过隐性性别歧视的女性访谈中，对权力的畏惧成为很多受访者选择非诉讼处理的重要原因。不同于国外案例，国内的性别歧视案件常常受到权力的影响，由于担心事后遭到权力的反扑，女性受害者常常恐惧检举加害人，这反而助长了加害人的气焰。❶ 荷兰心理学家吉尔特·霍夫斯泰德所建立的"霍夫斯泰德文化维度"是跨文化心理学研究的经典理论框架。该理论认为，各种文化间不同的价值取分为"个人主义与集体主义维度"（individualism - collectivism scale），用这个维度衡量，个人主义倾向性最高的国家是美国。而霍夫斯泰德的几个维度中，"权利距离指数"（power distance index）提出权力距离指的是在一个社会、组织或者机构中掌握权力较少的那部分成员对权力分配不平等的接受程度。不同国家的成员对于权力差距的接受程度会受到当地文化和受教育程度的影响。

高权力距离国家和地区往往比较贫困，权力集中，有较为森严的等级制度。❷ 我们取得获得职位的机会与成功的能力与我们的文化背景紧密相连，因此在高权力距离指数的国家做一名勇于对实施性别歧视的领导说"不"，并对隐性性别歧视提起维权诉讼要求的女大学生是有极大难度的。

在这种文化背景下，集体行动的重要性就突出表现在经历过各种多重和交叉形式歧视的女性首先需要了解自己的权利以及可以得到的救济，而女性往往需要聚在一起讨论她们所遭遇的不公，并通过集体行动以寻求解决办法才能给予她们足够的勇气去跨越权力距离指数的巨大压力。女性群体的组织和行动能力预示着包括防治针对女性的暴力行为的婚姻家庭法、消除就业歧视、提供托

---

❶ 李思磐：《报社记者性侵案：权力与恐惧滋生出的时代暗影》，http://blog.sina.com.cn/s/blog_67c528700102wltg.html。

❷ 参见马尔科姆·格拉德威尔著，苗飞译：《异类——不一样的成功启示录》，中信出版社2014年版。

儿服务在内一系列性别平等法律和政策的出台。目前国内的女性社会组织普遍呈现出规模较小、力量较弱、专业度不高、协同性缺乏的特点。而女性就业中的隐性性别歧视由于复杂性、隐蔽性而造成的举证难、立案难，更需要女性社会组织构建网络扶助联盟，通过整合不同女性社会组织间的专业优势、维权经验、社会谈话力量以帮助女性群体跨越其所在组织中纵向权力距离指数的巨大压力，在隐性性别歧视的认知、识别、维权和诉讼过程中能得到及时全面的帮助。同时依托网络联盟的互联互通、资源信息的共享，发挥不同组织间私人和双边捐助者以及国际组织在此领域的重要作用，并在已有经验的基础上参与地方政府的政策制定。❶ 只有女性社会组织的网络联盟不断发展壮大，才能逐步促进我国公共权力配置和运作的社会基础发生变化，使公权力的配置开始由政府独揽向主体多元转化；公权力的运作由单一的自上而下运动向政府自上而下和公民自组织自下而上的双向运动转变；高权力距离压力下的个体发声受限向低权力距离空间中的个体积极维护合法权益转变。而各个行业和地区的工会也应将性别平等纳入行动目标和框架，积极推动有关女性平等就业立法，代表雇员与雇主签订与女性雇员有关的专项集体合同，通过组织化的行动争取两性的平等就业，负责起诉就业歧视的公益诉讼等。参考美国总工会所倡导的人性协约，提供财务、家庭、健康、消费者事务、法律协助五方面服务，致力于实现经济增长与社会发展和劳动者生活福祉的多赢。❷

中华全国妇女联合会作为旨在为全国广大女性争取利益、捍卫广大妇女权益的组织，在构建女大学生的就业支持网络联盟方面扮演着相当重要的角色。在消除性别歧视方面，全国妇联实施的措施与行动包括号召完善有助于女大学生就业的法律法规、出台相关政策、举办相关活动比赛，并且积极与其他各个部门和社会力量共同发起号召和行动助力女大学生的就业。对于女大学生就业创业的问题全国妇联积极响应党中央国务院的号召，落实好下发的相关政策文件，并且站在自身组织的宗旨原则上，出台了很多关于推进女大学生就业的政策，举办了很多促进女性就业、维护女性权益的相关活动。与此同时，各级妇

---

❶ 联合国妇女署：《世界妇女进程报告 2015—2016》, http://mp.weixin.qq.com/s?__biz=MzA4ODQ4M. .

❷ 李春玲、石秀印、杨旻：《性别分层与劳动力市场》，中国社会科学出版社2011年版，第9页。

联也积极响应并将行动落到实处,开展具体的活动。各个省级妇联都在积极地与社会力量合作,因地制宜地为包含女大学生在内的妇女群体创建就业机会,凝聚就业力量,推动其就业创业。其形式较为多样,重点在于从社会和学校两个维度着手:社会上,主要是从经济发展方式的转变中发展出有利于女性就业的新兴就业岗位,举办女大学生创业征集比赛,充分落实经济支持项目如小额担保贷款财政贴息政策等,建立与政府部门、市场、用人单位的强对接,对优秀的女性创业者进行表彰;学校中,则是充分运用教育改革和开展讲座活动等形式对女大学生的就业进行指导,提升女大学生就业能力和树立正确的择业观,推出女大学生创业导师行动、女大学生创业引领计划,建立女大学生实践基地,开展高校联盟助力就业,邀请成功的女企业家担任创业导师提供免费培训咨询,进行就业创业网络平台的搭建,积极为女性大学生就业创造良好条件。

与此同时,部分地方政府和社会组织也开始针对高校就业群体进行了不少探索性的尝试。例如,从2015年开始,重庆市人社局会同市经信委,邀请114家重点工业企业(截至2015年年底,联盟企业规模扩展到1004家)组建了专门为高校就业群体服务的人力资源联盟。该联盟的特点见表6-2。

表6-2 重庆人力资源联盟就业服务体系

人力资源联盟	落实优惠政策	全面梳理针对企业的社会保险类、贷款贴息类、培训补贴类、高校毕业生补贴类等4大类共10项扶持政策,采取网站发布、短信推送、资料发放、上门宣讲等方式帮助联盟企业及时了解并享受政策。2015年,累计为500家联盟企业兑现各类补贴9000余万元,减轻了企业负担,稳定了就业岗位
	提供人力资源保障	按月收集企业用工数量、工种及培训需求等信息,在公共人力资源市场、"重庆就业网"设立联盟企业服务窗口,累计发布招聘岗位2万余个。在春节前后、高校毕业生毕业期等重点时段举办20余场联盟企业专场招聘活动,为701家联盟企业提供现场招聘服务。2015年,共为联盟企业送工1.1万人。同时,组织企业之间开展人员错峰调剂,有效盘活人力资源
	提供人力资源增值服务	及时收集发布人力资源管理、用工监测、市场供需、经济运行等分析报告,定期编印工作动态,指导企业科学制定发展规划,合理设置用工条件。同时,开展重庆市"四方联动"定向就业培训现场报名。"四方联动"即高校毕业生自愿参加培训、培训机构组织培训并推荐就业、金融机构提供低息贷款帮助高校毕业生支付培训费、政府给予培训补贴。通过定向培训,可以确保每一名培训合格的毕业生都有高质量的就业岗位

如果能在未来的高校人力资源服务联盟中，以上述服务为基础，添加以性别为统计分类的专项服务，根据女大学生的专业、学习实习背景结合历年的女大学生就业统计数据进行分析，将能够动态性、针对性、性别化地为女大学生就业提供更好的就业支持，也能为企业提供更合适的人力资源输出。

6.3.2.2 女大学生就业隐性性别歧视维权的公益诉讼

2012年8月31日通过的民事诉讼法修正案增加了关于"公益诉讼"的规定："对污染环境、侵害众多消费者合法权益等损害社会公共利益的行为，法律规定的机关和有关组织可以向人民法院提起诉讼。"[1] 这一条款的增加使中国的公益诉讼使用范围有了较为清晰的界定。关于公益诉讼的适用范围，国内外的专家学者一直存在争议，至今没有达成统一的结论。虽然从理论的论述视角看，只要是"于公共利益有害"的案件都应当是公益诉讼的适用范围，但是由于社会发展的复杂性和多变性，社会公共利益本身已经呈现出多元化的趋势，导致"公共利益"概念不清晰。突出表现为公共利益的外延界定具有较大的不确定性，往往在边缘上与个人利益呈交织状态。在公益诉讼的主体资格上齐树洁教授认为可以借鉴国外已有的经验，我们可以赋予劳动女性团体以及各种专业组织、产业社团等以起诉权。[2] 与此同时，需要更多地采用强制性措施与福利性措施严厉制裁雇主的歧视行为，如不限制数额的赔偿和精神赔偿等，同时采取税收等措施鼓励雇主招聘女性员工。但我们国家对于精神赔偿的严格要求导致事实上很难获得精神赔偿。[3]

女大学生就业中面临的隐性性别歧视问题，由于女大学生个体权利保护意识和能力的不足以及来自相关政策制度及立法、执法中的障碍而导致维权非常艰难。需要保护的也不仅仅是个别或小范围内的女大学生，而是在就业市场中处于弱势的女大学生群体。然而现实的困境是以目前我国的法律援助体系还无法涵盖，法律上的维护并保障男女平等的要求尚未成为生活中的现实，宪法和其他部门法中虽然设定了各主体的权利，但如何确保各主体权利的行使，权益

---

[1] 齐树洁：《公益诉讼与适格当事人之扩张》，http://www.pil.org.cn/q_news/q_news_page_3542.html。

[2] 同①。

[3] 饶志静：《英国反就业性别歧视法研究》，法律出版社2011年版，第179页。

的获取由于程序立法上的缺位导致现实中职业女性相较于职业男性维权工作存在更多的困境。在程序立法逐步健全完善的过程中，通过公益诉讼弥补程序立法的缺口，是为女性维权雪中送炭的重点，能够为遭遇隐性性别歧视的女大学生群体提供全面而充分的从制度层面保障权益的有效手段。国内具有资质、拥有专业人员的非政府组织可以探索作为公益诉讼的主体，除了作为女大学生隐性性别歧视案件的公益代理人，还可以通过提供法律咨询、对目标群体的培训和宣传等活动，推动全社会对妇女劳动权益给予更为广泛和深入的关注。

6.3.2.3 保障公平就业的性别平等机会委员会

"在全球范围内，性别平等机构的级别、影响的程度和资源水平是衡量政府对一个国家对性别平等的关注程度的主要标准。"❶ 为了充分保障公民的就业机会平等，我国的台湾地区设立了就业歧视评议委员会和性别工作平等会。其中就业歧视评议委员会的工作重点在于就业歧视案件的认定、协商调查和咨询，性别工作平等会则侧重于性别工作平等的案件处理。因此，当雇员遭受性别歧视后，通过行政申诉途径向当地政府劳工局进行申诉时，可以依照"就业服务法"的规定向地方主管机关的就业歧视评议委员会提请评议，也可以提请性别工作平等会评议。而无论就业歧视是否成立，性别工作平等会或就业歧视评议委员会都会检视相关行为是否还损害了申诉人的其他权利，若已达申诉人诉求，且无损申诉人其他权益或申诉人已获得法定的权益保障，则直接回复双方评议结果并结案归档；若损及申诉人其他利益，则遵循劳资争议程序处理或者通过司法途径请求相关权益，也可向地方政府劳工局申请劳工涉讼辅助。❷ 台湾地区的做法可谓从就业歧视和性别平等的双重维度力图保障性别就业的公平性和审查的全面性，但同时也可能出现由于部门职能交叉重叠导致的审核标准不一致和审核的效率问题。我国香港地区的平等机会委员会作为具有独立法律地位的处理性别和就业歧视的独立法定机构，相较于台湾地区的委员会制，在为受歧视者提供途径、助其讨回公道方面更具有执行力。

我们可以参考英国设立独立的平等就业机会委员会的做法，以迅速、高效

---

❶ 刘明辉：《地方反就业性别歧视立法的优势》，《中华女子学院学报》2006年第4期，第15页。
❷ 刘小楠：《港台地区性别平等立法及案例研究》，法律出版社2013年9月版，第49页。

解决就业歧视争议与减少争诉。"英国的平等及人权委员会定位为非部会公共机关,属于执行性质的非部会公共机关……非部会公共机关只有形式上是政府组织之一部分,实质上则有其独立性。就一般原则而言,其实非部会公共机关被认为是在建立或适用政策时协助部长及部会,特别是在需要专业的领域,而因为他们与政府的距离,同时他们不在部会之内,也非公务员,因此有独立的空间。但是仍然需要向国会负责。"❶ 尤其在处理隐性性别歧视案件时,平等就业委员会应当充分发挥其独立性和专业性。

6.3.2.4 非官方的大学生就业监测平台

目前政府依然是大学生就业评价的核心主体,在当前的"高校毕业生就业率、待就业率"等数据采集过程中,政府的数据和评价指标处于主导地位,鲜有行业、民间机构和组织进行系统、专门的独立调查与测评。而政府对大学生就业状况的评价更多地关注于政治层面和经济层面,但离充分满足多方主体的需求仍有较大的距离。❷ 近些年开始陆续有一些非官方机构和组织开始依托大数据平台和技术发展进行全国高校毕业生的就业情况统计调查。例如,由麦可思研究院从2010年开始编著出版的《中国大学生就业报告》(就业蓝皮书)完全以数据说话,整个调研报告建立在麦可思公司大量调研数据基础上,内容包括应届大学生毕业去向、就业数量、就业质量、专业预警、知识构成分析、创业分析、继续学习分析、校友评价、社团影响;三年后大学毕业生就业去向、就业质量、工作能力、自主创业、所受培训、校友评价以及就大学教学培养进行的专题研究。❸

但我们发现,这些调研和报告分析鲜有性别视角和性别分析,即缺少不同性别的高校毕业生在就业数量、质量、专业和就创业能力方面的情况,尤其是女大学生在就业、创业中和男大学生的各项差异。这也正说明高等院校在高考招生过程中设置的各种性别限制是非理性、不科学的。如果在高考招生中有各类专业录取的性别偏好和限制的必要性,为何在大学生人力资源输出的结果和

---

❶ 饶志静:《英国反就业性别歧视法研究》,法律出版社2011年版,第137页。
❷ 沈超:《对高校毕业生就业状况评价的理性思考》,《江苏高教》2007年第6期。
❸ 麦可思研究院:《就业蓝皮书:2014年中国大学生就业报告》,社会科学文献出版社2014年版,第4页。

效果评估中看不到基于性别维度的分析和评价？女性是国家发展、社会进步的重要力量，阻止她们进入任何学科、行业和部门，都是对女性基本社会参与权利的剥夺和损害。❶ 因此，社会性别视角下非官方机构的以科学性、客观性、可操作性、导向性为原则；以就业率、就业结构、毕业生满意度和社会满意度为监测内容；以大数据信息收集、动态信息发布和多元化监管为运行机制的大学生就业状况监测体系构建是从不同维度（时间、区域、类型、专业等）全面呈现就业状况，预测就业趋势，预警就业危机；为政府提供动态科学就业信息，真实反映就业隐性歧视实态，提出有利于女大学生就业的政策建议；为市场、社会进行社会性别观念传播，优化女大学生的就业环境，减少隐性性别歧视的发生是具有重要现实意义的。

6.4 市场和企业支持子系统

6.4.1 新常态下的企业社会责任承担

当今迅速变化的市场环境形成了劳动力的多样性，并出现了四大新兴趋势：第一，世界经济日趋全球化，对专业技能的需求越来越大。拥有高端技能的女大学生是市场成长发展的亟须资源。第二，多样性被认为是优化决策和激发创新的途径。随着公司多样化程度的提高，企业必须与根深蒂固的敌视女性的组织环境斗争，消除带有微妙的、显性和隐性的性别偏见色彩的行为。第三，女性本身就是一个正在成长的市场，她们有让产品和服务去迎合她们需求的渴望，而女性雇员，尤其是女性的高管显然具有更好的理解女性目标群体的优势。第四，性别平等对于潜在的雇员、投资者和客户来说，是一种具有市场价值的态度。现在，越来越多的企业社会责任报告开始重视性别平等作为评估企业是否承担了社会责任的重要标准。致力于消除显性和隐性歧视，推进性别平等可以提升公司形象，从而带来在员工招聘、媒体利益、公众主义和顾客忠

---

❶ 女权之声：《致新生：高考性别歧视四年未减，如何在大学开始愉快玩耍?》，http://mp.weixin.qq.com/s?__biz=MjM5MzY0NjcOMQ==&mid=2652803888&idx=1&sn=4cd5bfddddb248d0eb9044070dcc610a&scene=1&srcid=0901QBY3PuPOhjWdrWkRVwXU#rd.

诚等方面的收益。❶ 联合国妇女署自成立以来就积极致力于通过与企业沟通合作来推进反就业歧视的行动,并不断寻找优秀的企业典型在全球范围内推广性别公平就业的理念和行动。以总部设在爱尔兰的全球领先管理咨询、技术和外包服务公司埃森哲为例,其在企业的社会责任中明确了促进女性公平就业、保障职业女性权益的目标,结合公司业务进行了一系列的实践探索,在消解性别歧视方面有显著的成效。该公司从 2001 年开始,每年的国际妇女节在不同的国家举行庆祝和宣传女性权益的活动,该活动目前已扩大到 40 个国家的 162 个地区,并将此作为该公司推进女性就业和发展承诺的一部分。公司每年都增设新的研究主题以全面保障妇女在劳动市场中的权益。公司内部通过正式的指导计划和定制的多样性意识培训促进女性的职业晋升,包括单独开发的女性领导课程,其中还有一个专门的长期推进女性就业和发展的项目计划以吸引优秀的商业和技术职业女性加入。同时,埃森哲与沃达丰和 SAïD 商学院合作研究推行"连接的女性"行动,致力于如何通过手机、网络这样的移动接入支持妇女的经济和社会授权,帮助女性通过使用移动技术和服务,来改善自己的生活、她们的孩子和社区。❷

随着我国人口进入红利下降、劳动年龄人口减少、老龄化快速到来的时期,世界上还没有任何一个国家,老龄化像中国这么迅速。据联合国预测,1990~2020 年世界老龄人口平均增速为 2.5%,同期我国老龄人口的增速为 3.3%;世界老龄人口占人口的比重从 1995 年的 6.6% 上升至 2020 年的 9.3%,同期我国由 6.1% 上升至 11.5%。到 2020 年,我国 65 岁以上的老龄人口将达 1.67 亿,到 2033 年将突破 4 亿,届时我国的老年人口比例将为 34.1%,中国的老年人口将占据全球老年人口总数的四分之一。❸ 伴随经济新常态下的高龄化和老龄化人口新常态所产生的养老、医疗、照护、教育等各类社会问题将使社会对于人力资源呈现全面的刚性上涨趋势,而对于高素质女性劳动者的充分尊重与开发对于解决人口新常态下的社会问题,促进企业和社会

---

❶ 参见世界银行:《2012 世界发展报告:性别平等与发展》,清华大学出版社 2012 年 11 月版,第 348—353 页。

❷ Companies Leading the Way: Putting the Principles into Practice, http://weprinciples.org/files/attachments/Companies_Leading_the_Way_June2016.pdf.

❸ 郑依妮:《人生从 60 岁后重新开始》,《新周刊》2017-1-1,第 54 页。

的和谐发展有着非常的意义。为了更好改善女大学生遭遇就业隐形歧视的社会问题，我国应当依据社会责任 SA 8000、SIGMA、赤道原则以及全球报告倡议等核心评价体系的要求，利用国际指标严格监督用人单位录用招聘人员机制。用人单位应正视女性劳动创造力，减少甚至杜绝歧视行为；根据相关政策法规，合理划分行业、岗位男女比例，并为缺乏经验的女大学生提供实习岗位与就业机会；公开选拔人才，实现阳光招聘；强化用人单位人事部门的人员录用监督机制，公平、公正选拔所需要的人才。对于一些必须区分性别的岗位，用人单位应列出原因、明文公布。此举不仅有助于解决女性就业隐性歧视问题，"而且，除非公司愿意试行雇用女性从事男性占据主导地位的工作，否则，仅仅改变家务劳动的分配或学习领域不会发生作用（甚至会产生危害）。学校系统需要声明社会接受认可男性护士和女性工程师。企业应当愿意聘用男性护士和女性工程师。家务劳动应当根据个体的时间限制和能力而不是根据性别规范来分配。除非同时应对三大症结，否则变化难以发生"。[1]

6.4.2　共享经济中的女性多维度赋权

近两年来，"共享经济"作为一个新兴的概念，主打将闲置的空间、额外的劳力、多余的时间这些原先被视为无用的资源，通过网络进行交换，赚取额外收入。然而就在诸多经济学者对共享经济能够在中国释放的制度红利满怀期待之时，对于女性自主性问题，有学者从社会性别角度出发，探讨其在共享经济下实现的可能性。有观点认为，长期以来，女性就是自由劳动市场的主力军，而当下共享经济助力自由职业兴起，为了对抗职场的性别歧视，女性有望借此赢得经济独立。但无论如何，只要共享经济尚处于法律的灰色地带，女性似乎就仍难以通过这条路迈向经济的独立自主。[2] 可以通过市场和企业的协同合作，在共享经济的蓬勃发展态势下推行"赋权予妇女原则"，从经济的可行能力和情感的持续关照两个方面给予女大学生公平就业支持。

第一，经济的可行能力支持——"赋权予女性原则"。"赋权予女性原则"

---

[1] 世界银行：《2012世界发展报告：性别平等与发展》，清华大学出版社2012年11月版，第119页。

[2] Avross Hsiao：《劳动结构中的女性困境：共享经济能解放女性吗？》，https：//www.douban.com/note/558807872/.

由联合国妇女署和联合国全球契约办公室于2010年共同发起，以指导市场和企业分别内部和外部的CSR策略来消解性别歧视、推动性别平等，一共包含七条准则，如图6-2所示。

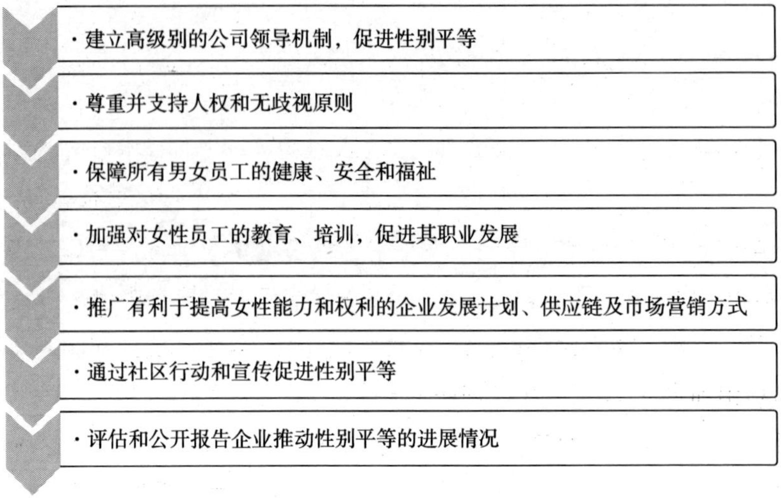

- 建立高级别的公司领导机制，促进性别平等
- 尊重并支持人权和无歧视原则
- 保障所有男女员工的健康、安全和福祉
- 加强对女性员工的教育、培训，促进其职业发展
- 推广有利于提高女性能力和权利的企业发展计划、供应链及市场营销方式
- 通过社区行动和宣传促进性别平等
- 评估和公开报告企业推动性别平等的进展情况

图6-2 赋权予女性原则

这七条原则是推动性别平等的黄金法则。目前，全球已有1200多家企业的CEO，在中国也已经有50多家企业的CEO签署了《CEO支持声明》，通过该声明承诺尽力履行上述七条原则而推进性别平等和女性的公平就业。到2015年11月，已有38家中国企业签署了妇女赋权原则的CEO声明。其中，珀莱雅近年来通过为联合国妇女署提供800000美元的资金捐赠，用于支持诸多性别平等相关的项目，以及对中国性别基金在中国的研究和宣传进行的支持，该基金所包括的项目覆盖了中国诸多性别领域的活动。[1] 当共享经济的平台打开前端供给，提供更多非标准化、有创造力的就业机会时，时间自由、拥有闲置资源的劳动者尤其是女性劳动者就不再仅仅是"低三下四"的雇员，而是和消费者、雇主平等的商品/服务提供者买方和卖方。在赋权女性原则的执行过程中，通过更多企业的加入和推动将进一步为在传统行业和社会文化中

---

[1] 联合国妇女署：《联合国妇女署和中国企业建立合作伙伴关系》，http://mp.weixin.qq.com/s?__biz=MzA4ODQ4MDg4MA==&mid=400368899&idx=1&sn=51e7c4ab5125ba4c9048e54ce477d43f&scene=1&srcid=1206gEV27Sv7w4nlJ1exe9PY#rd.

处于低端位阶的女性劳动者有动力提供更丰富、独特的服务,并更有机会获得与其能力相匹配的薪资和职位。

第二,心理危机的持续关照——反隐性歧视的动力、信心建设。在推进性别平等的进程中,有的研究已将大部分视角放在了经济学、政治学、社会学、法学和公共行政学。而对于个体的心理、情感研究则相对较少。虽然劳动者的法律意识和维权意识越来越强,但许多研究都表明,在受到过性别歧视的女性中,只有极少部分的人提出过正式的控诉。尽管有公司政策禁止骚扰和性别歧视,但许多受害者相信,报告性骚扰只会带来更多的麻烦。回顾反隐性性别歧视的艰难历程,政府的社会性别关注、社会的性别文化重塑、企业的性别平等建设都是非常重要的抓手。但作为长期深受歧视之扰、饱受歧视之苦、陷入歧视深渊的女性求职者群体,尤其是接受了良好的专业教育、付出了多年努力的女大学生群体,如何能在屡屡遭受歧视,权益受到侵害后能够正视歧视问题、积极地寻求帮助并团结联合起来为消解性别歧视不断争取维权是极为核心的一环,而反性别歧视的信心、动力缺失与我国相关政策和立法的内在伦理重视不够息息相关。近些年,尤其是在《就业促进法》颁布以后,我们看到了进步和转变。❶ 2016年9月20日,"广州就业性别歧视第一案"的原告高晓的律师收到了二审判决书:被告广东惠食佳经济发展有限公司、广州市越秀区名豪轩鱼翅海鲜大酒楼于判决生效之日起十日之内向高晓做出书面赔礼道歉(道歉内容由法院审定),如果不履行,法院将在广州地区公开发行的报纸刊登判决书主要内容,由此产生的费用将由被告方承担。这是中国首例由法院判定支持赔礼道歉的就业性别歧视案,而公开赔礼道歉的意义重大。广州中院认可了高晓的上诉意见,最终判令惠食佳公开赔礼道歉。这一赔礼道歉的判决对高晓个人来说是一个安慰。同时,这对于增强受歧视群体在维权时的动力和信心有着抚慰金不可替代的作用。❷ 因此,虽然在面对隐性性别歧视时最好的处理方式是遭遇之人要振作起来,维护自己的权利,但其实这是一件很艰难的事情。如

---

❶《中共中央、国务院关于构建和谐劳动关系的意见》,http://www.law - lib.com/law/law_view.asp?id=493974.

❷ 女权之声:《女大厨遭遇就业性别歧视,法院终判赔礼道歉,这是中国首例!》,http://mp.weixin.qq.com/s?__biz=MjM5MzY0NjcMQ==&mid=2652804086&idx=1&sn=216e33d612f7a9c44cc6d28bfd94d799&scene=1&srcid=0923s58bo4QK7UB4llW7PquW#rd.

果职业女性都可以独立保护自己,那么就不会有最初的显性歧视到现在持续加深的隐性歧视了。所以在推进性别公平就业、反对隐性性别歧视的过程中,除了政策、第三方组织和企业在制度层面的协同合作,在情感和精神层面,同样也需要给予职业女性系统、科学和完整的心理支持,帮助其在第一时间识别隐性性别歧视,并有勇气和信心及时寻求帮助。

7 结论与展望

过去的三十多年中,中国社会和家庭都经历了巨大而深刻的转变,这种转变不仅仅发生在经济层面,也发生在人口层面。人口转变不仅表现在传统意义上的出生率和死亡率的下降,还表现在年龄结构、人口布局、家庭规模和形式等多个维度。男性和女性在教育、工作以及薪资方面享受的待遇平等化发展是过去几千年、几百年前的人类都无法想象的。然而,近年来高速增加的劳动力人口比例带来的"人口红利",与之相伴相生的快速的人口老龄化步伐和家庭的变迁,开始对经济和社会带来了严峻的挑战,也使得女性,尤其是经过多年良好教育的女大学生在经济、社会急剧转型,法律体系逐步完善的当下面临更多的隐性性别歧视困境。当前,从中央到地方在不断促进劳动就业,尤其是加大高校毕业生就业的公共政策支持。无论是在前述调研中对我国女大学生就业的现实情境分析还是对相关政策话语的制度解读,都不难看出,女大学生的就业问题更多的只是作为一种经济刺激工具纳入政策规划,其促进整个社会,从政府、企业到家庭中的性别关系平等、健康发展的源政策应有之义依然没有得以呈现和切实贯彻。尤其需要关注的是,目前学术界对就业的隐性性别歧视的研究主要还是侧重于反歧视法律框架的构建和具体权益归属的探索。在他们那里,若首先不能解决性别歧视的概念和相关判定标准的法律界定问题,女性的平等就业就是一个无法实现的承诺。本文认为,要把公共支持体系的构建作为消解女大学生就业隐性歧视问题的一种理念,一种行动导向。在相关法律框架尚未搭建之前,只有当从中央到地方的掌舵者、决策者、管理者和参与者真正把消解女大学生就业隐性歧视问题置于公共支持的高度,才能触及整个就业市场、社会内部和外部资源、利益的分配结构,从而施行有针对性的政策、行动。

当然，以公平正义的价值观推动女大学生就业的公共支持体系构建，本身就是一个极其复杂的工程。因此，在法律框架尚未构建的情况下，首先，要通过全面具体的政策、规章厘清就业中的隐性性别歧视和显性性别歧视之间的差异。对性别歧视，尤其是就业中（包括前劳动力市场、劳动就业市场、后劳动力市场）的显性、隐性性别歧视进行界定。并且在不同部门政策、规章的制定和执行时，充分考量各个公共支持子系统缺乏社会性别视角可能给解决隐性性别歧视问题带来的诸多困境。其次，在不断消解就业隐性性别歧视问题的过程中，被歧视女大学生的各项权益能否得到及时救济和保障是最根本的问题，没有作为原子化个体的女大学生的诸项权益的体面实现，很难彻底解决整个就业市场的隐性性别歧视问题，也难以满足未来整个社会对于高质量、大范围的人力资源的需求。若不能解决好女大学生的就业问题，全社会的大学生就业问题就一定无法得到解决。再次，社会组织是受歧视女大学生、公司与政府、市场的关键纽带。尤其是在维权程序复杂、取证艰难、周期漫长的歧视诉讼受理过程中，公益性的具有专业化水准的社会组织对于受歧视女大学生的保护和鼓励、对于坚持维权的重要推动作用是政府部门不能替代的。因此，要努力为我国相关家政社会组织的发展搭建孵化平台。最后，越来越多的案例显示，女性，尤其是女大学生的就业性别歧视案件受理率越来越高，广州就业性别歧视第一案中女大厨遭遇就业性别歧视，法院终判赔礼道歉，这是中国首例由法院判定支持赔礼道歉的就业性别歧视案。而该案中的女大学生再次起诉人保局等类似就业性别歧视案件的胜诉率也在提升。从2012年中国反就业性别歧视第一案以来，共出现了4起典型的反就业性别歧视案例。从一开始的"拒招女性"的排斥行为到现在的"男士优先"的优惠行为，可以看到我国法制是一步步向前推动的。在市场经济转型、加强社会治理的关键时期，这些歧视案件的发生和判决是推进反女大学生就业隐性性别歧视公共支持体系建立的"政策窗口"，如果政府部门、立法机构、社会组织能把握"政策之窗"的契机，隐性性别歧视的公共支持体系构建将会出现历史性的转机。